Jörn Böhme, Christian Sterzing

Kleine Geschichte des israelisch-palästinensischen Konflikts

WOCHEN SCHAU VERLAG

Bibliografische Information der Deutschen Nationalbibliothek

Die Deutsche Nationalbibliothek verzeichnet diese Publikation in der Deutschen Nationalbibliografie; detaillierte bibliografische Daten sind im Internet über http://dnb.d-nb.de abrufbar.

© WOCHENSCHAU Verlag,
Dr. Kurt Debus GmbH
Frankfurt/M.,
9., überarbeitete, erweiterte und aktualisierte Auflage 2023

www.wochenschau-verlag.de

Titelgestaltung: Ohl Design
Gedruckt auf chlorfrei gebleichtem Papier
Gesamtherstellung: Wochenschau Verlag
ISBN 978-3-7344-1527-2
ISBN E-Book 978-3-7566-1527-8
DOI https://doi.org/10.46499/1909

INHALT

KARTENVERZEICHNIS

Zur Einführung

Die folgende Darstellung ist ebenso wenig voraussetzungslos wie irgendeine andere. Die vorliegende „Kleine Geschichte" ist für uns eng mit unserer persönlichen und politischen Biografie verbunden. Wir haben beide seit über 40 Jahren in unterschiedlichen Kontexten immer wieder Reisen in die Region unternommen und in diesem Zeitraum auch mehrere Jahre in Israel und/oder Palästina gelebt und gearbeitet. Wir haben Freund:innen auf beiden Seiten des Konflikts gefunden und erfahren, dass wir uns vor der Auseinandersetzung mit den Problemen dieser Region nicht drücken konnten. Und wir haben auch gespürt, wie sie in sehr unterschiedlicher Weise unter dem schier endlosen Konflikt leiden.

Vor dem Hintergrund dieser persönlichen Beziehung zu Israel und Palästina, seinen jüdischen und palästinensischen Einwohner:innen und der Bedeutung dieser Konfliktregion für unsere Biografien ist dieses Buch entstanden. Begonnen hat die Beschäftigung mit Israel/Palästina in der Auseinandersetzung mit dem Nationalsozialismus und der Verfolgung und Ermordung der europäischen Juden im Rahmen unseres friedenspolitisch orientierten „zivilen Friedensdienstes" mit der Aktion Sühnezeichen/Friedensdienste. Diese Zeit war geprägt von dem Wunsch nach praktischer Solidarität mit den jüdischen Opfern des deutschen Nationalsozialismus. Gleichzeitig wurden wir mit dem israelisch-palästinensischen Konflikt konfrontiert und erlebten, wie sich hier Erinnerungskultur, historische Verantwortung, Friedens- und Konfliktbearbeitung, Geo- und Menschenrechtspolitik miteinander vermischen. Die besonders komplexen und heiklen Fragestellungen, die sich daraus für die deutsche Gesellschaft und Politik ergeben, beschäftigen uns seitdem kontinuierlich.

Unter anderem haben wir viele Jahre im Vorstand des Deutsch-Israelischen Arbeitskreises für Frieden im Nahen Osten (diAk) mitgearbeitet. Seit seiner Gründung 1977 beschäftigt sich der Arbeitskreis mit dem israelisch-palästinensischen Konflikt vor dem Hintergrund der Tatsache, dass Millionen Juden und Jüdinnen von Deutschen ermordet wurden, und dass viele der heutigen Israelis Entkommene oder Nachkommen von Opfern dieses Massenmordes sind. Dass die damals Entkommenen in ihrer übergroßen Mehrheit verständlicherweise keine Perspektive mehr für ein Leben in Europa sahen, sondern ihr Leben frei von der Bedrohung und Bevormundung durch die sie umgebenden, antisemitisch eingestellten Gesellschaften gestalten wollten, ist das wesentliche Motiv dafür, dass der diAk für das Recht des Staates Israel auf gesicherte Existenz eintritt. Seit dem Erstarken islamistischer und dschihadistischer Kräfte, rechtspopulistischer Bewegungen und wegen der israelfeindlichen Haltung iranischer Regierungen haben das Eintreten für das Existenzrecht Israels und gegen Antisemitismus an Bedeutung gewonnen. Nach unserer Überzeugung ist sowohl Frieden mit den Nachbarn als auch die Verwirklichung des Strebens der palästinensischen Araber und Araberinnen nach nationaler Selbstbestimmung Voraussetzung für die gesicherte Existenz Israels. Daraus folgt für die Darstellung des israelisch-palästinensischen Konflikts:

- Wir nehmen zur Kenntnis, dass zwei Völker Anspruch auf dasselbe Land erheben. Im Konflikt um Israel/Palästina steht nicht Recht gegen Unrecht, sondern Anspruch gegen Anspruch.
- Da die Exklusivität der jeweiligen Ansprüche zur Negation konkurrierender Ansprüche führt, ist im Bewusstsein der Bevölkerungen eine gerechte Teilung des Landes im Grunde unmöglich. Der Verzicht auf die Exklusivität jeglicher Ansprüche ist somit Kern aller Friedensbemühungen.
- Deshalb sehen wir in dem mühsamen Versuch, die beiden konkurrierenden Ansprüche miteinander zu vermitteln, die einzige Alternative zu einem endlosen Kriegszustand. Allenfalls durch einen solchen Vermittlungsversuch könnte das subjektive Empfinden, Rechte aufzugeben bzw. Unrecht zu erfahren, in so erträglichen Grenzen gehalten werden, dass gewaltförmige Versuche, das Unrecht zu korrigieren, aufgegeben werden.

- Der Unmöglichkeit, diese Konfrontation alleine von außen zu „lösen", steht nach Jahrzehnten erfolgloser Verhandlungen die Erkenntnis gegenüber, dass die Konfliktparteien bei der zivilen Konfliktbearbeitung offenbar der Unterstützung externer Akteure bedürfen.

- Eine friedliche Regelung dieses asymmetrischen Konflikts wird nur dauerhaft sein können, wenn sie menschen- und völkerrechtliche Normen berücksichtigt.

- Die aus dem Menschheitsverbrechen der Schoah sich ergebenden besonderen Bezehungen Deutschlands zu Israel und die damit verbundene Verantwortung dürfen den Blick auf das Unrecht, das den Palästinenser:innen durch israelische Politik zugefügt wurde und heute noch zufügt wird, nicht verstellen. Genauso wenig rechtfertigt der Hinweis auf die Komplexität des israelisch-palästinensischen Konflikts den Versuch vieler deutscher Politiker:innen, sich um eine an internationalem Recht orientierte Politik in der Region herumzudrücken, geht es doch im Kern darum, endlich einen jahrzehntelang anhaltenden völkerrechtswidrigen Zustand zu beenden und den Menschen dort eine friedliche Perspektive zu eröffnen.

Mit dieser kurz gefassten Geschichte des israelisch-palästinensischen Konflikts können und sollen die zahlreichen Publikationen zu diesem Thema nicht ersetzt werden. Vielmehr ist dieses Buch dazu gedacht, eine übersichtliche, aber multiperspektivische Darstellung an die Hand zu geben, mit der vor allem wichtige Wendepunkte und Entwicklungslinien hervorgehoben werden sollen. Die Hoffnung der Autoren ist es, dass diejenigen, die sich mithilfe dieses schmalen Bandes eine erste Schneise in die Fülle der Daten und Meinungen schlagen, angeregt werden, tiefer zu bohren und sich anderen Auffassungen auszusetzen. Anregungen dazu mögen die Leserinnen und Leser den Literatur- und Medienempfehlungen am Schluss des Buches entnehmen.

Gerade für den Konflikt um Israel/Palästina gilt, dass historische Darstellungen sehr häufig der Legitimation politischer Ansprüche dienten. Damit wird Geschichts- und Erinnerungspolitik betrieben. Geschichtsschreibung ist eben nicht nur eine Aneinanderreihung von

historischen Daten und Fakten, sondern die Selektion und Interpretation von Ereignissen der Vergangenheit zum Zwecke der Schaffung
eines kollektiven Narrativs. Die dahinter verborgene – zunächst völlig legitime – Intention ist eine pädagogische und politische, geht es
doch darum, aus „der" Geschichte zu lernen. „Geschichte" als kollektive Erinnerung ist somit immer ein Produkt spezifischer, von Interessen geleiteter Geschichtsschreibung, die der erzieherischen Prägung von Menschen und legitimatorischen Grundlegung politischer
Ansprüche dient. Dies gilt auch und gerade für Israel und Palästina,
wo ein aktueller Konflikt immer wieder auch Todesopfer und Verletzte fordert. Wegen dieser Aktualität des Konflikts und dem Bedürfnis,
sein Handeln politisch und historisch zu rechtfertigen, ist auf beiden
Seiten eine Tendenz zur Geschichtsklitterung, zur Mythenbildung, zu
„Halbwahrheiten" zu beobachten. Wir haben uns bemüht, mit diesem
Buch eine Darstellung vorzulegen, die beide Seiten, wenn sie ihnen
auch nicht gerecht werden kann, so doch einigermaßen fair darstellt.
Mit der Berücksichtigung der beiden nationalen Narrative haben wir
einen multiperspektivischen Ansatz gewählt, da wir der Überzeugung
sind, dass eine „objektive" Darstellung angesichts der Aktualität des
Konflikts kaum möglich ist. Nur die Kenntnis und das Verständnis der
kollektiven Traumata und Narrative können Wege zu einer friedlichen
Konfliktregelung eröffnen.

Jede Konfliktregelung, die den – uneinlösbaren – Anspruch er-
hebt, gerecht zu sein, fordert von den beiden Konfliktparteien eine
fundamentale Veränderung des nationalen Selbstverständnisses. Das
historische Mandatsgebiet Palästina ist für beide Völker Heimat, die
Verbindung zum ganzen Land ist jeweils tief in der kollektiven Erinnerung beider Völker verwurzelt. Nur wer diese Dimension des Konflikts
für die jüdisch-israelische und die palästinensisch-arabische Bevölkerung begreift, versteht, dass es nicht nur um irgendwelche Grenzen oder Gebietsansprüche, nicht nur um die Okkupation eines
schmalen Landstrichs im Nahen Osten und auch nicht „nur" um die
notwendige Beendigung der andauernden Menschenrechtsverletzungen durch eine Besatzungsmacht geht. Auch wenn sich der Kern des
Konflikts nicht auf die Frage der Menschenrechte reduzieren lässt,
auch wenn wir versuchen, mit unserer multiperspektivischen Darstel-

lung der Komplexität der historischen Entwicklung und der aktuellen Situation gerecht zu werden – so darf im Hinblick auf eine Politik sowohl des Konfliktmanagements als auch der Konfliktlösung die Orientierung an Menschenrechten und Völkerrecht nicht verloren gehen. Wir freuen uns, hiermit die neunte überarbeitete und aktualisierte Auflage der „Kleinen Geschichte" vorlegen zu können. Wir haben wieder die Entwicklungen der letzten Jahre nachgezeichnet, wichtige Diskurse zum Verständnis aktueller, politischer Kontroversen skizziert und die Chronologie wesentlich gestrafft. Mit kurzen Erläuterungen zu einzelnen Publikationen haben wir den Nutzwert der aktualisierten Literatur- und Medienempfehlungen hoffentlich erhöht. Gleichzeitig wurde der bisherige Text wiederum gekürzt, um den begrenzten Umfang einer „kleinen" Geschichte nicht zu sprengen.

Jörn Böhme und Christian Sterzing

ZUR VORGESCHICHTE DES KONFLIKTS

Um das Jahr 1000 v. Chr. etablierten die Vorfahren der heutigen Juden, die Israeliten, mit der Monarchie König Davids ihre Herrschaft über Kanaan, wie der Landstrich zwischen Mittelmeer im Westen und arabischer Wüste im Osten, Libanon-Gebirge und Hermon im Norden und Negev-Wüste im Süden damals genannt wurde. (Der Name „Land Israel" *[eretz jisrael]* setzte sich jüdischerseits in der Epoche des 2. Tempels [587 v. bis 70 n. u. Z.] durch. Der Name „Palästina" wurde ihm 135 n. u. Z. von den römischen Besatzern gegeben.)

Nach einer wechselvollen Geschichte von staatlicher Selbstständigkeit, politischer Abhängigkeit und Streben nach Selbstbestimmung wurden die Juden nach der Niederschlagung ihres letzten Aufstands im Jahre 135 n. Chr. zum Großteil zur Emigration aus der Provinz Judäa gezwungen; das Betreten der Stadt Jerusalem war ihnen verboten. Gleichwohl bildeten sie in Galiläa, auf dem Golan und östlich des Jordan nach wie vor die Mehrheitsbevölkerung. Erst die Verschärfung der Repression, seitdem das Christentum zur Staatsreligion geworden war, führte dazu, dass das geistige Zentrum des Judentums sich nach Mesopotamien verlagerte und die jüdische Bevölkerung im Lande zur Minderheit wurde. Die in alle Welt zerstreuten Juden und Jüdinnen allerdings hielten die Erinnerung an die historische Heimat fest und gaben die religiöse Hoffnung auf Rückkehr in das Land der Väter niemals auf.

Im Jahr 638 wurde Palästina von Arabern erobert. Die bis dahin mehrheitlich christlich-hellenistische Bevölkerung wurde in wenigen Jahrzehnten bis auf kleine Minderheiten – darunter auch Juden und Jüdinnen – religiös islamisiert und kulturell arabisiert. Diese Prägung behielten die Bewohner:innen auch unter der Herrschaft der Türken (1516–1918) bei.

Wie auch in der übrigen islamischen Welt seit dem 7. Jahrhundert, lebten Christ:innen und Juden und Jüdinnen in Palästina im 19. Jahrhundert im Status von *Dhimmis,* d. h. Angehörigen der besonders geschützten, aber nur mit eingeschränkten Rechten ausgestatteten „Gemeinschaften des Buches" (der Bibel). Keine der drei Religionsgruppen hätte sich eine andere Konstruktion ihres Zusammenlebens vorstellen können; die Idee, sich nach europäischem Vorbild entlang der Grenzen von „Nationen" voneinander abzusetzen, lag gänzlich fern. Der Konflikt zwischen den arabischen und den jüdischen Bewohner:innen Palästinas, der spätestens mit der Gründung des Staates Israel immer wieder auch die Dimension eines Konflikts zwischen dem jüdischen Gemeinwesen und seinen arabischen Nachbarstaaten annahm, nahm seinen Ausgang denn auch in Europa.

Die Entstehung des Zionismus

Zwei Faktoren haben das Entstehen des modernen Zionismus, der jüdischen Nationalbewegung, entscheidend geprägt:

* der fortdauernde Antisemitismus vor allem in Mittel- und Osteuropa und
* das Anwachsen des europäischen Nationalismus.

Während die jüdischen Gemeinden in Osteuropa am Ende des 19. Jahrhunderts noch immer in Ghettos lebten, vollzog sich in Mitteleuropa eine zunehmende Befreiung (Emanzipation) der Juden und Jüdinnen von dem Status einer unterdrückten und diskriminierten Volksgruppe. Ihre Eingliederung geschah allerdings häufig um den Preis der weitgehenden Aufgabe ihrer religiösen und kulturellen Identität und durch Anpassung an die politischen und gesellschaftlichen Umstände des jeweiligen Landes (Assimilation). So sahen sich viele Juden und Jüdinnen damals vor die Alternative gestellt,

* entweder ihr jüdisches Selbstverständnis als Volks- und Religionsgemeinschaft zu bewahren, dafür aber gesellschaftlich benachteiligt und unterdrückt zu werden
* oder sich kulturell um einer unsicheren Gleichberechtigung willen anzupassen, ohne allerdings vor immer wieder aufkeimenden antisemitischen Gefühlen und Aktionen sicher sein zu können.

Der jüdische Journalist Theodor Herzl, der als Begründer des modernen Zionismus gilt, sah in dieser verhängnisvollen Alternative von Aufgabe oder Bewahrung der jüdischen Identität keinen befriedigenden Ausweg aus dem Dilemma. Anlässlich der Verurteilung des jüdischen Artillerie-Hauptmanns Alfred Dreyfus wegen angeblichen Landesverrats zugunsten des Deutschen Kaiserreichs in Frankreich (Dreyfus-Affäre) erlebte er, dass auch die Assimilation von Juden und Jüdinnen in Westeuropa nicht zum Verschwinden des Antisemitismus führte.

Herzl interpretierte den Antisemitismus als einen ewigen Zug der menschlichen Natur. In seinem 1896 erschienenen Buch „Der Judenstaat" skizzierte er die seiner Meinung nach einzige Lösung der jüdischen Frage: die Errichtung eines eigenständigen jüdischen Staates. Die Tragödie des jüdischen Volkes bestehe darin, ohne eigenen Staat als Fremdkörper unter feindlichen Völkern leben zu müssen. Nur die Gründung eines eigenen Staates könne eine Verwirklichung des jüdischen Selbstverständnisses ermöglichen und bewahre die leidgeprüften Juden und Jüdinnen vor den furchtbaren Folgen des Antisemitismus.

1897 kam es auf Herzls Initiative zum Ersten Zionistischen Kongress in Basel. Hier wurde mit dem „Land der Vorväter" – Palästina – die geografische Stoßrichtung dieser Bewegung festgelegt. Die nationalen Vorstellungen Herzls wurden so mit dem religiösen Erbe verbunden, was die politische Wirksamkeit dieser Bewegung entscheidend verstärken sollte. Geschichte gemacht hat das Basler Programm, das auf diesem Kongress verabschiedet wurde und bis zur Gründung des Staates Israel Grundlage zionistischer Politik sein sollte.

Deutlich wurde damals auch schon die Strategie dieser Bewegung:

• Durch diplomatische Bemühungen erhoffte man, die Unterstützung der zionistischen Bestrebungen bei den damaligen Großmächten zu erreichen.

• Die jüdische Kolonisierung Palästinas sollte vorangetrieben werden.

„Für ein Volk ohne Land ein Land ohne Volk" wurde zum zionistischen Leitmotiv. Die Geburt des modernen politischen Zionismus löste Zustimmung jedoch nur bei einem kleinen Teil der Juden und Jüdinnen aus. Angesichts der 2.000-jährigen Verfolgung und Unterdrückung des jüdischen Volkes hielten viele Juden und Jüdinnen Herzls Interpretation des Antisemitismus für völlig losgelöst von den sozialen und politischen Verhältnissen der jeweiligen Epoche. Sie wollten die Hoffnung auf eine gleichberechtigte Integration in den jeweiligen Staat nicht aufgeben.

Die zionistischen Führungspersönlichkeiten versuchten zunächst auf diplomatischem Weg, d e Großmächte für ihre Ziele zu gewinnen, indem sie diesen die Errichtung einer „jüdischen Heimstätte" in Palästina schmackhaft zu machen versuchten.

Doch weder der türkische Sultan und der deutsche Kaiser noch die englische Regierung und der russische Zar ließen sich überzeugen.

ENGLANDS POLITIK IM NAHEN OSTEN

Erst der Erste Weltkrieg weckte in Großbritannien ein akutes Interesse an dieser Region, galt es doch, im Krieg gegen Deutschland und das Osmanische Großreich Verbündete zu finden und langfristig die eigenen Interessen im Nahen Osten zu sichern. Aus diesen Gründen versprach Großbritannien 1917 in der sogenannten Balfour-Deklaration die Unterstützung der jüdischen Bemühungen um die Errichtung einer nationalen Heimstätte in Palästina.

„BALFOUR-ERKLÄRUNG" 1917

„Ministerium des Äußeren, 2. November 1917

Mein lieber Lord Rothschild,

zu meiner Genugtuung übermittle ich Ihnen namens S.M. Regierung die folgende Sympathieerklärung für die jüdisch-internationalen Bestrebungen, die vom Kabinett geprüft und gebilligt worden ist.
Seiner Majestät Regierung betrachtet die Schaffung einer nationalen Heimstätte in Palästina für das jüdische Volk mit Wohlwollen und wird die größten Anstrengungen machen, um die Erreichung dieses Zieles zu erleichtern, wobei klar verstanden wird, dass nichts getan werden soll, was die bürgerlichen und religiösen Rechte und die politische Stellung nichtjüdischer Gemeinschaften in Palästina oder die Rechte und die politische Stellung der Juden in irgendeinem anderen Land beeinträchtigen könnte. Ich bitte Sie, diese Erklärung zur Kenntnis der zionistischen Föderation zu bringen.

(gez.) James Balfour"

Die vagen Formulierungen in Balfours Brief dokumentieren den Kompromisscharakter dieser Erklärung, denn England hatte vorher schon durch den britischen Hochkommissar in Ägypten McMahon den Araber:innen in dem so genannten McMahon-Brief ein unabhängiges arabisches Reich versprochen, um sie für den gemeinsamen Kampf gegen die türkische Kolonialherrschaft zu gewinnen. Diese sehr unbestimmten Zusicherungen Großbritanniens weckten bei den Araber:innen große Hoffnungen auf nationale Unabhängigkeit.

Das diplomatische Doppelspiel Großbritanniens wurde vollends 1917 deutlich, als nach dem Sturz des Zaren die neue russische Regierung ein zwischen Frankreich und Großbritannien schon 1916 abgeschlossenes Geheimabkommen veröffentlichte. Groß-Britannien und Frankreich hatten in diesem nach den beiden Unterhändlern benannten Sykes-Picot-Abkommen das nach der Zerschlagung des Osmanischen Großreiches den Araber:innen zu überlassende Gebiet in eine französische und eine englische Einflusssphäre geteilt, womit die Unabhängigkeit einer souveränen arabischen Nation zunächst unmöglich gemacht worden war. Großbritannien hatte weder die Zionist:innen und Araber:innen über dieses Abkommen informiert, noch wusste Frankreich von den im McMahon-Brief gemachten Versprechungen.

Der Oberste Rat der Alliierten übertrug auf seiner Konferenz in San Remo (1920) Großbritannien das Mandat für Palästina. Die Balfour-Deklaration wurde durch den Völkerbund 1922 zum Bestandteil des britischen Mandatsvertrages über Palästina erklärt, sodass Großbritannien weiterhin verpflichtet war, die Errichtung einer jüdischen Heimstätte in Palästina zu fördern. Nur wenige erkannten damals, dass durch diese Deklaration den Juden und Jüdinnen ein Staatsgebiet versprochen wurde, ohne dass man die dort lebenden Araber:innen nach ihrer Meinung gefragt hatte.

Die Araber:innen waren die eigentlichen Benachteiligten dieser Abkommen. Mit ihrer Unterstützung war es Großbritannien und Frankreich zwar gelungen, 1918 das Osmanische Reich zu besiegen. Doch der Zusammenschluss der Araber:innen in einem gemeinsamen Staat war verhindert worden; die türkische Kolonialherrschaft war praktisch durch die englische und französische ersetzt worden.

Die Versprechungen, die Großbritannien dem Scherifen von Mekka gemacht hatte, wurden dadurch abgegolten, dass 1921 sein Sohn Feisal zum König des Irak und sein Sohn Abdallah zum Emir von Transjordanien gemacht wurden. Er selber wurde von dem späteren ersten König Saudi-Arabiens Ibn Saud aus der arabischen Halbinsel vertrieben. Der irakische Zweig der Dynastie ging in der Revolution General Kassems 1958 unter; die Palästina-Politik des jordanischen Königshauses war bis zum offiziellen Verzicht König Husseins (des Enkels Abdallahs) 1988 auf die Westbank von dem Bemühen bestimmt, soviel wie möglich vom alten Traum des großarabischen Reiches zu retten.

JÜDISCHE BESIEDLUNG PALÄSTINAS

Lange Zeit blieb der Zionismus im Judentum eine Minderheitsbewegung. Das im Vergleich mit den westlichen Staaten zurückgebliebene Palästina mit seiner harten klimatischen Bedingungen übte nur wenig Anziehungskraft aus. Bis 1929 verließen fast vier Millionen vornehmlich aus Osteuropa stammende Juden und Jüdinnen ihre Heimat, von denen die meisten (ca. drei Millionen) nach Nord- und Südamerika auswanderten. Die Flucht vor dem sich teilweise in blutigen Pogromen entladenden Antisemitismus und dem qualvollen Ghettoleben veranlasste sie zu dem Versuch, sich in westlichen Staaten als assimilierte Juden und Jüdinnen eine menschenwürdige Existenz aufzubauen. Nur 120.000 bis 150.000 Juden und Jüdinnen fuhren nach Palästina. Erst nachdem in den 30er Jahren die Verfolgung der Juden und Jüdinnen in Deutschland immer grausamere Züge annahm und zudem viele Staaten die jüdische Einwanderung drastisch beschränkten, stieg die Zahl jüdischer Siedler:innen in Palästina sprunghaft an.

Schon die wenigen Siedler:innen, die am Anfang des Jahrhunderts das Heilige Land zu ihrer „alten neuen Heimat" erkoren hatten, begannen zielstrebig, ein jüdisches Gemeinwesen aufzubauen. Diese Pionier-Generation (ca. 100.000 bis 1923) war weniger von religiösen als von sozialistisch-zionistischen Vorstellungen geprägt. Nicht die „religiöse Erlösung", sondern die „soziale und nationale Wiedergeburt" des jüdischen Volkes stand für sie im Vordergrund. Die in der Diaspora (Zerstreuung) zerstörten sozialen Strukturen des jüdischen Volkes sollten erneuert werden: Körperliche Arbeit und die Bebauung des Bodens erschienen als entscheidende Voraussetzung für den Aufbau einer lebensfähigen Gemeinschaft. Nicht Ausbeutung und Unterdrückung, sondern gemeinsame Lebens- und Arbeitsformen sollten die Grundlage einer neuen egalitären Gesellschaft sein.

Die Siedler:innen kauften Boden von arabischen Großgrundbesitzern und errichteten jüdische Siedlungen und Betriebe. Die widrigen Umstände in diesem wüstenartigen und versumpften Land erforderten gemeinsame Anstrengungen. Allein war man zum Scheitern verurteilt. So entstand eine ganze Reihe von genossenschaftlichen Siedlungsformen, von denen der Kibbuz die wichtigste werden sollte. In ihm gab es bei Aufgabe des Privateigentums absolute Gleichheit und kollektive Lebens- und Arbeitsformen.

Die wirtschaftliche und landwirtschaftliche Erschließung des Landes sowie der organisatorische Aufbau der jüdischen Gemeinschaft machten schnelle Fortschritte. Eine Reihe von Organisationen und Institutionen, zum Beispiel der Jüdische Nationalfonds, der die Landkäufe und die Finanzierung der Kolonialisierung koordinierte, und die Jewish Agency, wurden gegründet. Diese entwickelte sich zu einer Art Regierung der jüdischen Gemeinschaft in Palästina und zum entscheidenden Gremium des Zionismus überhaupt.

Die englische Mandatsmacht gewährte der jüdischen Gemeinschaft eine weitgehende Selbstverwaltung. Die Wahrnehmung der kulturellen, sozialen, politischen und wirtschaftlichen Interessen der jüdischen Bevölkerung übertrug sie der Jewish Agency. Diese Autonomie ermöglichte die Bildung von vorstaatlichen Strukturen.

Die rapide Entwicklung war vor allem russischen Einwander:innen zu verdanken, die bis in die 20er Jahre hinein den größten Anteil unter den Siedler:innen stellten. Sehr vereinfacht lassen sich diese Pionier:innen als tatendurstige, abenteuerlustige, zielstrebige, vom Ideal der nationalen und sozialen Wiedergeburt geprägte Zionist:innen beschreiben, die dem osteuropäischen Proletariat entstammten und deren Kolonialisierungsarbeit entscheidend durch Spenden von wohlhabenden Juden und Jüdinnen in den USA und Westeuropa gefördert wurde. Die nächste Generation von Einwanderern unterschied sich sehr von diesen Pionier:innen. Nicht der Zionismus, sondern bittere Notwendigkeit führte sie nach Palästina. Für das Anwachsen der Einwanderung in den 30er Jahren waren drei Faktoren verantwortlich:

- Die Beschränkung der amerikanischen Einwanderungsquoten versperrte vielen Juden und Jüdinnen den Weg in die USA.
- Trotz der weltweiten Wirtschaftskrise herrschte in Palästina relativer Wohlstand.
- Am zahlreichsten kamen jedoch in den 30er Jahren die Juden und Jüdinnen aus Mitteleuropa, die vor den Verfolgungen durch die Nationalsozialisten flohen.

Mit diesen Einwanderungswellen (von 1924 bis 1948 ca. 450.000) kamen vornehmlich mitteleuropäische Intellektuelle und Kaufleute, Handwerker:innen und Techniker:innen, die im Gegensatz zu den armen osteuropäischen E nwander:innen oft eigenes Kapital mitbringen konnten. Diesen Flüchtl ngen waren die Vorstellungen von nationaler und sozialer Wiedergeburt nicht so wichtig wie das nackte Überleben und der Aufbau einer neuen privaten Existenz. Sie wollten nicht das Land bebauen, sie zog es in die Städte.

ARABISCHER NATIONALISMUS

Nach Jahrhunderten kolonialer Unterdrückung entstanden um die Jahrhundertwende im Nahen Osten die Anfänge eines arabischen Nationalismus. Er entwickelte sich vor allem in Gegnerschaft zum türkischen Nationalismus des Osmanischen Reiches, später in Opposition zur zionistischen Siedlungspolitik und zur Vorherrschaft der britischen Kolonialmacht. Die Errichtung der britischen Mandatsherrschaft nach dem Ersten Weltkrieg bedeutete für diese noch schwachen nationalen Kräfte ein europäisches Diktat und koloniale Amputation.

Die palästinensische Bevölkerung beteiligte sich an dieser allgemeinen national-arabischen Bewegung, doch einen ausschließlich palästinensischen Nationalismus gab es zunächst nicht. „Palästina" war im Osmanischen Großreich Teil des syrischen Territoriums, und das palästinensische Gebiet stellte eine Provinz, nämlich Südsyrien dar. Zwar signalisierte 1911 die Gründung einer ersten palästinensischen Organisation und 1919 der erste palästinensische Kongress eine gewisse „Regionalisierung" des politischen Bewusstseins – ein Prozess, der durch den Zerfall „Groß-Syriens" in zwei Protektorate (1922) und Errichtung der „Schutzherrschaft" Frankreichs (Syrien) und Großbritanniens (Palästina) verstärkt wurde –, doch das politische Denken der aktiven Eliten war vor allem von panarabischen Vorstellungen geprägt. Aus der Konfrontation mit der jüdischen Siedlungspolitik und der jüdischen Parallelbewegung, dem Zionismus, erhielt der Widerstand der arabisch-palästinensischen Bevölkerung allerdings sein spezifisches Gepräge.

Die arabische Bevölkerung in Palästina stand unter dem Einfluss von Großgrundbesitzer- und Notablen-Familien, die vornehmlich mit inneren Zwistigkeiten und der Sicherung ihrer eigenen wirtschaftlichen Interessen beschäftigt waren. Sie profitierten von den zionistischen Landkäufen, während die abhängige bäuerliche Bevölkerung durch den Verkauf des bisher von ihnen bearbeiteten Bodens arbeits- und heimatlos wurde. Viele zogen in die Städte und bildeten dort ein neues Proletariat. Aufgrund ihrer langen Abhängigkeit und ihrer dadurch bedingten sozialen, politischen, wirtschaftlichen und kulturellen Rückständigkeit vermochten es die arabischen Bauern nicht, durch Reformen oder Revolution ihre Lage selbstständig zu verbessern. Auch gelang es ihnen nicht, kommunale oder regionale arabische Organisationen aufzubauen, die mit den jüdischen Institutionen (z. B. der Jewish Agency) hätten konkurrieren können. So wurden zwar Parteien gegründet, doch unterschieden sich diese – bis auf eine kleine kommunistische Partei – kaum in ihren Programmen, sondern stellten faktisch Wahlvereine der rivalisierenden Notablen-Familien dar.

Der feudalistisch-bürgerlich geprägte arabische Nationalismus konnte sich gegenüber den Großmächten nicht durchsetzen. Die britische Mandatsregierung brach nicht nur die den Araber:innen gemachten Versprechungen, sie erfüllte auch nicht die Verpflichtungen des Völkerbundes, die Bildung einer arabisch-palästinensischen Selbstverwaltung zu fördern. Alle Petitionen und Demonstrationen, Proteste und Appelle der arabischen Nationalist:innen stießen in der Welt auf taube Ohren. Die willkürliche Teilung der nahöstlichen Region nach den Interessen der Großmächte widersprach der traditionellen ethnischen, kulturellen und sprachlichen Einheit der arabischen Region. Im Kampf gegen die Kolonialmacht England und gegen die besonders auf Palästina zielende zionistische Bewegung bildete sich dann auch ein eigenes palästinensisches Nationalbewusstsein heraus.

BRITISCHE MANDATSZEIT

Bis zum Ersten Weltkrieg standen die arabischen Feudalherren der jüdischen Einwanderung positiv gegenüber, erhofften sie sich doch von den technischen und wirtschaftlichen Fähigkeiten der jüdischen Siedler:innen fruchtbare Impulse für die Entwicklung Palästinas. Allerdings stimmten die Araber:innen der jüdischen Einwanderung nur unter der Voraussetzung zu, dass diese ehemals türkische Provinz nach der Befreiung ihre Unabhängigkeit erhalten werde. Der Traum vieler Juden und Jüdinnen von einem eigenen Staat in Palästina wurde zum Alptraum der Araber:innen des Landes. Im Laufe der Jahre wuchs der arabisch-palästinensische Widerstand gegen die jüdische Besiedlung Palästinas. Der Protest gegen die Einwanderung entlud sich immer häufiger in blutigen Zusammenstößen zwischen beiden Bevölkerungsgruppen.

Die jüdische Besiedlung erschütterte die sozialen Strukturen der bäuerlich strukturierten arabischen Gesellschaft. Die schnelle Entwicklung des jüdischen Gemeinwesens vollzog sich zum Nachteil der Araber:innen. In den 20er Jahren proklamierten die Zionist:innen die Grundsätze der „jüdischen Arbeit", das heißt, arabische Arbeiter durften nicht in jüdischen Betrieben oder landwirtschaftlichen Siedlungen beschäftigt werden, Juden und Jüdinnen sollten nur jüdische Waren kaufen. So vollzog sich in Palästina eine völlig getrennte Entwicklung der jüdischen und arabischen Bevölkerung.

KARTE 1: *Palästina unter britischer Mandatsherrschaft*

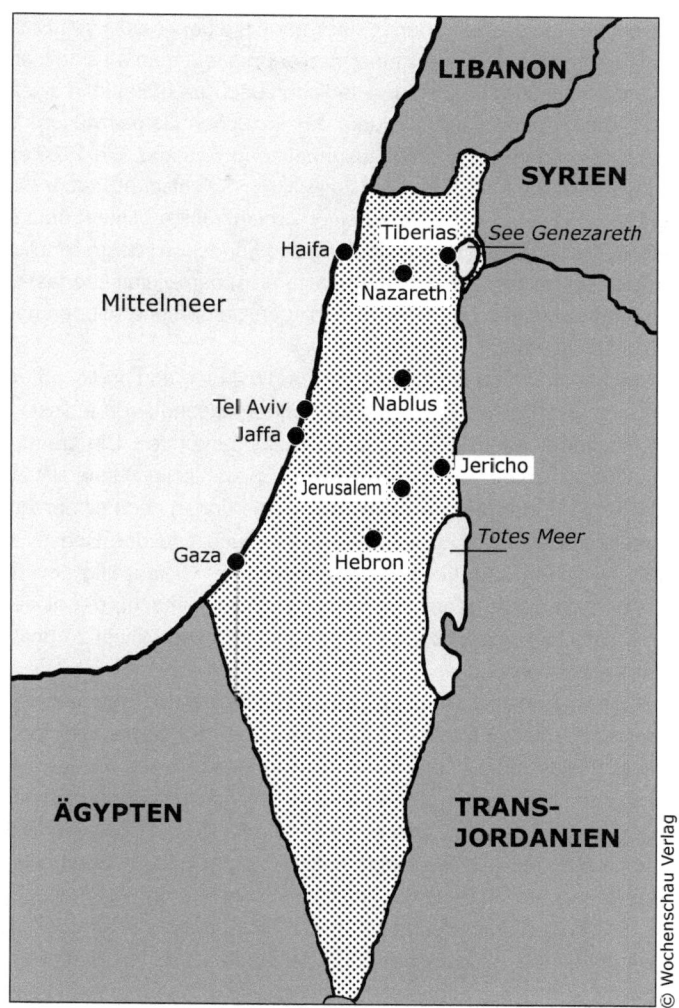

::::: Britische Mandatsherrschaft

Die Zionist:innen erkannten, dass sie als „Volk ohne Land" offenbar doch nicht in ein „Land ohne Volk" zurückkehrten. Immer mehr setzte sich die Überzeugung durch, dass nur ein eigener jüdischer Staat das Dilemma lösen könne. Immer weniger glaubte man an eine friedliche Koexistenz von Juden und Jüdinnen und Araber:innen in einem Staat. Die Organisationsstrukturen des jüdischen Gemeinwesens in Palästina wurden zielgerichtet ausgebaut und verstärkt. Die 1920 als lockere Zusammenfassung von freiwilligen Selbstschutzverbänden gegründete Haganah wurde zu einer schlagkräftigen Untergrundarmee weiterentwickelt. Die Besiedlung des Landes wurde im Hinblick auf die Bildung eines jüdischen Staates nicht dem Zufall überlassen und landwirtschaftliche Pläne und Anlagen wurden eng mit den militärischen verknüpft.

Wachsender Feindschaft sahen sich die Juden und Jüdinnen gegenüber, als in den 1930er Jahren Hunderttausende von jüdischen Flüchtlingen aus Mitteleuropa nach Palästina strömten. Die dramatische Zuspitzung der Entwicklung führte zum arabischen Generalstreik (1936–1939), der besonders mit den Forderungen nach einem vollständigen Verbot der jüdischen Einwanderung und des Bodenverkaufs an Juden und Jüdinnen verbunden war. Gleichzeitig richtete sich dieser Protest gegen die englische Kolonialmacht, die diesen Streik sofort für ungesetzlich erklärte und mit allen Mitteln zu unterdrücken versuchte.

Angesichts dieser Unruhen sandte die englische Regierung verschiedene Untersuchungskommissionen nach Palästina. Die sogenannte Peel-Kommission (1937) sah den einzigen Ausweg in einer Teilung des Landes und der Schaffung eines palästinensischen und eines jüdischen Staates. Das sogenannte Weißbuch (1939) der britischen Regierung bedeutete eine Aufhebung der Balfour-Deklaration: Faktisch sah es das Ende der jüdischen Einwanderung (Begrenzung auf 15.000 jährlich in den kommenden fünf Jahren; danach nur mit Zustimmung der Araber:innen) und der Bodenkäufe vor. Das Weißbuch löste unter den Juden und Jüdinnen in der Welt Empörung aus, denn damit war für viele der letzte Ausweg verschlossen, Hitlers Vernichtungsmaschinerie zu entkommen.

KARTE 2: *Teilungsplan der Peel-Kommission (1937)*

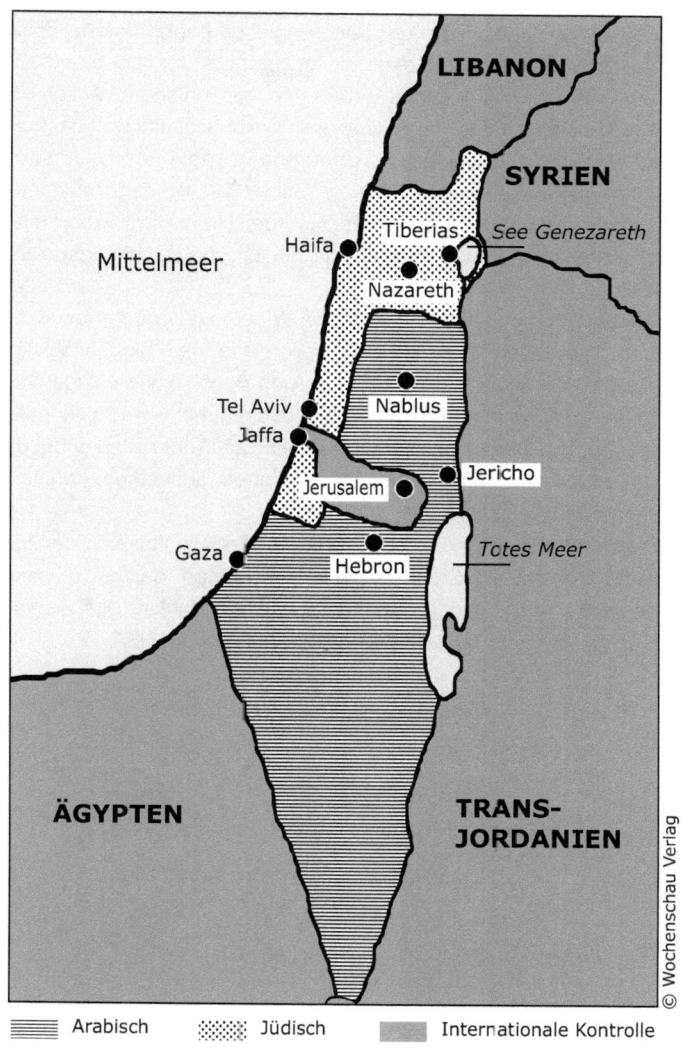

LIBANON

SYRIEN

Mittelmeer

Haifa

Tiberias — *See Genezareth*

Nazareth

Tel Aviv

Nablus

Jaffa

Jerusalem

Jericho

Gaza

Hebron

Totes Meer

ÄGYPTEN

TRANS-
JORDANIEN

© Wochenschau Verlag

▤ Arabisch   ⣿ Jüdisch   ▨ Internationale Kontrolle

Die Politik Großbritanniens brachte die Juden und Jüdinnen in eine schwierige Lage: Einerseits kämpften sie gegen die britische Palästina-Politik, andererseits an der Seite Englands gegen das nationalsozialistische Deutschland, denn dieser Krieg war für Juden und Jüdinnen gleichzeitig ein Kampf gegen ihre Vernichtung. „Wir führen Krieg an Englands Seite, als gäbe es kein Weißbuch, und wir bekämpfen das Weißbuch, als gäbe es keinen Krieg", sagte Ben Gurion auf einem zionistischen Kongress in New York (1942), wo das sogenannte Biltmore-Programm verabschiedet wurde. Mit diesem Programm wurden endgültig die Weichen für die zionistische Nachkriegspolitik gestellt:

- Angesichts des heftigen arabischen Widerstands gegen die jüdische Einwanderung nach Palästina forderte man, die Geschicke des Landes in die Hände der jüdischen Bevölkerungsminderheit zu legen; die wenigen Stimmen, die noch immer eine binationale Lösung, das heißt einen gemeinsamen Staat (oder Staatenbund) von Juden und Jüdinnen und Araber:innen, anstrebten, konnten sich nicht durchsetzen.
- Gleichzeitig bedeutete dieses Programm die Aufkündigung der Zusammenarbeit mit Großbritannien; Ben Gurion, der bei diesem Kongress seine Position als Führungspersönlichkeit des Zionismus stärken konnte, setzte für die Zukunft auf die USA.

GRÜNDUNGSPHASE DES STAATES ISRAEL (1947/48)

In den deutschen Konzentrations- und Vernichtungslagern waren Millionen Juden ermordet worden. (Dieses Menschheitsverbrechen wird heute meist mit dem aus dem Griechischen stammenden Begriff Holocaust (was soviel bedeutet wie „vollständig verbrannt") oder dem hebräischen Begriff Schoah (Katastrophe) bezeichnet.) Nach der Befreiung Deutschlands durch die alliierten Armeen wollten Tausende von Juden und Jüdinnen, die der Vernichtung entronnen waren, nach Palästina, doch Großbritannien verweigerten ihnen die Einreise und errichtete eine regelrechte Blockade, um die illegale Einwanderung zu verhindern. Dennoch erreichten bis zur Staatsgründung fast 60.000 Juden und Jüdinnen Palästina.

Dort hatte sich die Situation verschärft. Jüdische und arabische bewaffnete Gruppen kämpften gegeneinander und gegen die englische Mandatsmacht. Die Juden und Jüdinnen forderten immer dringlicher den jüdischen Staat, die Araber:innen hofften, endlich ihre nationale Unabhängigkeit erreichen zu können. England wurde der Lage nicht mehr Herr und übergab 1947 das Mandat an die Vereinten Nationen. Nach langen Beratungen verabschiedete die Vollversammlung der Vereinten Nationen schließlich als Kompromiss der verschiedensten Vorschläge einen Teilungsplan, der die Gründung eines arabischen und eines jüdischen Staates in Palästina vorsah.

UN-TEILUNGSPLAN 1947 (AUSZUG)

„Das Mandat über Palästina endet so bald als möglich, keinesfalls aber später als am 1. August 1948 (...) Unabhängige arabische und jüdische Staaten und eine besondere internationale Verwaltung der Stadt Jerusalem sollen in Palästina zwei Monate nach Abzug der Streitkräfte der Mandatsmacht errichtet
werden, keinesfalls aber später als am 1. Oktober 1948."

UN-Resolution 181 vom 29. November 1947

Eine große Mehrheit für diesen UN-Teilungsplan vom 29. November
1947 kam in der UN-Vollversammlung wohl hauptsächlich aus drei
Gründen zustande:

- dem Bekanntwerden des ganzen Ausmaßes der Verfolgung und
  Ermordung der europäischen Juden und Jüdinnen und der Tragödie der überlebenden Juden und Jüdinnen, die nicht nach Palästina einreisen durften, sondern stattdessen von den Engländern
  neuerlich in Lagern interniert wurden;
- der Zustimmung beider Großmächte, der USA und der Sowjetuni-
  on (UdSSR), zum Teilungsplan;
- starkem wirtschaftlichen und politischen Druck der USA auf die
  Länder der Dritten Welt.

Juden und Jüdinnen in aller Welt begrüßten den Teilungsplan: Er erfüllte zwar nicht alle territorialen Vorstellungen, doch war mit der Errichtung eines jüdischen Staates das wichtigste Ziel erreicht. Die
Araber:innen lehnten den UN-Plan ab. Sie wiesen darauf hin, dass
dieser Beschluss gegen elementare Prinzipien der UN-Charta versto-
ße. Im Artikel I dieser Charta ist nicht nur der Gleichheitsgrundsatz,
sondern auch das Selbstbestimmungsrecht aller Völker festgelegt,
das von allen Staaten und auch von den UN respektiert werden müsse. Die Palästinenser:innen empfanden den Teilungsplan als Unrecht:
Den 1.415.000 Araber:innen (69%) standen 650.000 Juden und Jüdinnen (31%) gegenüber, denen nur 5,67% des gesamten Bodens
in Palästina gehörten. Trotzdem sollte der jüdische Staat 56,47% der
Gesamtfläche Palästinas umfassen.

KARTE 3: *UN-Teilungsplan für Palästina (1947) und Waffenstillstandslinien (1949)*

In Palästina herrschten bis 1948 bürgerkriegsähnliche Zustände. Am Tag vor dem offiziellen Abzug der englischen Mandatstruppen verkündete der Vorsitzende der Arbeitspartei Ben Gurion die Gründung Israels. Am nächsten Tag erklärten die umliegenden arabischen Staaten Israel den Krieg. Nach langen Kämpfen und verschiedenen Feuerpausen, die von beiden Seiten immer wieder gebrochen wurden, kam es 1949 zum Waffenstillstand, der von arabischer Seite jedoch ausdrücklich nicht die Anerkennung des Staates und der Grenzen Israels beinhaltete. Die Israelis hatten ihr Staatsgebiet um ein Drittel vergrößert, die Gründung eines palästinensischen Staates war in weite Ferne gerückt, zumal der jordanische König bald die Westbank und Ost-Jerusalem annektierte und der Gazastreifen unter ägyptische Verwaltung fiel. Wird von den „Grenzen von 1949" („Grüne Linie") gesprochen, sind die Waffenstillstandslinien von 1949 gemeint, die faktisch die Grenzen Israels zwischen den Jahren 1949 und 1967 bildeten. Heute ist meistens – historisch und völkerrechtlich ungenau – von den „Grenzen von 1967" die Rede.

Aus israelischer Sicht bedeutete der Sieg im Unabhängigkeitskrieg die ersehnte Wiedergeburt eines jüdischen Staates, für viele Palästinenser:innen brachte der Krieg den Verlust ihrer Heimat und sollte als *Nakba* (Katastrophe) in der kollektiven Erinnerung haften bleiben.

FLUCHT UND VERTREIBUNG – DIE NAKBA

Die schwerste Hypothek jedoch, die dieser erste israelisch-arabische Krieg hinterließ, war das Problem der palästinensischen Flüchtlinge. Schon vor 1948 wurde die erste große Flüchtlingswelle ausgelöst, aber bis heute sind die Zahlenangaben und die tatsächlichen Gründe für die Massenflucht zwischen Araber:innen und Juden und Jüdinnen umstritten.

Der entscheidende Grund liegt in den Kriegswirren jener Monate. Die Angehörigen der arabischen Oberschicht flohen als erste. Der städtischen und dörflichen Führungsschicht folgten große Teile der palästinensischen Bevölkerung, nicht selten in der geschürten trügerischen Annahme, in wenigen Wochen nach einer vernichtenden Niederlage der Israelis zurückkehren zu können. Tatsächliche und von der arabischen Propaganda erfundene israelische Übergriffe unter der arabischen Bevölkerung, darunter auch Massaker wie in dem Dorf Deir Yassin nahe Jerusalem, verursachten außerdem eine allgemeine Panik. Zunächst förderte die militärische Führung Israels die Flucht der Araber:innen Palästinas nicht. In der letzten Kriegsphase hat sie jedoch teilweise selber Vertreibungen durchgeführt, nachdem die Vorteile der Massenflucht offenbar geworden waren: Sie schwächte die arabische Minderheit im Staat Israel und befreite ihn damit von einer starken inneren Opposition und Bedrohung. Sie verbesserte auch die Aufnahmemöglichkeiten des jungen Staates für die zu erwartende Masseneinwanderung.

Für viele der Palästinenser:innen, die geflohen oder vertrieben und von der UN-Hilfsorganisation für die Palästina-Flüchtlinge (UNRWA) registriert worden waren, begann damit ein jahrzehntelanges Leben in Flüchtlingslagern. Die Zahlenangaben für die palästinensischen Flüchtlinge variieren zwischen 700.000 und mehr als 900.000. Die UNRWA zählt 1950 etwa 750.000 registrierte Palästina-Flüchlinge. Die arabischen Staaten konnten oder wollten diese Flüchtlinge nicht integrieren, die ihre Hoffnung auf eine Rückkehr in ihr Heimatland nie aufgaben. Trotz langer Verhandlungen kam es zu keiner grundsätzlichen Regelung. Israel weigerte sich, Hunderttausende ihm feindlich gesonnener Araber:innen aufzunehmen, zumal anstelle vieler arabischer Dörfer jüdische Siedlungen errichtet worden waren. Nur 40.000 Palästinenser:innen wurde bis 1953 auf dem Weg der Familienzusammenführung die Rückkehr nach Israel erlaubt.

Dieses Flüchtlingsproblem bestimmte lange Zeit als eine humanitäre Frage die Diskussion. Erst nach der arabischen Niederlage 1967 wurde seine politische Dimension beherrschend.

DER NEUE STAAT ISRAEL ENTSTEHT

Die Sammlung der Juden und Jüdinnen aus aller Welt war das erklärte Ziel des neuen Staates. Waren bis 1948 ca. 650.000 Juden und Jüdinnen nach Palästina eingewandert, so wuchs die jüdische Bevölkerung in Israel in cen ersten drei Jahren um mehr als das Doppelte. Diese Einwanderung stellte den jungen Staat vor gewaltige Probleme. Wohnungen und Arbeitsplätze mussten geschaffen werden. Der größte Teil der jüdischen Einwander:innen in den 1950er Jahren kam als Flüchtlinge aus den arabischen Ländern. Nach der Staatsgründung veranlassten Pogrome und Diskriminierung, Vertreibung und Ausweisung, politische und wirtschaftliche Perspektivlosigkeit sowie israelische Maßnahmen zur Förderung der Immigration fast die gesamte jüdische Bevölkerung in den arabischen Staaten zur Flucht nach Israel. Diese Juden („Misrachim") waren meist Analphabet:innen, kleine Handwerker:inner, Händler:innen und Bauern und Bäuerinnen. Sie mussten sich in einer völlig neuen Umgebung zurechtfinden und in die von europäischen Juden und Jüdinnen geprägte moderne Gesellschaft Israels eingegliedert werden.

Neben der Einwanderung der Misrachim stellten die ca. 160.000 im israelischen Staatsgebiet verbliebenen Palästinenser:innen ein weiteres innenpolitisches Problem dar. Sie wurden israelische Staatsbürger:innen, denen man in der Gründungsurkunde des Staates Gleichberechtigung versprach. Diese palästinensische Bevölkerung Israels, deren Wohngebiete meist an den Grenzen des Landes lagen, wurde jedoch einer Militärverwaltung unterstellt, weil sie als Sicherheitsrisiko galt. Ca. 70% ihres Landes wurden von Israel enteignet und neuen jüdischen Siedlungen zur Verfügung gestellt. Viele Palästinenser:innen verloren in Israel ihre traditionellen Arbeitsplätze.

Neu geschaffene Arbeitsplätze in Israel blieben den eingewanderten Juden und Jüdinnen vorbehalten.

Die Militärverwaltung wurde 1966 zwar aufgehoben und die soziale und wirtschaftliche Situation der israelischen Palästinenser:innen hat sich in den letzten Jahren wesentlich verbessert. Dennoch besteht auch heute eine tiefe Kluft zwischen der jüdischen und der palästinensischen Bevölkerung in Israel. Noch immer sind die israelischen Palästinenser:innen Israels Bürger:innen zweiter Klasse und werden strukturell diskriminiert.

DIE SINAI-AKTION (1956)

Nach dem Ende des Unabhängigkeitskrieges folgte auf beiden Seiten zunächst eine Zeit der innenpolitischen Konsolidierung und militärischen Wiederaufrüstung. Aber ab 1954 steigerten sich die Feindseligkeiten zwischen Israel und Ägypten. Die Blockade des israelischen Hafens Eilat und ständige Überfälle an der Grenze zum Gazastreifen, die für Israel Anlass zu einem Vergeltungsschlag gegen die Stadt Gaza waren, verschärften die Spannungen. Als der ägyptische Präsident Nasser, der seit seiner Machtübernahme das Land von den Einflüssen der westlichen Großmächte zu befreien versuchte, 1956 den in französisch-britischem Besitz befindlichen Suez-Kanal verstaatlichte, löste dies bei Großbritannien und Frankreich Empörung aus. Besonders die französische Regierung gab deutlich zu verstehen, dass sie einer militärischen Besetzung der Suez-Kanal-Zone durch die ehemaligen Mandatsmächte nicht ablehnend gegenüberstand. Diese Möglichkeit, der ägyptischen Regierung mit französischer und britischer Hilfe einen entscheidenden Schlag zu versetzen, wollte Israel nicht ungenutzt verstreichen lassen: Im Oktober 1956 startete Israel mit der militärischen Unterstützung Frankreichs und Großbritanniens die Sinai-Aktion und eroberte in wenigen Tagen den Gazastreifen und den gesamten Sinai.

Starker internationaler Druck vor allem der beiden Großmächte USA und UdSSR veranlasste Israel im Jahre 1957 zum Rückzug aus allen besetzten Gebieten. UN-Truppen kontrollierten die ägyptisch-israelische Grenze. An den Grenzen herrschte nunmehr ein Jahrzehnt relativer Frieden, sodass Israel sich stärker seinen drängenden innenpolitischen Problemen widmen konnte. Doch vor allem in der Dritten Welt hatte Israel an Ansehen eingebüßt. Trotz der militärischen Niederlage galt Nasser als der eindeutige Sieger der Sinai-Aktion. Sein

Prestige stieg nicht nur bei den arabischen Staaten, sondern in der gesamten Dritten Welt. Außerdem festigte die UdSSR durch militärische und diplomatische Unterstützung der arabischen Staaten ihre eigene Position im Nahen Osten.

„SECHS-TAGE-KRIEG" UND NAKSA (1967)

Um Ursachen und Verlauf des Krieges ranken sich bis heute Mythen und Legenden. Historikern ist es erst in den letzten Jahren gelungen, den Mythos von der Unvermeidbarkeit des Krieges zu erschüttern, doch für die kollektiven Narrative auf israelischer wie arabischer Seite blieb das bislang ohne durchgreifende Folgen, handelt es sich hier doch um ein historisches Schlüsselereignis für den Nahen Osten, dessen Auswirkungen b s heute die Realität in der Region prägen.

Dem Juni-Krieg von 1967 zwischen Israel und den arabischen Staaten gingen langanhaltende, sich immer mehr zuspitzende Spannungen voraus. Vor allem drei Faktoren trugen zur Verschärfung der Spannungen bei:

- Mit einem gewaltigen Bewässerungsprojekt lenkte Israel Wasser vom Oberlauf des Jordan auf sein Gebiet, zum Nachteil und gegen starke Proteste Syriens und Jordaniens.
- Im Niemandsland an den Golanhöhen nahmen militärische Zwischenfälle zu und immer häufiger verübten Freischärler der 1964 gegründeten Palästinensischen Befreiungsorganisation (PLO) Anschläge in Israel. Israel reagierte zumeist mit massiven Vergeltungsschlägen.
- Innenpolitische Schwierigkeiten und Zwistigkeiten zwischen den arabischen Staaten wurden vielfach durch eine besonders furchterregende Kriegshetze und Vernichtungsdrohungen gegen Israel kaschiert.

KARTE 4: *Israel und die besetzten Gebiete (1967)*

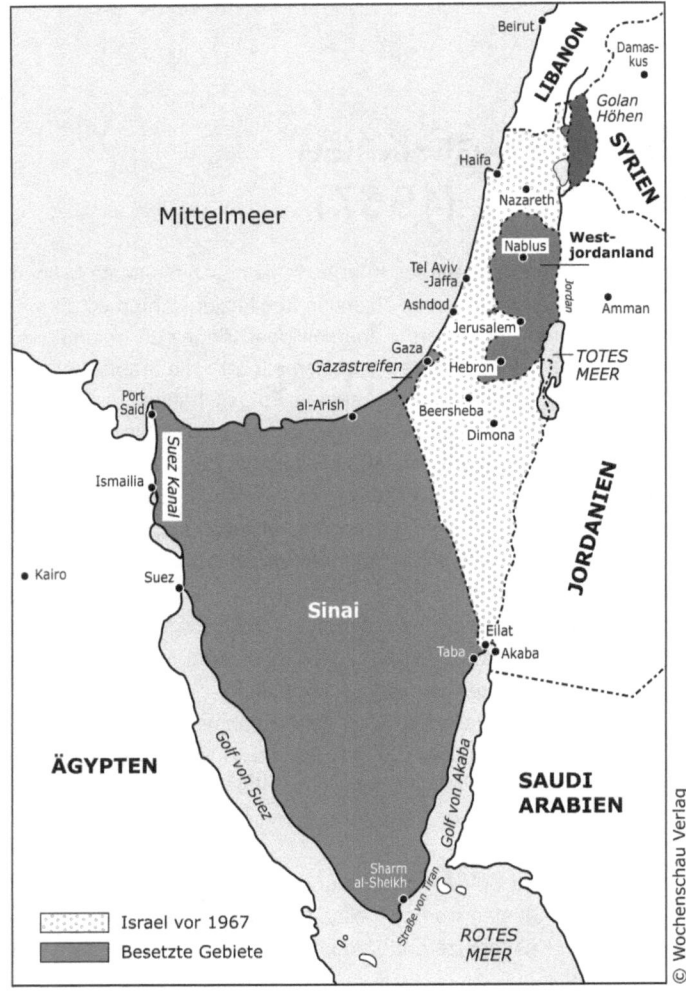

Im Mai/Juni 1967 erreichten die Spannungen ihren Höhepunkt. Ägypten verhängte eine neuerliche Blockade über den Hafen Eilat, verfügte den Abzug der UN-Truppen aus dem Sinai und ließ Truppen aufmarschieren. In Israel herrschte angesichts der arabischen Kriegspropaganda und Truppenbewegungen eine weit verbreitete Untergangsstimmung. Der israelische Generalstab war zwar überzeugt, der ägyptische Präsident Nasser wolle keinen Krieg und sei dazu nicht vor 1970 fähig, befürchtete jedoch angesichts des arabischen Truppenaufmarsches eine Abnahme des israelischen Abschreckungspotentials. Ein All-Parteien-Kabinett wurde gebildet. Trotz der Warnung des französischen Staatspräsidenten de Gaulle, in dieser spannungsgeladenen Atmosphäre mache sich der zum Aggressor, der den ersten Schuss abgebe, entschloss sich Israel auf Drängen des Generalstabs – mit amerikanischer Rückendeckung – am 5. Juni 1967 anzugreifen. Innerhalb weniger Tage konnte Israel aufgrund des gut geplanten und erfolgreich durchgeführten Überraschungsangriffs die Luftwaffe Ägyptens, Jordaniens und Syriens weitgehend zerstören. Außerdem wurden große territoriale Gewinne erzielt: Israelische Truppen hatten den Jordan und den Suez-Kanal erreicht, die Golanhöhen, ganz Jerusalem, den Gazastreifen und die Sinai-Halbinsel besetzt.

Der Krieg begann aus politischen Gründen, um die arabischen Führungen zu delegitimieren, die „low-intensity"-Konflikte an der Nord- und Westgrenze zu beenden, die Wasserstraße von Tiran wieder zu öffnen, präventiv die arabischen Aufrüstungsanstrengungen zu bremsen und ein nachhaltiges Zeichen des israelischen Verteidigungswillens zu setzen. Es gibt keine Anhaltspunkte dafür, dass es sich um einen lange geplanten Eroberungskrieg der israelischen Führung handelte. Dies zeigt nicht zuletzt die anfängliche Desorientierung der israelischen Politik im Umgang mit den besetzten Gebieten.

Die militärische Niederlage der arabischen Staaten hatte nicht die politischen Folgen, die sich Israel erhofft hatte. Dieser Krieg stärkte ihre Einigkeit und schwächte den westlichen Einfluss in der Region noch mehr. Die arabischen Staaten waren angesichts der Besetzung großer Gebiete weniger denn je zu Verhandlungen über die Anerkennung Israels bereit. Auf der Tagung der Arabischen Liga im September 1967 in Khartum beschlossen sie ihr dreifaches Nein: „Nein zur Anerkennung Israels! Nein zu Verhandlungen! Nein zu einem Friedensvertrag!" Die drei Neins aus Khartum stärkten die Haltung derjenigen nationalistischen und religiösen Kräfte in Israel, die für ein Festhalten an den besetzten Gebieten oder gar deren Annexion eintraten.

Der Sicherheitsrat der Vereinten Nationen verabschiedete am 22. November 1967 die Resolution 242, die die Grundzüge einer anzustrebenden Friedensregelung aufzeigen sollte. In der französischen und spanischen Fassung dieser Resolution lautet die Forderung: „Rückzug der israelischen Streitkräfte *aus den Gebieten*, die (...) besetzt wurden." Während sich die arabischen Staaten auf diese Fassung stützten, wird in Israel die englische Version für maßgeblich gehalten: „Rückzug *aus Gebieten*, die (...) besetzt wurden" (ohne den bestimmten Artikel). Obwohl die Forderung nach einem vollständigen oder nur teilweisen Rückzug Israels damit strittig blieb, wurde hier zum ersten Mal die Formel „Land gegen Frieden" erwähnt, die Jahrzehnte lang diplomatische Bemühungen um eine friedliche Regelung beschäftigen sollte.

Der beispiellose militärische Sieg begründete den Mythos von der Unbesiegbarkeit Israels. Nach den existenziellen Ängsten der Vorkriegszeit herrschte in Israel aufgrund des überraschenden Sieges eine geradezu rauschhafte Begeisterung: An der *Kotel,* der Westmauer des ehemaligen Tempels, auch Klagemauer genannt, konnte wieder gebetet werden, Israelis strömten in die ihnen seit 1948 verschlossene Altstadt Jerusalems, bereisten das Westjordanland und besuchten die religiösen Stätten im biblischen „Judäa und Samaria".

Was mit der stolzen Bezeichnung „Sechs-Tage-Krieg" in die israelischen Geschichtsbücher einging, ist für die Palästinenser:innen die *Naksa* („Rückschlag"). Durch die Besetzung palästinensischer Gebiete wurden 250.000 bis 300.000 Palästinenser:innen zu Flüchtlingen, viele zum zweiten Mal nach der *Nakba* („Katastrophe") von 1948/49. Nur wenige Tage nach Kriegsende wurde in der Altstadt Jerusalems das so genannte maghrebinische Wohnviertel planiert, um vor der Westmauer Platz zu schaffen. Die ca. 650 Bewohner:innen wurden im Flüchtlingslager Shuafat im Norden Jerusalems untergebracht. Bald wurden Pläne zum Wiederaufbau des unter jordanischer Herrschaft zerstörten jüdischen Viertels in der Altstadt entworfen. In den folgenden Jahren wurden ca. 6.000 Palästinenser:innen aus dem ehemaligen (bis 1948) jüdischen Viertel vertrieben, um Platz zu machen für das neue jüdische Viertel. Auch schon im Juni 1967 erfolgte eine erhebliche Ausdehnung der Stadtgrenzen Jerusalems durch eine Eingemeindung des arabischen Teils der Stadt und einiger benachbarter palästinensischer Ortschaften. Damit wurde israelisches Recht in Ost-Jerusalem anwendbar – eine Vorstufe der bis heute international nicht anerkannte Annexion Ost-Jerusalems 1980. Im Jahr 1968 wurden die ersten völkerrechtswidrigen jüdischen Siedlungen in der Westbank gegründet. Aus der verheerenden Niederlage der vereinten arabischen Armeen zogen die Palästinenser:innen den Schluss, dass sie ihr Schicksal in die eigenen Hände nehmen müssen. Der Aufstieg der PLO begann.

DIE PALÄSTINENSISCHE BEFREIUNGSBEWEGUNG (PLO)

War die Palästinensische Befreiungsorganisation PLO 1964 in Ost-Jerusalem noch unter der Ägide Nassers als palästinensische Notablen-Vereinigung entstanden, so übernahmen nach 1967 die bewaffneten Guerillagruppen, an ihrer Spitze Jassir Arafat, die Führung. Dieser Aufstieg war in erster Linie das Ergebnis der Suche der Palästinenser:innen nach einer Alternative zur gescheiterten panarabischen Politik des militärischen Sieges über Israel. Genährt durch die zum Mythos übersteigerte Schlacht bei Karame in Jordanien, in der bewaffnete PLO-Kämpfer der israelischen Armee bei einer Vergeltungsaktion für Anschläge in Israel erhebliche Verluste beibringen konnten, stellte sich die PLO selbst für viele Jahre als militärische Alternative dar. Nach dem Vorbild anderer Befreiungsbewegungen setzte sie ihre Hoffnung auf den Guerillakrieg („bewaffneten Kampf") als „einzige(n) Weg zur Befreiung Palästinas" (Art. 9 der Palästinensischen Nationalcharta). Konkret gelang es der PLO allerdings nicht, den angestrebten „Volkskrieg" gegen Israel zu entfesseln. Sie verstrickte sich in innerarabische Machtkämpfe und verlor deshalb ihre wichtigste Aktionsbasis in Jordanien, als sie im Bürgerkrieg mit dem Königshaus militärisch unterlag („Schwarzer September" 1970). Die PLO verlegte daraufhin ihr Hauptquartier in den Libanon; verschiedene unter ihrem Dach agierende Guerillaorganisationen versuchten durch spektakuläre Terroraktionen (Flugzeugentführungen; Geiselnahmen wie bei den Olympischen Spielen 1972 in München; Anschläge in Israel) die Aufmerksamkeit der Weltöffentlichkeit auf das Schicksal der Palästinenser:innen zu lenken.

Zum politischen Faktor wurde die PLO in den 1970er und 1980er Jahren, als sie als Dachorganisation der verschiedenen palästinensischen Widerstandsgruppen und nationalen Organisationen zunehmend Anerkennung fand So umstritten sie war: Sie verkörperte den palästinensischen Anspruch auf ein nationales Selbstbestimmungsrecht. War Arafat für die einen der Führer einer Terrororganisation, so sahen andere ihn als Staatsmann.

PLO-CHARTA 1968 (AUSZUG)

„(...) Artikel 2

Palästina ist innerhalb der Grenzen, die es zur Zeit des britischen Mandats hatte, eine unteilbare territoriale Einheit. (...)

Artikel 9

Der bewaffnete Kampf ist der einzige Weg zur Befreiung Palästinas. (...)

Artikel 19

Die Teilung Palästinas im Jahr 1947 und die Schaffung des Staates Israel sind völlig illegal, ohne Rücksicht auf den inzwischen erfolgten Zeitablauf (...)

Artikel 20

Die Balfour-Deklaration, das Palästina-Mandat und alles, was sich darauf stützt, werden für Unrecht erachtet. Ansprüche der Juden auf historische und religiöse Bindungen mit Palästina stimmen nicht mit den geschichtlichen Tatsachen und dem wahren Begriff dessen, was Eigenstaatlichkeit bedeutet, überein. Das Judentum ist eine Religion und nicht eine unabhängige Nationalität; ebenso wenig stellen die Juden ein einzelnes Volk mit eigener Identität dar, vielmehr sind sie Bürger der Staaten, denen sie angehören. (...)"

Die PLO genoss die Unterstützung der überwältigenden Mehrheit der Palästinenser:innen. Alle Versuche, alternative Organisationen oder eine andere Führung der Palästinenser:innen aufzubauen, scheiterten. Dies bedeutete keineswegs immer die kritiklose Unterstützung der Politik der PLO, die eben keine Partei ist, sondern eine Dachorganisation verschiedener Gruppierungen und Organisationen unterschiedlicher politischer und ideologischer Richtungen. Auch wenn interne Diskussionen und zum Teil blutige Auseinandersetzungen bei existenziellen Fragen immer wieder das Bild der PLO bei uns geprägt haben, so muss berücksichtigt werden, dass unter diesem Dach verschiedene Organisationen – mit wechselndem Erfolg – um die Durchsetzung ihrer politischen Vorstellungen kämpften: Mal setzte sich die eine in entscheidenden Fragen durch – was zeitweise zur Spaltung führte, mal wurde um der Einheit willen ein Kompromiss geschlossen – was auf Kosten der Klarheit der politischen Aussage ging.

Die PLO verstand sich immer als Vertreterin des gesamten palästinensischen Volkes, d. h. der Palästinenser:innen in den Flüchtlingslagern, den in alle Welt emigrierten Exil-Palästinenser:innen und auch der palästinensischen Bevölkerung unter der israelischen Besatzung. Kämpften die einen für die Befreiung von der israelischen Okkupation, d. h. von politischer Unterdrückung und ökonomischer Strangulation, so forderten die anderen die Rückkehr in ihre palästinensischen Heimatdörfer, was faktisch die Zerstörung Israels bedeutet hätte.

Zur Komplexität der palästinensischen Entwicklung trugen zwei weitere Faktoren bei: die Einbettung Palästinas in den arabischen Lebensraum und die geostrategische Bedeutung des Konfliktgebietes im Machtpoker um regionale Hegemonie. Beide Faktoren haben in unterschiedlicher Weise zu unterschiedlichen Zeiten den Konflikt und damit auch die Entwicklung des palästinensisch-arabischen Nationalismus beeinflusst. So wurde die israelisch-palästinensische Auseinandersetzung z. B. von den Supermächten in Zeiten des Ost-West-Gegensatzes ebenso instrumentalisiert wie von einzelnen arabischen Staaten aus jeweils innerstaatlichen oder innerarabischen Gründen. Aber auch Israelis und Palästinenser:innen haben immer wieder versucht, diese außerregionalen Konfliktkonstellationen für ihre jeweiligen Zwecke zu nutzen. In ihrer ideologischen Ausprägung und praktischen Politik wurde gerade die Palästinensische Befreiungsbewegung durch diese Verhältnisse nicht unwesentlich geformt.

Unter den Bedingungen der palästinensischen Lager in den arabischen Staaten und der Jahrzehnte während israelischen Besatzung von Westbank und Gazastreifen erlebte die palästinensische Nationalbewegung im Kontext der regionalen und globalen Kräfteverhältnisse eine spezifische Entwicklung. Sich zwar als Teil der arabischen Nationalbewegung verstehend, verkörpert die Palästinensische Befreiungsbewegung den nationalen Anspruch auf ein kleines Land, dessen Grenzen am besten mit dem „historischen Mandatsgebiet Palästina" (1922–1947) umschrieben werden. Die politische Bedeutung dieser Entwicklung eines spezifischen Nationalbewusstseins unter den Palästinenser:innen liegt in den realpolitischen Forderungen, die sich im Hinblick auf eine friedliche Lösung des Palästinakonflikts ergaben, d. h.

- Anerkennung der Existenz eines palästinensischen Volkes – nicht nur einer Flüchtlingsbewegung;
- Anerkennung eines nationalen Selbstbestimmungsrechts dieses Volkes in seiner Heimat – nicht nur eines Rechts auf Rückkehr;
- Anerkennung der Tatsache, dass die Palästinenser:innen über ihre Zukunft selbst (mit-)entscheiden wollen – nicht durch die Stellvertretung anderer.

In den 1970er und 1980er Jahren kristallisierte sich die PLO als organisatorischer Ausdruck dieser Bewegung heraus und entwickelte die Konzeption eines eigenen unabhängigen palästinensischen Staates neben Israel – das sogenannte Teilstaatskonzept oder Zwei-Staaten-Konzept. Die realpolitische Bedeutung dieser Entwicklung manifestiert sich in den von der PLO vertretenen Konzepten: Forderte man zunächst die schlichte Vertreibung der nach 1917 (Balfour-Deklaration) eingewanderten Juden und Jüdinnen, so prägte dann lange Zeit die Vorstellung eines „demokratisch-säkularen Staates in ganz Palästina für Juden, Christen und Muslime" die Ziele der PLO. Schon 1974 bekannte sich die PLO dann quasi zu einer Teilstaatslösung, indem sie sich für „die Errichtung einer kämpferischen unabhängigen nationalen Autorität in jedem Teil Palästinas, der befreit wird", aussprach. Zu der Entwicklung gehört auch, dass der für die Erreichung der palästinensischen nationalen Aspirationen anfänglich in der Nationalcharta (1968) als „einzig mögliche Weg angesehene bewaffnete Kampf" zugunsten einer politischen Verhandlungslösung immer mehr in den Hintergrund getreten ist.

Trotz dieser Mehrheitslinie der PLO und trotz der weltweiten Anerkennung schaffte es die PLO nicht, als stabiler politischer Faktor in die diplomatischen Konfliktregelungsversuche eingebunden zu werden. Terroranschläge verschiedener palästinensischer Gruppen und das Lavieren zwischen radikalen und gemäßigten Kräften unterminierten die politische Glaubwürdigkeit der palästinensischen Organisation. Immer wieder wurden auch die PLO und die Palästinenser:innen zum Spielball arabischer Interessen. Wesentlich war auch die Weigerung Israels (und der USA), die Legitimität des palästinensischen Strebens nach nationaler Selbstbestimmung zu akzeptieren. Die Politik Israels in den besetzten Gebieten war geprägt von einer schleichenden Annexion. Immer weniger zeigte die israelische Regierung die ernsthafte Bereitschaft, über die Zukunft der Westbank und des Gazastreifens zu verhandeln. Die zaghafte und immer wieder nur in diplomatisch gewundenen Formulierungen erklärte Bereitschaft der PLO, sich mit einem palästinensischen Teilstaat neben Israel zufriedenzugeben, bedeutete eine Gefährdung des jüdisch-israelischen Anspruches auf das gesamte Land, wie er am deutlichsten von den Vertreter:innen eines „Groß-Israel-Konzeptes" vertreten wird. Die Bezeichnung des palästinensischen Teilstaatskonzeptes als Stufenplan, d. h. Errichtung eines palästinensischen Staates neben Israel nur als Etappe auf dem Weg bis zur endgültigen „Befreiung Palästinas", wurde vor allem von Israel immer wieder als Begründung für die Verweigerung von Verhandlungen herangezogen.

Ihren ersten großen diplomatischen Erfolg erzielte die PLO, als ihr Vorsitzender Arafat 1974 vor der UN-Vollversammlung eine Rede hielt und die PLO in einer Resolution der Vollversammlung als „Repräsentantin des palästinensischen Volkes" anerkannt wurde. Die Folgejahre waren von einer wachsenden Anerkennung der PLO in aller Welt geprägt.

DER OKTOBER-KRIEG (1973)

Die Jahre nach 1967 waren durch den Abnutzungskrieg zwischen Israel und Ägypten am Suez-Kanal, aber auch durch verschiedene Versuche gekennzeichnet, im Nahen Osten einem Frieden näher zu kommen. Verschiedene Initiativen, wie die Friedensmission des UN-Sonderbeauftragten Jarring (1969) oder der Allon-Plan (1973) brachten jedoch keine Annäherung der Konfliktparteien.

Auf arabischer Seite verstärkte sich der Eindruck, dass Israel nicht bereit sei, sich aus den Gebieten zurückzuziehen, die es seit Jahren trotz internationaler Appelle und Verurteilungen besetzt hielt – zumal es in den Gebieten jüdische Siedlungen anlegte. Hinzu kam, dass Signale des ägyptischen Präsidenten Sadat, die Verhandlungsbereitschaft andeuteten, weder in Israel noch in den USA ernst genommen wurden.

Völlig überraschend griffen Ägypten und Syrien am Jom Kippur 1973 (dem Versöhnungstag, dem höchsten jüdischen Feiertag, an dem das gesamte öffentliche Leben ruht) Israel an. Weil der israelische Geheimdienst die Absichten des Gegners falsch eingeschätzt hatte und Israels Armee völlig unvorbereitet war, erzielten die arabischen Armeen zunächst beträchtliche Erfolge: Ägypten gelang es, die in Israel für unüberwindbar gehaltenen Befestigungsanlagen am Suez-Kana (Bar-Lev-Linie) zu stürmen; syrische Einheiten gelangten bis kurz vor Tiberias. Erst als die amerikanischen Nachschublieferungen anliefen, gewannen die Israelis wieder militärisch die Oberhand, sodass nur ein von den USA durchgesetzter Waffenstillstand eine weitere demoralisierende Niederlage der arabischen Armeen verhindern konnte. Der Mythos von der israelischen Unbesiegbarkeit war durch die arabischen Anfangserfolge jedoch erschüttert.

Die arabischen Staaten hatten ihr politisches Kriegsziel erreicht: Nicht zuletzt durch die Verhängung eines Ölboykotts über die westlichen Staaten unterstrichen sie ihre wirtschaftliche und politische Bedeutung. Das Interesse der westlichen Welt, das Pulverfass Nahost endlich zu entschärfen, wuchs. Besonders die ägyptische Politik der „offenen Tür", das heißt der Neuorientierung Ägyptens zu den westlichen Ländern, ermöglichte es den USA, zwischen den arabischen Staaten und Israel die Rolle eines Vermittlers zu spielen. US-Außenminister Kissinger gelang es durch seine sogenannte Pendeldiplomatie, Truppenentflechtungsabkommen herbeizuführen, die zu einer militärischen Entspannung an den arabisch-israelischen Grenzen führten. Im Dezember 1973 wurde die Genfer Friedenskonferenz, die nach Jahrzehnten arabische Staaten und Israelis am Konferenztisch unter der Schirmherrschaft der USA und der UdSSR zusammenführte, eröffnet, doch eine dauerhafte Friedensregelung für den Nahen Osten kam nicht zustande.

DAS ABKOMMEN VON CAMP DAVID (1978)

Nach den Wahlen 1977 wurde in Israel erstmals die seit Staatsgründung ununterbrochen regierende sozialdemokratische *Arbeitspartei* von einer bürgerlichen, rechts-nationalistischen Regierung unter Führung des Likud-Blocks abgelöst. Zum neuen Ministerpräsidenten wurde Menachem Begin gewählt. Damit veränderte sich vor allem die Politik Israels im Blick auf die 1967 eroberte Westbank. Bisher waren die besetzten Gebiete zumindest rhetorisch als Faustpfand für Friedensverhandlungen mit den arabischen Staaten deklariert worden. Nur entlang des Jordanufers, im Großraum Jerusalem und im Etzion-Block bei Hebron waren strategische Siedlungen angelegt worden, die durch die im Allon-Plan angestrebten Grenzkorrekturen vorgegeben waren. Die dicht besiedelten palästinensischen Kerngebiete dagegen waren ausgespart worden, weil man hoffte, im Austausch gegen sie zu einer Friedensregelung mit Jordanien gelangen zu können. Im Rahmen dieser Sicherheitsdoktrin wurden auch die Siedlungen auf den Golanhöhen, an der Grenze zwischen dem Gazastreifen und Ägypten sowie entlang der Ostküste der Sinai-Halbinsel angelegt.

Die neue Regierung dagegen verstand gerade die Westbank als das historische Kernland des jüdischen Volkes (Judäa und Samaria), das nicht besetzt, sondern befreit worden sei. Sie förderte daher den Siedlungsbau gerade in diesen dicht besiedelten Gebieten, mit dem erklärten Ziel, eine jüdische Bevölkerungsmehrheit zu erreichen, um sie dem israelischen Staatsgebiet einverleiben zu können.

Es war eine Sensation, dass in dieser Situation der ägyptische Präsident Sadat seine Bereitschaft erklärte, mit Israel Frieden zu schließen. Vom 19. bis 21. November 1977 reiste er als erster arabischer Staatsführer nach Jerusalem. Aus seiner Initiative entwickelte sich ein Verhandlungsprozess zwischen Ägypten und Israel unter Vermittlung der USA, der am 17. September 1978 zum Abschluss des Camp-David-Abkommens (benannt nach dem Ferienrefugium für amtierende US-Präsidenten, wo die Abmachungen endgültig ausgehandelt wurden) führte.

Das Abkommen enthielt zwei Elemente:

- Einerseits eine Vereinbarung zwischen Israel und Ägypten, nach der Israel sich dazu verpflichtete, die Sinai-Halbinsel in zwei Etappen bis zum Frühjahr 1982 zu räumen; im Gegenzug erkannte Ägypten Israel an und nahm volle diplomatische Beziehungen auf.
- Andererseits ein sogenanntes Rahmenabkommen, in dem Verhandlungen zwischen Israel, Ägypten, Jordanien und „Vertretern des palästinensischen Volkes" über eine Autonomieregelung für Westbank und Gazastreifen vorgesehen wurden.

Die Vereinbarung zwischen Israel und Ägypten trat planmäßig in Kraft: Im April 1982 hatte Israel den gesamten Sinai geräumt. Besonders schmerzlich für die regierende Koalition war dabei, dass auch die Siedlung Jamit an der Grenze zwischen Ägypten und dem Gazastreifen geräumt wurde, wobei der passive Widerstand nationalistischer Siedler von der israelischen Armee gebrochen werden musste. Bezeichnend war, dass im israelischen Parlament nur aufgrund der Zustimmung der oppositionellen Parteien eine Mehrheit für das Abkommen zustande kam.

Das Rahmenabkommen über die Zukunft der Westbank und des Gazastreifens dagegen wurde nicht umgesetzt, weil die Autonomie von den Palästinenser:innen als unannehmbar abgelehnt wurde.

Wie weit der Weg zu einer umfassenden Friedenslösung aber trotz dieses historischen Durchbruchs noch war, wurde nicht zuletzt daran deutlich, dass Ägypten wegen des Separatfriedens mit Israel aus der Arabischen Liga ausgeschlossen wurde. Die USA kompensierten die Isolation Ägyptens in der arabischen Welt dadurch, dass Ägypten seither nach Israel der bedeutendste Empfänger US-amerikanischer Wirtschafts- und Militärhilfe ist.

DER ERSTE LIBANON-KRIEG (1982)

Nach der Vertreibung aus Jordanien (1970) hatte die PLO sich im Libanon eine neue Machtbasis geschaffen. Insbesondere nach dem Auseinanderfallen des libanesischen Staates im Bürgerkrieg seit 1975 war es ihr gelungen, im Süden des Landes an der Grenze zu Israel einen „Staat im Staat" zu etablieren.

Doch waren die Bestrebungen der Palästinenser:innen nach Rückkehr in ihre Heimat und Errichtung eines eigenen Staates der Verwirklichung keinen Schritt näher gekommen. Nach dem Camp-David-Abkommen sah die PLO sich vollends ins Abseits gestellt, hatte Präsident Sadat doch einer Formulierung im Rahmenabkommen zugestimmt, die die PLO als Vertreterin der Palästinenser:innen absichtsvoll unerwähnt ließ.

Durch verstärkte Artillerieangriffe auf Städte und Siedlungen im Norden Israels in den Jahren 1980/81 versuchte die PLO, sich auf das diplomatische Parkett zurück zu bomben. Scheinbar war diese Strategie auch von Erfolg gekrönt, denn im Sommer 1981 kam es durch die Vermittlung des amerikanischen Sonderbeauftragten Philip Habib zu einer stillschweigenden Übereinkunft über eine Waffenruhe zwischen Israel und der PLO.

Doch nutzte die israelische Regierung – mit Verteidigungsminister Ariel Scharon (Likud) als treibender Kraft – die Feuerpause zur Vorbereitung der endgültigen Ausschaltung der PLO. Kurz nach Abschluss des Camp-David-Prozesses (Abzug der israelischen Truppen vom Sinai; Normalisierung der Beziehungen mit Ägypten), am 6. Juni 1982, marschierte die israelische Armee in den Libanon ein. Als Vorwand diente ein Anschlag auf den israelischen Botschafter in London, Schlomo Argov, durch ein Kommando des aus der PLO ausgeschlossenen Abu Nidal. Außerdem behauptete die israelische Regierung, die

Invasion sei nötig, um den Beschuss des israelischen Nordens zu beenden (daher der Name „Frieden für Galiläa" für den Angriff), obgleich
die vermittelte Waffenruhe bis auf zwei Ausnahmen gehalten hatte.

Zunächst deklarierte die Regierung als Ziel, die PLO-Kämpfer aus
der 40 km breiten Zone vertreiben zu wollen. Auf diese Weise erreichte sie die Zustimmung der Opposition zu der Militäraktion. Doch
machten die Truppen nach 40 km nicht halt, sondern drangen rasch
bis nach Beirut vor. So wurde die Absicht der Operation deutlich: völlige Zerschlagung der PLO und Einsetzung eines Israel-freundlichen
Regimes im Libanon.

Drei Faktoren brachten diesen Plan jedoch zum Scheitern:

- Der Versuch, die in West-Beirut verschanzte PLO durch Bombardierung der Stadt zu liquidieren: Um das Bombardement zu beenden, übte die amerikanische Regierung Druck auf Israel aus, sodass die PLO unter Führung Arafats nach Tunis abziehen konnte.
  Damit verlor die PLO zwar ihre letzte Basis für direkte Angriffe auf
  Israel, blieb jedoch als bestimmender politischer Faktor auf palästinensischer Seite ungebrochen.

- Die Ermordung des von Israel protegierten neuen libanesischen
  Präsidenten Baschir Gemayel: Sein Bruder und Nachfolger Amin
  orientierte sich auf Syrien hin. Die Neuordnung des Libanon gemäß israelischen Interessen war damit gescheitert.

- Die innerisraelische Opposition: Sobald deutlich wurde, dass das
  Kriegsziel jenseits der 40 km lag, kam es zu Massendemonstrationen gegen die Regierung, noch während die Armee im Krieg
  kämpfte. Den Höhepunkt erreichte die Oppositionsbewegung
  nach dem Massaker, das Kämpfer der christlichen *Phalange*-
  Milizen von Baschir Gemayel nach dessen Ermordung unter israelischer Duldung in den Beiruter Flüchtlingslagern Sabra und
  Schatila verübten. Auch hier wird die Anzahl der Opfer sehr un-
  terschiedlich angegeben und ist politisch umstritten: Sie schwankt
  zwischen 700 und 3.300. Unter dem Eindruck der Demonstration von 400.000 Menschen setzte die israelische Regierung eine
  Untersuchungskommission ein, deren Ergebnisse dazu führten,
  dass Ariel Scharon, der Architekt des Libanon-Krieges, als Verteidigungsminister zurücktreten musste.

Unwillig, ihr Scheitern einzugestehen, verweigerte cie israelische Regierung bis 1984 den Rückzug. Nach den Knesset-Wahlen 1984, die ein Patt zwischen Likud und Arbeitspartei brachten, wurde eine Regierung der nationalen Einheit gebildet. Für die ersten zwei Jahre der Legislaturperiode wurde Schimon Peres, Vorsitzender der Arbeitspartei, Ministerpräsident; erst unter seiner Führung kam es 1985 zum Rückzug der israelischer Armee aus dem Libanon, wobei Israel jedoch die Kontrolle über eine 15 km tiefe „Sicherheitszone" an der Grenze beanspruchte, um Angriffe auf den Norden des Landes zu unterbinden.

DIE ERSTE INTIFADA (1987–1991)

In die zweijährige Amtszeit von Peres als Ministerpräsident fiel auch der bis dahin ernsthafteste israelische Vorstoß zu einer Friedensregelung. In Sondierungsgesprächen mit König Hussein von Jordanien, König Hassan von Marokko und Ägyptens Präsident Mubarak versuchte Peres die Möglichkeiten einer internationalen Friedenskonferenz auszuloten, auf der auch die Zukunft der 1967 besetzten Gebiete geklärt werden sollte. Nach der turnusgemäßen Übergabe der Ministerpräsidentschaft an Jitzchak Schamir vom Koalitionspartner Likud 1986 verliefen diese Bemühungen jedoch im Sande. Schamir setzte vielmehr die Siedlungstätigkeit in der Westbank fort.

Den Palästinenser:innen bot sich somit im Jahre 1987 keine Aussicht auf eine Veränderung ihrer Situation auf diplomatischem Wege. Ein Ende der Siedlungsaktivitäten und der schleichenden Annexion war nicht abzusehen. Hinzu kam, dass die PLO durch interne Auseinandersetzungen geschwächt worden war und ebenfalls kein tragfähiges Konzept für eine Verbesserung der Situation der Palästinenser:innen hatte. Die Aussichtslosigkeit ihrer Lage verdeutlichte die arabische Gipfelkonferenz im September 1987 in Amman, auf der die Palästina-Frage auf der Tagesordnung unter ferner liefen abgehandelt wurde.

Ein banaler Anlass löste in dieser Situation am 9. Dezember 1987 den palästinensischen Volksaufstand („Intifada") aus: Ein Autounfall am Tag zuvor, bei dem vier Palästinenser getötet wurden und den man für einen Racheakt für die Ermordung eines Israeli am 6. Dezember in Gaza hielt, löste Demonstrationen und Zusammenstöße mit dem israelischen Militär aus, wie es sie in diesem Ausmaß und dieser Heftigkeit an so vielen Orten gleichzeitig zuvor nicht gegeben hatte.

Die israelische Armee konnte trotz brachialer Methoden (besonders berüchtigt: der Befehl von Verteidigungsminister Rabin, Steinewerfern die Knochen zu brechen) die Ruhe nicht wiederherstellen. Vielmehr gelang es den politischen Untergrundgruppierungen sehr schnell, dem Widerstand eine organisierte Form zu geben: Durch wöchentliche Flugblätter der Vereinigten Nationalen Führung der Intifada wurde festgelegt, an welchen Tagen und zu welchen Zeiten Geschäfte schlossen und öffneten. Orte und Zeitpunkte von Demonstrationen wurden angesetzt und der Boykott israelischer Institutionen und Waren koordiniert. Es bildeten sich Untergrundstrukturen heraus, um z. B. den Unterricht der von Israel geschlossenen Schulen und Universitäten weiterzuführen sowie soziale und medizinische Dienste aufrechtzuerhalten. Durch die Intifada gelang es den Palästinenser:innen nicht nur, die Aufmerksamkeit der Weltöffentlichkeit wieder auf die nahöstliche Region zu lenken, sondern große Sympathie für ihre Lage zu wecken. Denn der Aufstand war, wenn auch nicht erklärtermaßen gewaltfrei, doch nicht von Terroranschlägen geprägt („Intifada der Steine"). Die brutale Unterdrückung des Aufstandes durch die israelische Besatzungsmacht ließ eine politische Regelung des Konflikts immer dringlicher erscheinen, die die legitimen Rechte der Palästinenser:innen berücksichtigt.

Die sich verschärfende Situation in den besetzten Gebieten führte auch zu einer Polarisierung in der politischen Landschaft Israels. Die lange Zeit weitgehend marginalisierten außerparlamentarischen Gruppierungen und kleinen Parteien, die sich zum Teil seit den 1970er Jahren für eine friedliche Regelung des Konflikts, den Dialog mit der PLO und für eine Anerkennung des palästinensischen Selbstbestimmungsrechts eingesetzt und die Besatzungspolitik Israels heftig kritisiert hatten, gewannen an Unterstützung. Immer mehr Israelis – auch in den etablierten Parteien – forderten politische Initiativen und den Rückzug Israels aus den palästinensischen Gebieten, um den Besatzungszustand zu beenden. Doch gelang es diesem sehr zersplitterten „Friedenslager", zu dem von kommunistischen über linksliberale bis zu der *Arbeitspartei* nahe stehenden Gruppierungen sehr unterschiedlicher ideologischer Ausrichtungen zu zählen sind, nicht, sich als eine politische Kraft zu formieren.

Die PLO war von der Intensität und Dauer des Aufstandes ebenso überrascht worden wie Israel und die internationale Öffentlichkeit. Unter dem Eindruck der Aktivitäten der politischen Organisationen in den besetzten Gebieten versuchte sie, die Erfolge des anhaltenden Aufstandes auf der politisch-diplomatischen Bühne für Initiativen zu nutzen: Auf der Tagung des Palästinensischen Nationalrats in Algier im November 1988 wurde der Staat Palästina auf Grundlage der UN-Teilungsresolution von 1947 ausgerufen und der Verzicht auf Terrorismus erklärt. Damit war Israel implizit anerkannt worden; die PLO proklamierte als Ziel eindeutig die Beendigung der Besetzung von Westbank und Gazastreifen, um dort den ausgerufenen Staat auch faktisch etablieren zu können. Dies veranlasste die USA dazu, erstmals direkte Gespräche mit der PLO aufzunehmen, und machte die PLO zu einem unverzichtbaren Faktor jeder Friedensregelung im Nahen Osten.

UNABHÄNGIGKEITSERKLÄRUNG DES STAATES PALÄSTINA 1988 (AUSZUG)

„Trotz der historischen Ungerechtigkeit, die dem palästinensisch-arabischen Volk widerfuhr und die dazu führte, dass es zerstreut und seines Rechtes auf Selbstbestimmung beraubt wurde, gefolgt von der Teilung Palästinas in zwei Staaten, einen arabischen und einen jüdischen, stellt die UN-Resolution 181 (1947) entsprechend der internationalen Legitimität das Recht des palästinensisch-arabischen Volkes auf Souveränität und nationale Selbstbestimmung sicher."

Algier, 15. November 1988

Mit der Proklamation eines palästinensischen Staates neben Israel fand die Entwicklung einer „Palästinisierung" des Konflikts ihren Höhepunkt. Die Beschlüsse des Palästinensischen Nationalrates von Algier 1988 stellen insofern einen Meilenstein in der palästinensischen Geschichte dar, als sich in der Anerkennung der UN-Teilungsresolution von 1947 nicht nur die implizite Anerkennung des Existenzrechtes Israels und damit die Aufgabe eines palästinensischen Exklusivitätsanspruches auf das Land manifestiert, sondern auch die Erkenntnis der Palästinenser:innen, dass ein Frieden in der Region nur durch eine Teilung des Landes in einen israelisch-jüdischen und palästinensisch-arabischen Staat möglich ist. Aber auch international waren die Beschlüsse von großer Tragweite, denn in den Schmerz über den nicht zuletzt aufgrund realpolitischer Zwänge erklärten Verzicht auf die „Hälfte des Heimatlandes" und die Freude über den neu gegründeten Staat in „Restpalästina" mischte sich die Hoffnung auf internationale Anerkennung und Beteiligung an einem Verhandlungsprozess. Gerade diese Hoffnung wurde jedoch bitter enttäuscht. Die in Algier 1988 gestartete palästinensische Friedensinitiative sollte im Sande verlaufen.

DER ZWEITE GOLFKRIEG (1991)

Am 2. August 1990 besetzte die irakische Armee Kuwait und löste damit die Golfkrise und in deren Konsequenz den zweiten Golfkrieg aus. (Als erster Golfkrieg wird der vom Irak gegen den Iran begonnene Krieg 1980–1988 bezeichnet.)

Aufgrund der neuen weltpolitischen Konstellation nach dem Ende des Kalten Krieges – der zugleich das Ende der Spaltung der arabischen Welt entlang der Blockloyalitäten bedeutete – gelang es, in der UNO eine breite Allianz der Weltmächte unter Einschluss fast aller arabischen Staaten einschließlich Syriens gegen die irakische Aggression zu bilden. Nachdem der Irak der Forderung des UN-Sicherheitsrates nach Abzug aus Kuwait nicht nachkam, beendete die alliierte Koalition die irakische Besetzung von Kuwait militärisch. Der Krieg endete am 28. Februar 1991 mit der Annahme der UN-Waffenstillstandsresolution durch den Irak.

Obwohl vom Konfliktgebiet über 1.000 km entfernt, wurde Israel in den Konflikt hineingezogen:

- Schon im April 1990 hatte Iraks Präsident Saddam Hussein Israel mit dem Einsatz von chemischen Massenvernichtungsmitteln gedroht.

- Saddam Hussein verknüpfte seine vorgebliche Bereitschaft zum Rückzug aus Kuwait mit einem israelischen Abzug aus den 1967 besetzten Gebieten („Junktim").

- Während der Kampfhandlungen wurden insgesamt 38 irakische Scud-Mittelstreckenraketen auf Israel abgeschossen. Zwar trugen sie „nur" konventionelle Sprengköpfe, sodass sich der Schaden in Grenzen hielt. Traumatisierend wirkte sich jedoch aus, dass man sich in Israel einer neuartigen Bedrohung gegenüber sah, der gegenüber die militärischen Gegenmittel sehr beschränkt waren. Hinzu kam, dass der israelischen Armee faktisch die Hände gebunden waren, denn die USA drängten Israel, wegen der Sorge um den Zusammenhalt der Golfkriegsallianz von militärischen Reaktionen abzusehen. Dass die angedrohten Chemiewaffen in von Deutschen konstruierten Fabriken produziert wurden und die Raketen erst durch technische Hilfe deutscher Firmen auf die notwendige Reichweite kamen, um Israel angreifen zu können, während zugleich in Deutschland die größten Antikriegsdemonstrationen stattfanden, verband die Situation der eigenen Wehr- und Tatenlosigkeit mit der historischen Erinnerung an die Wehrlosigkeit der europäischen Juden und Jüdinnen gegenüber der Massenvernichtung in der Schoah.

- Das strategische Kalkül hinter den irakischen Raketenangriffen war denn wohl auch weniger ein militärisches als ein diplomatisches: Die erwarteten Gegenschläge der israelischen Luftwaffe würden die arabischen Länder aus der antiirakischen Koalition herausbrechen. Doch verzichtete Israel auf militärische Gegenschläge, um die Koalition nicht zu gefährden. Durch seine Haltung gewann Israel insbesondere im Westen eine Menge von dem Ansehen zurück, das ihm seit Beginn der Intifada verloren gegangen war.

Auch die Palästinenser:innen blieben von dem Kuwait-Konflikt nicht unberührt:

- Ein Versuch Arafats, zwischen Saddam Hussein und der Arabischen Liga zu vermitteln, um eine innerarabische Konfliktlösung herbeizuführen, misslang gründlich. Die PLO stand schließlich als einer der letzten Verbündeten des irakischen Aggressors da.

- Nach Saddam Husseins Junktim zwischen Kuwait- und Palästina-Frage setzten viele Palästinenser:innen in völliger Verkennung der Kräftekonstellation auf einen Sieg des Irak, von dem sie sich eine Lösung ihres Problems erhofften. Zum Teil lässt sich diese Parteinahme mit der Frustration der Palästinenser:innen erklären, nachdem fast drei Jahre Intifada ihre Situation nicht verändert hatten und die Bildung der Koalition aus Nationalisten und Religiösen in Israel keine Hoffnung auf baldige diplomatische Fortschritte ließ.

- Die Parteinahme der PLO und der Palästinenser:innen für den Irak veranlasste die wichtigsten Geldgeber (Saudi-Arabien, Kuwait),

ihre Zahlungen an die PLO einzustellen; nach den großen Sympathien, die den Palästinenser:innen in der Intifada weltweit entgegengebracht wurden, sank ihr Ansehen international auf einen neu-
en Tiefpunkt.

- Nicht zuletzt hatte die militärische Ausnahmesituation, in der sich
Israel aufgrund des irakischen Raketenbombardements befand,
für die Palästinenser:innen in den besetzten Gebieten wochenlange Ausgangssperren zur Folge, die die wirtschaftlich und psycho-
logisch ohnehin schlechte Situation der Bevölkerung weiter verschärfte.

INTERNATIONALE FRIEDENSKONFERENZ IN MADRID (1991)

Die neue weltpolitische und regionale Konstellation nach dem Ende des Kalten Krieges und nach dem zweiten Golfkrieg nutzte die amerikanische Außenpolitik, um einen neuen Anlauf zur Entschärfung des israelisch-palästinensischen Konflikts zu unternehmen. In zähen Verhandlungen gelang es Außenminister James Baker, Israel und seine Nachbarstaaten zur Annahme einer Formel zu bewegen, die die Eröffnung der internationalen Friedenskonferenz im Oktober 1991 in Madrid ermöglichte. Geschäftsgrundlage der Konferenz war die Annahme der UNO-Resolution 242 von 1967.

Israel musste bisher festgehaltene Positionen aufgeben:

- Die Beteiligung an einer internationalen Konferenz war bislang abgelehnt worden, weil Israel befürchtete, von der Überzahl der arabischen Verhandlungsteilnehmer überstimmt zu werden.
- Israel musste eine gemeinsame jordanisch-palästinensische Delegation akzeptieren, von deren palästinensischen Vertreter:innen klar war, dass sie den Segen der PLO hatten.

Auch die PLO konnte sich dem von den USA eingeleiteten Verhandlungsprozess nicht entziehen, wollte sie sich nicht in die endgültige Isolation treiben lassen. Nach heftigen internen Diskussionen erklärte sich die PLO zur Unterstützung des Verhandlungsprozesses bereit, obwohl sie direkt gar nicht beteiligt war. Die PLO gab „grünes Licht" für die Teilnahme von Palästinenser:innen an der Konferenz und sicherte sich auf diese Weise ihren Einfluss auf die Zusammensetzung der palästinensischen Delegation und den arabischen Verhandlungskurs. Dass die PLO so den Fuß in die Tür zu den Verhandlungen bekam, hatte grundsätzliche Bedeutung, denn als Klammer zwischen der palästinensischen Bevölkerung in den besetzten Gebieten und den Palästinenser:innen in aller Welt symbolisierte die PLO weiterhin das Fortbestehen der nationalen Dimension der Palästina-Frage und damit die Antithese zur Haltung Israels, das das Schicksal der Palästinenser:innen auf der Friedenskonferenz nur als Problem einer ethnischen Minderheit im israelischen Herrschaftsgebiet behandelt wissen wollte.

Nach dem Ansehensverlust im Golfkrieg blieb der PLO jedoch keine Wahl, als zu akzeptieren, dass

- sie nicht mit einer eigenen Delegation vertreten war;
- sie die palästinensischen Vertreter:innen nicht offiziell bestimmen konnte und
- weder Vertreter:innen aus Ost-Jerusalem noch aus der palästinensischen Diaspora zugelassen waren.

Allerdings wurde von palästinensischer Seite eine „Beratungsdelegation" aus Mitgliedern der palästinensischen Führungsspitze in Ost-Jerusalem (Faisal Husseini, Hanan Aschrawi u. a.) gebildet, die zwar keinerlei offizielle Rolle spielen konnte, mit der sich aber die palästinensischen Mitglieder der jordanisch-palästinensischen Delegation ständig abstimmten und die durch die Art ihres Auftretens erhebliches Medieninteresse fand und viele Sympathien für die Palästinenser:innen zurückgewinnen konnte.

Nach der Konferenzeröffnung in Madrid waren die nächsten Schritte einerseits bilaterale Verhandlungen in Washington zwischen Israel und den Delegationen Syriens, des Libanon und der jordanisch-palästinensischen Delegation sowie andererseits die Aufnahme multilateraler Verhandlungen über Probleme wie Rüstungskontrolle, Wasser, Wirtschaftsfragen und Flüchtlinge. Bis zu den Parlamentswahlen in Israel im Juni 1992 wurden jedoch keine substanziellen Fortschritte erzielt, vor allem, weil sich in Bezug auf die Frage der Zukunft von Westbank und Gazastreifen keine Kompromissformel abzeichnete, sondern die Verhandlungen zwischen Israel und den Palästinenser:innen sich in Debatten über prozedurale Differenzen erschöpften.

Neue Bewegung kam n die Verhandlungen mit der Regierungsübernahme durch Jitzchak Rabin von der *Arbeitspartei*. Rabin nahm
im Sommer 1992 in seine Koalition auch *Meretz* auf, eine Listenverbindung aus drei kleineren Parteien, die seit Jahren für den Rückzug
aus den besetzten Gebieten eingetreten und zum Teil aktiv an dem
verbotenen Dialog mit Repräsentanten der PLO beteiligt waren. Zum
ersten Mal wurde damit eine Partei, die sich als „parlamentarischer
Arm" der israelischen Friedenskräfte verstand, an der Regierung beteiligt. Die israelische Regierung deutete nunmehr Konzessionsbereit-
schaft in Bezug auf die Golanhöhen an und intensivierte die Verhandlungen mit den Palästinenser:innen.

DER DURCHBRUCH IN OSLO (1993)

Während die Washingtoner Verhandlungen mit den palästinensischen Vertreter:innen aus den besetzten Gebieten stagnierten, hatten auf der Grundlage von Vorarbeiten zivilgesellschaftlicher Kräfte aus Norwegen, Israel und den palästinensischen Gebieten Vertreter des israelischen Außenministeriums und der PLO unter Vermittlung des norwegischen Außenministers Holst geheime Gespräche in Norwegen aufgenommen. Bis zum Sommer 1993 führten diese Verhandlungen zur Ausarbeitung der Prinzipienerklärung, die am 13. September in Washington im Beisein von Rabin, Arafat und Amerikas Präsident Clinton unterzeichnet wurde. Vorausgegangen war dieser historischen Zeremonie ein Briefwechsel zwischen dem PLO-Vorsitzenden Arafat, in dem dieser ausdrücklich „das Recht des Staates Israel auf Existenz in Frieden und Sicherheit" anerkannte, auf „Terror und alle Art von Gewalt" verzichtete und namens der PLO erklärte, „dass die Artikel der PLO-Charta, die Israel das Recht auf Existenz absprechen, sowie die Bestimmungen der Charta, die nicht mit den Verpflichtungen dieses Schreibens übereinstimmen, nicht mehr angewandt werden und nicht länger gültig sind". Die PLO verpflichtete sich, dem Palästinensischen Nationalrat die erforderlichen „Änderungen der PLO-Charta zwecks offizieller Billigung vorzulegen". Im Gegenzug erkannte Rabin „die PLO als die Vertretung des palästinensischen Volkes" an.

Der politische Regelungsgehalt der israelisch-palästinensischen Prinzipienerklärung (auch Oslo-I-Abkommen genannt) war bei genauer Betrachtungsweise recht dünn, die Bedeutung der Erklärung wie der vorangegangenen gegenseitigen Anerkennung lag im Symbolischen. Hier stellte das Erreichte wirklich einen historischen Durchbruch dar: Direkte Verhandlungen zwischen zwei Konfliktpartnern – ohne amerikanische Vermittlung! –, die sich jahrzehntelang wechselseitig die Existenzberechtigung abgesprochen hatten. Erstmals in der langen Geschichte des Konflikts anerkannte Israel offiziell die PLO und nahm Verhandlungen mit ihr auf. Dies stellte einen wesentlichen Fortschritt für die palästinensische Seite dar, denn Israel erkannte damit nicht nur die PLO als legitime Vertretung des palästinensischen Volkes an, sondern nahm offiziell das palästinensische Volk als Konflikt- und damit auch als Verhandlungspartner zur Kenntnis. Damit hatte die israelische Strategie ein Ende gefunden, den Palästinakonflikt quasi auf das Minderheitenproblem einer arabischen Bevölkerung in der Westbank und im Gazastreifen zu reduzieren. Gleichzeitig hat die PLO mit der Erklärung das Existenzrecht Israels unwiderruflich anerkannt.

Die Prinzipienerklärung vom 13. September 1993 war somit keineswegs ein Friedensvertrag, sondern ein Übereinkommen zwischen zwei sehr ungleichen Konfliktpartnern, in dem sie sich

- über einige grundlegende Gestaltungsprinzipien für eine Übergangsperiode einigter, deren Einzelheiten aber noch der Klärung bedurften, und in dem sie
- den gemeinsamen Willen erklärten, in den nächsten fünf Jahren über die weitere gemeinsame Zukunft friedlich zu verhandeln.

Da von einer Übergangsperiode die Rede war, aber nirgendwo gesagt wurde, wohin denn der Übergang führen sollte, blieb beiden Seiten ein breiter Interpretationsspielraum. Die Israelis bestanden darauf, dass die Erklärung keinerlei Hinweise für die Errichtung eines palästinensischen Staates enthalte, die Palästinenser:innen hielten dem entgegen, dass ein solcher Staat auch keineswegs ausgeschlossen sei und die Bildung einer „Selbstregierung" durch Wahlen einen wichtigen Schritt auf dem Weg zu einem eigenen Staat darstelle. Eingeleitet wurde mit dem Oslo-I-Abkommen ein Prozess – nicht mehr und nicht weniger – der voller Risiken, aber auch Chancen steckte.

Die sich an die Prinzipienerklärung anschließenden Verhandlungen über die konkrete Umsetzung der festgelegten Prinzipien gestalteten sich schwieriger als angenommen, sodass sehr bald der enge

Zeitplan (Beginn des israelischen Abzugs aus Gaza und Jericho im Dezember 1993, Wahlen zum Selbstverwaltungsrat im Juni 1994) aus den Fugen geriet. Terroranschläge führten immer wieder zu Verzögerungen des Verhandlungsprozesses. Neben Anschlägen palästinensischer Gruppen, die den Oslo-Prozess ablehnten, gab es auch Anschläge israelischer Extremisten. Erst am 4. Mai 1994 konnte das Kairoer Abkommen (auch Gaza-Jericho-Abkommen genannt) über die Umsetzung der Prinzipienerklärung unterzeichnet werden. Wenige Tage später rückte die israelische Armee aus dem größeren Teil des Gazastreifens und der Stadt Jericho ab, palästinensische uniformierte Polizei zog unter dem Jubel der Bevölkerung ein.

Der Durchbruch zwischen Israel und der PLO hatte einen grundlegenden Wandel in den Beziehungen Israels zur arabischen Welt zur Folge. Ein Friedensvertrag mit Jordanien wurde im Oktober 1994 feierlich unterzeichnet. Im Dezember 1994 wurden die diplomatischen Beziehungen formal aufgenommen. Eine Reihe von arabischen Staaten eröffnete Verbindungsbüros in Tel Aviv. Der Wirtschaftsboykott gegen Israel wurde faktisch aufgehoben. Hochrangige israelische Delegationen nahmen an wichtigen Konferenzen in arabischen Hauptstädten teil. Einzig in den Verhandlungen mit Syrien wurden keine Fortschritte erzielt, obgleich die Formel für einen Kompromiss im Verlaufe des Jahres 1994 von beiden Seiten akzeptiert wurde: vollständiger Friede (d. h. Grenzöffnung und diplomatische Beziehungen) für vollständigen Abzug (Israels von den Golanhöhen).

DAS INTERIMSABKOMMEN – OSLO II (1995)

Weitere Verzögerungen ergaben sich in den Verhandlungen über das Interimsabkommen (kurz Oslo II genannt), das erst im September 1995 – also mit mehr als einjähriger Verspätung – unterzeichnet wurde. Es beinhaltete als wesentliches Element u. a. die Aufteilung der palästinensischen Gebiete in drei Zonen unterschiedlicher Autonomie:

* Für Zone A, die v. a. die Städte des Westjordanlands (Nablus, Ramallah, Bethlehem, Tulkarem, Dschenin, Qalkilja) umfasste, wurde die Zuständigkeit sowohl für Verwaltung, die Aufrechterhaltung der öffentlichen Ordnung (Polizeiaufgaben) als auch für die Sicherheit (z. B. Bekämpfung des Terrorismus, also Geheimdienst- und quasi-militärische Kompetenzen) an die palästinensische Selbstverwaltungsbehörde übergeben; der vollständige Abzug der israelischen Armee aus dieser Zone A (ca. 17 % der Gebiete) wurde vereinbart; für Hebron war eine Teilräumung zu einem späteren Zeitpunkt vorgesehen.

* Für Zone B (ca. 24 % der palästinensischen Gebiete) wurde neben der Verwaltungskompetenz nur die Zuständigkeit für die öffentliche Ordnung an die palästinensische Seite übertragen; Sicherheitsfragen blieben Aufgabe der israelischen Seite (was u. a. das Recht auf Zutritt und das Ergreifen von Sicherheitsmaßnahmen in dieser Zone beinhaltete); der Abzug der israelischen Armee aus Zone B (kleinere Ortschaften und Dörfer) sollte sukzessive erfolgen.

* In der C-Zone (ca. 59 %), zu der neben weiten Naturschutz- und militärischen Übungsgebieten vor allem alle israelischen Siedlungen, die Verbindungsstraßen, das Jordantal und die israelischen

Militärstützpunkte zählten, verblieben alle Kompetenzen bei Israel; auch hier war ein weiterer phasenweiser Rückzug aus bzw. die Umgruppierung von Truppen späteren Verhandlungen überlassen.

- Die Modalitäten und der Zeitpunkt für die Wahlen zum palästinensischen Selbstverwaltungsrat und zum Vorsitzenden/Präsidenten der Selbstverwaltungsbehörde wurden festgelegt, ebenso
- die Einberufung des Palästinensischen Nationalrats zum Zweck der Abänderung der PLO-Charta (wie in Oslo I bereits zugesagt).

Trotz vieler ungeklärter Fragen, trotz des sehr kleinen und zerstückelten Territoriums, für das die palästinensische Selbstverwaltungsbehörde die autonome Kompetenz erhielt, und trotz der anhaltenden politischen und ökonomischen Abhängigkeit von Israel bedeutete Oslo II vor allem in zweierlei Hinsicht einen beträchtlichen Fortschritt für die Palästinenser:innen:

- Zum ersten Mal seit 1967 war die israelische Armee aus dem täglichen Leben der palästinensischen Bevölkerung verschwunden. Man begegnete ihr zwar noch an Straßenposten bei der Fahrt von einem Dorf ins andere, aber z.B. die ständigen Patrouillen, die Posten in den Ortschaften, die häufigen Ausgangssperren entfielen. Arafat hatte in den Verhandlungen somit zwar nicht die Befreiung Palästinas, aber in einem gewissen Sinn immerhin die teilweise Befreiung der Palästinenser:innen erreicht. Auf der anderen Seite führte der Oslo-Prozess aber zu einer zunehmenden Einschränkung der Bewegungsfreiheit, denn Reisen für Palästinenser:innen wurden nun durch ein rigides und oft willkürlich gehandhabtes System von Genehmigungen durch die israelische Besatzungsmacht geregelt.
- Bei den Wahlen zum Selbstverwaltungsrat am 20. Januar 1996 hatten die Palästinenser:innen erstmals Gelegenheit, ihre politische Führung auf demokratischem Weg selbst zu bestimmen. Die Wahlen wurden zu einem überwältigenden Vertrauensbeweis für die Politik der Verhandlungen mit Israel. (Arafat wurde mit 88% der Stimmen zum Vorsitzenden des Rates und der Selbstverwaltungsbehörde gewählt – also faktisch zum Präsidenten der Palästinenser:innen; seine *Fatah*-Bewegung errang 51 der 88 Sitze.)

KARTE 5: *Zonen-Aufteilung der Westbank gemäß Oslo-II-Abkommen (1995)*

Shaul Arieli: Der Truman-Institut Atlas des jüdisch-arabischen Konflikts, Jerusalem 2020, S. 47, kostenloser Download unter: https://il.boell.org/en/2021/06/01/truman-institute-atlas-jewish-arab-conflict

Zum Zeitpunkt der Wahlen herrschte große Zuversicht, dass Oslo II
nicht das Ende des Prozesses sein werde, sondern nur die Zwischen-
station auf dem Weg zu vollständiger staatlicher Unabhängigkeit. Die
oppositionellen Gruppen, die den Friedensprozess grundsätzlich ablehnten, insbesondere die islamistischen Organisationen *Hamas* und
Islamischer Dschihad, verloren an Unterstützung. Die palästinensische Gesellschaft beschäftigte sich vielmehr mit der Frage des Aufbaus einer Zivilgesellschaft mit demokratischen und rechtsstaatlichen
Strukturen. Das überwältigende Wahlergebnis für Arafat brachte die
Kritik an seinem autokratischen Führungsstil, an der Vetternwirtschaft
innerhalb der palästinensischen Autonomieverwaltung, an Menschen-
rechtsverstößen der Sicherheitskräfte und dem schleppenden Aufbau
effektiver Verwaltungsstrukturen nicht zum Verstummen. Doch die
Zweifel am von Arafat eingeschlagenen Kurs des Verhandlungsprozesses wurden durch die Hoffnung auf weitere Fortschritte zunächst
zerstreut.

DIE ERMORDUNG JITZCHAK RABINS (1995)

Für die israelische Gesellschaft bedeutete der Oslo-Prozess sozialpsychologisch das Gegenteil: Erstmals in der Geschichte der jüdischen Nationalbewegung wurde der Prozess des territorialen Wachstums des jüdischen Gemeinwesens im Land der Väter, eretz jisrael, umgekehrt; zentrale Stätten der religiösen Tradition wie Hebron (wo die Erzväter begraben liegen), Bethlehem (die Heimatstadt König Davids) oder Sichem (arabisch Nablus, Heimat des Erzvaters Jakob, dem durch göttliche Verfügung der Name Israel gegeben wurde) wurden aus freien Stücken fremder Autonomie unterstellt. Der für jüdisches Selbstverständnis integrale Zusammenhang von Volk Israel und Land Israel – zuvor nur von anderen bestritten und gewaltsam unterbrochen – wurde damit erstmals in der 3.000-jährigen Geschichte durch eigenen Entschluss aufgegeben. Die neue Politik der Regierung Rabin stand so gesehen unter erheblichem Rechtfertigungsdruck.

In der jüdischen Tradition nun gibt es einen Grundsatz, der in der Tat alle anderen Traditionen und Gebote, mögen sie noch so heilig sein, aufhebt: den Grundsatz der Lebensrettung. Indem insbesondere Premierminister Rabin immer wieder hervorhob, dass durch die Einigung mit der PLO das Ende des Blutvergießens gekommen sei, bemühte er sich, dem Gebietsverzicht Legitimität zu verleihen. Selbstmordattentate islamistischer palästinensischer Organisationen erschütterten diese Legitimation des Friedensprozesses aber immer wieder. Die „schweigende Mehrheit" verhielt sich abwartend, schwankend zwischen Skepsis und Zuversicht. Im Gefühl, dass die Regierung jetzt für das Vorantreiben des Friedensprozesses zuständig sei, ließen auch die Aktivitäten der Friedenskräfte sehr nach.

Demgegenüber nahm im Sommer und Herbst 1995 die Agitation der nationalistisch-religiösen Kreise, und insbesondere der Siedler:innen, an Umfang und Intensität zu. Rabin wurde als Verräter gebrandmarkt, ja, auf Plakaten als SS-Mann verunglimpft. Die bürgerliche, rechts-nationalistische Opposition unter Benjamin Netanjahu (der kurz nach der Wahlniederlage des *Likud* 1992 zum Nachfolger Jitzchak Schamirs als *Likud*-Vorsitzender gewählt worden war) versuchte, diese Agitation für sich zu nutzen und wurde so zu ihrem Komplizen. Am 4. November 1995 veranstalteten die Anhänger:innen des Friedensprozesses erstmals seit Jahren kurz nach der Verabschiedung von Oslo II im israelischen Parlament eine Großdemonstration in Tel Aviv. Dort sprach auch Ministerpräsident Jitzchak Rabin. Als er die Veranstaltung verließ, wurde er von dem nationalistisch-religiösen Extremist Jigael Amir erschossen.

Schimon Peres, zum Nachfolger Rabins als Premierminister gewählt, zog die Wahlen zum israelischen Parlament auf den 29. Mai 1996 vor, in der Erwartung, das eindeutige Mandat für die Fortsetzung des eingeschlagenen Verhandlungsweges zu erhalten. Sein Partner Arafat war seinerseits in den Wahlen vom 20. Januar mit diesem Mandat ausgestattet worden. Die Unterhändler beider Seiten waren allerdings schon weiter als die Führungen. So hatten der israelische Justizminister Jossi Beilin und Mahmud Abbas (Abu Mazen), ein hochrangiger *Fatah*-Vertreter, im Dezember 1995 in dem sogenannten Beilin-Abu-Mazen-Papier Kompromissvorschläge für eine endgültige Regelung erarbeitet.

DIE ERSTE REGIERUNG NETANJAHU (1996–1999)

Nur wenige Wochen später war alles beim Alten: Angesichts palästinensischer Attentate wurden die Vorwürfe gegenüber Schimon Peres immer heftiger, der Friedensnobelpreisträger beschleunige den Verhandlungsprozess zu sehr und vernachlässige die Sicherheitsbedürfnisse Israels. Durch rigorose Repressionsmaßnahmen – strikte Abriegelung der palästinensischen Gebiete bis zu den Wahlen; Sprengung von zahlreichen Häusern der Familien mutmaßlicher Attentäter:innen und Helfer:innen; Massenverhaftungen; gezielte Tötungen von Hamas-Kämpfern; Verzögerung des Truppenabzugs aus Hebron – versuchte Peres dem Eindruck entgegenzuwirken, der Friedensprozess gefährde die Sicherheit der Israelis. Diesem Ziel diente auch Peres' Versuch, den sich verschärfenden Konflikt mit der libanesisch-schiitischen Hisbollah durch eine massive Militäroperation zu lösen, was sich jedoch als politischer und militärischer Fehlschlag erwies.

Peres' Gegenkandidat Benjamin Netanjahu, ein Gegner des Oslo-Prozesses, vermied seinerseits jedes nationalistische Getöse und führte seine Wahlkampagne unter dem Slogan „Frieden mit Sicherheit", sodass auch die, die den Friedensprozess keineswegs ablehnten, seine „Kosten" aber für zu hoch hielten, ihm ihre Stimme geben konnten. Mit der hauchdünnen Mehrheit von 29.500 Stimmen (0,9 %) gewann er die Wahlen. Der Wahlsieg Netanjahus wurde weithin nicht als eine Entscheidung gegen den Friedensprozess, sondern gegen Peres und seine Art, eine politische Lösung zu suchen, interpretiert. Es war – nach der Serie der Selbstmordattentate im Frühjahr – ein

„Sieg der Angst", aber kein prinzipielles Votum gegen einen Verhandlungsfrieden.

Die Regierungszeit Netanjahus war geprägt von zähen Verhandlungen um die Umsetzung des weiteren Rückzugs der israelischen Armee aus den besetzten Gebieten. Nur durch starken internationalen Druck, vor allem der USA, konnte Netanjahu schließlich im Januar 1997 zum Abschluss des Hebron-Abkommens gezwungen werden. Erst im Oktober 1998 wurde in Wye Plantation in den USA unter persönlicher Vermittlung von US-Präsident Clinton ein Abkommen zur Umsetzung des weiteren israelischen Abzugs ausgehandelt. Der Friedensprozess geriet immer mehr ins Stocken. Im Dezember 1998 brach die Regierung Netanjahu auseinander, weil die ultranationalistischen Parteien wegen des Wye-Abkommens ihre Regierungsbeteiligung aufkündigten.

Die Regierung Barak und die Verhandlungen in Camp David (1999–2001)

Die Wahlen am 17. Mai 1999 verlor Netanjahu sehr deutlich gegen den Kandidaten der Arbeitspartei, Ehud Barak (56 % zu 44 %). Dieser hatte seinen Wahlkampf mit den Versprechen bestritten, innerhalb eines Jahres die israelische Armee vollständig aus dem Libanon abzuziehen und innerhalb etwa eines Jahres den israelisch-palästinensischen Konflikt einer endgültigen Regelung zuzuführen.

Zunächst allerdings betrieb Barak intensiv Verhandlungen mit Syrien über einen Friedensvertrag und die Rückgabe der Golanhöhen. Die Verhandlungsdelegationen Syriens und Israels, die sich im Januar 2000 in Shepherdstown in den USA trafen, konnten in vielen Bereichen Fortschritte erzielen.

Bei einem Treffen zwischen dem amerikanischen Präsidenten Clinton und Syriens Präsident Assad am 26. März 2000 in Genf kam es jedoch zum endgültigen Abbruch der Kontakte, nachdem Clinton Assad mitteilte, dass Israel in der Grenzfrage einen Zugang Syriens zum See Genezareth nicht akzeptieren werde. Das Scheitern des israelisch-syrischen Verhandlungsprozesses führte dazu, dass sich Barak nun – nicht zuletzt aufgrund wachsenden zivilgesellschaftlichen Drucks – verstärkt der Umsetzung seines Hauptwahlversprechens, dem Abzug aus dem Südlibanon, widmete. Am 23. Mai verließ die israelische Armee einige Wochen früher als erwartet nach nahezu 18 Jahren Besatzung den Südlibanon.

Insofern war der Rückzug aus dem Südlibanon für Israel ein diplomatischer und militärischer Erfolg, der Israel aus dem Sumpf eines „Low Intensity Conflict" herausführte, der in den Jahren zuvor wöchentlich israelischen Soldaten sowie *Hisbollah*-Milizionären und libanesischen Zivilisten das Leben gekostet hatte und auch materiell für beide Seiten äußerst verlustreich gewesen war. Nach der Einlösung dieses Wahlversprechens wandte sich Barak dann ganz dem israelisch-palästinensischen Verhandlungsprozess zu. Barak wollte nach dem Vorbild der israelisch-ägyptischen Friedensverhandlungen in Camp David 1979 in Verhandlungen auf höchster Ebene eine endgültige Regelung herbeiführen. Trotz starker Bedenken wegen ungenügender Vorarbeiten konnte die palästinensische Seite sich dem Drängen Israels und der USA nicht widersetzen. So kamen die Verhandlungsdelegationen unter Führung von Barak und Arafat und unter persönlicher Vermittlung des amerikanischen Präsidenten Clinton am 11. Juli 2000 in Camp David zusammen.

Nach 14 Tagen wurden die Verhandlungen in Camp David ergebnislos abgebrochen. Bis heute wird heftig darum gestritten, wer welchen Anteil am Scheitern der Verhandlungen trägt. Da wenige Monate später der Konflikt zwischen Israel und den Palästinenser:innen wiederum präzedenzlos eskalierte (*Al-Aksa*-Intifada) und das Scheitern von Camp David als ursächlich für diese Eskalation der Gewalt angesehen wird, versucht jede Seite umso intensiver, der Gegenseite die Verantwortung für das Scheitern von Camp David zuzuschieben.

Es gibt keine gemeinsamen Protokolle von den Verhandlungen; ebenso wenig sind offizielle Verhandlungsangebote schriftlich bekannt geworden. Was in Camp David auf dem Tisch gelegen hat, ist also nicht nachprüfbar – man ist auf das angewiesen, was die Beteiligten selber, natürlich geprägt von ihrem politischen Verwertungsinteresse, berichten.

Aus den vorliegenden Berichten und Analysen lässt sich in jedem Fall ablesen, dass eine vor allem in Israel und den USA, zum Teil aber auch in Europa verbreitete Sichtweise eine Legende ist: Die palästinensische Seite habe die Verhandlungen scheitern lassen, weil sie bereits seit Langem einen Aufstand vorbereitet habe, um später mit terroristischer Gewalt bessere Verhandlungsergebnisse erzielen zu können. Oder noch zugespitzter: Die Ablehnung des großzügigen israelischen Friedensangebotes liefere den Beweis für die mangelnde Friedensbereitschaft der palästinensischen Führung.

Im Widerspruch zu dieser Legende lässt sich mit aller Vorsicht in etwa folgendes Bild vom Ablauf des Verhandlungsmarathons und den Ursachen für sein Scheitern zeichnen: Die israelische Seite legte ein Angebot vor, das weit über alles hinaus ging, was jemals zuvor den Palästinenser:innen von einer israelischen Regierung angeboten worden war. Der israelische Vorschlag enthielt die

- Zustimmung zur Gründung eines palästinensischen Staates;
- Bereitschaft zur Räumung des überwiegenden Teils der besetzten Gebiete;
- Bereitschaft zur Teilkompensation für die nicht geräumten Gebiete durch Abtretung eigenen Territoriums an den Staat Palästina;
- Bereitschaft zur Räumung der Siedlungen in den geräumten Gebieten;
- Bereitschaft zur Aufgabe einiger arabischer Viertel in Ost-Jerusalem;
- Bereitschaft zur Gewährung von Selbstverwaltungsrechten für andere arabische Viertel Ost-Jerusalems;
- Bereitschaft, einer begrenzten Zahl von palästinensischen Flüchtlingen als humanitäre Geste (Familienzusammenführung) die Rückkehr nach Israel zu erlauben;
- Bereitschaft, an der materiellen Kompensation der restlichen palästinensischen Flüchtlinge mitzuwirken.

Nicht klar ist, ob es einen konkreten Vorschlag gab, wie die Frage der Souveränität auf dem Tempelberg/Haram-asch-Scharif zu regeln sei bzw. wie er aussah. Die palästinensische Seite ihrerseits war bereit,

- der Integration einiger Siedlungsblöcke in das israelische Staatsgebiet zuzustimmen;
- die israelische Souveränität über die in Ost-Jerusalem seit 1967 gebauten jüdischen Stadtviertel nicht in Frage zu stellen;
- einem Gebietstausch grundsätzlich zuzustimmen;
- nicht auf der tatsächlichen Rückkehrmöglichkeit für alle palästinensischen Flüchtlinge zu bestehen, wenn ihr Recht auf Rückkehr im Prinzip anerkannt würde;

• Jerusalem als Hauptstadt Israels und Palästinas zu akzeptieren.

Besonders in den Auseinandersetzungen nach dem Scheitern von Camp David wurde deutlich, dass die Konfliktparteien auch unter amerikanischer Vermittlung in folgenden Punkten keine Einigung erzielen konnten:

• *Umfang der Räumung von Siedlungen und palästinensisches Staatsgebiet:* Der von Barak vorgeschlagene Zuschnitt der von Israel zu annektierenden Siedlungsblöcke und des zukünftigen palästinensischen Staatsgebiets ließ die Palästinenser:innen eine Zerstückelung ihres Territoriums befürchten und die Lebensfähigkeit und Unabhängigkeit ihres neuen Staates bezweifeln.

• *Umfang der territorialen Kompensation:* Die palästinensische Verhandlungsdelegation hielt die israelischen Angebote für einen Gebietsaustausch für ungenügend und bestand auf einer Kompensation im Verhältnis 1:1.

• *Jerusalem:* Israel wollte der geforderten palästinensischen Souveränität in allen arabischen Stadtteilen Ost-Jerusalems im Rahmen einer vereinten Stadt, die für beide Staaten als Hauptstadt fungieren sollte, und vor allem einer ausschließlich arabisch-islamischen Souveränität auf dem Tempelberg/*Haram-asch-Scharif* nicht zustimmen.

• *Rückkehrrecht für die palästinensischen Flüchtlinge:* Die Forderung nach grundsätzlicher Anerkennung des Rechts aller palästinensischen Flüchtlinge auf Rückkehr wurde von Israel nicht akzeptiert, obwohl sich beide Konfliktparteien im Hinblick auf konkrete Zahlen für Rückkehrer:innen durchaus näher gekommen waren.

KARTE **6:** *Israelische Friedensvorschläge von Camp David (2000)*

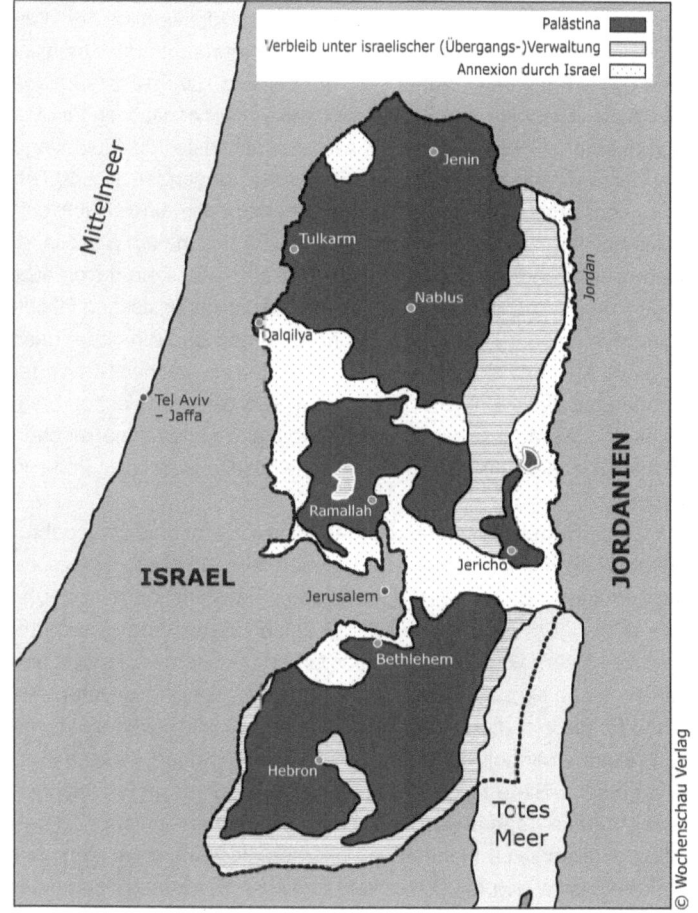

Beide Seiten waren sich also in wesentlichen substanziellen Fragen näher gekommen. An zwei symbolisch hoch aufgeladenen Punkten hatte sich jedoch im Verlauf der Gespräche die Kluft vertieft: den eher symbolisch bedeutsamen Fragen des Rückkehrrechts der Flüchtlinge und der Souveränität über den Tempelberg/*Haram-asch-Scharif.* Zwar hatte die israelische Seite Bereitschaft erkennen lassen für eine Repatriierung einer gewissen Anzahl palästinensischer Flüchtlinge nach Israel (Zahlen bis zu 200.000 wurden „gehandelt"). Sie blieb aber in der grundsätzlichen Frage der Anerkennung eines Rückkehrrechts bei ihrem kategorischen Nein. Andererseits hatten palästinensische Unterhändler:innen durchblicken lassen, dass sie davon ausgingen, dass ohnehin nur ein kleiner Teil der palästinensischen Flüchtlinge nach Israel zurückkehren könne und man damit rechne, dass die große Mehrheit eine neue Heimat im palästinensischen Staat oder in anderen arabischen, europäischen oder nordamerikanischen Staaten finden werde. Selbst für das Problem der palästinensischen Flüchtlinge schien also eine pragmatische Lösung nicht völlig undenkbar zu sein.

Warum wurden die Verhandlungen dennoch ergebnislos abgebrochen? Ein Grund wird sicherlich gewesen sein, dass der israelische Premierminister Barak das Angebot, das er in Camp David vorlegte, zum damaligen Zeitpunkt für nicht weiter verhandelbar erklärte, gleichzeitig aber von der palästinensischen Seite forderte, sie müsse mit der Annahme des Angebots das Ende des Konflikts erklären. Als Grund für diese Haltung des „Friss, Vogel, oder stirb" wird einerseits die prekäre innenpolitische Situation Baraks angeführt, dessen Koalition immer weitere Mitglieder unter Verweis auf zu große Nachgiebigkeit Baraks gegenüber den Palästinenser:innen verließen. Barak hatte praktisch seine Mehrheit in Parlament und Regierung verloren.

Barak wollte sich mit seiner kategorischen Forderung nach einer expliziten Erklärung der endgültigen Konfliktbeendigung andererseits gegen weitere Nachforderungen der Palästinenser:innen absichern. Besonders im Hinblick auf die palästinensische Forderung nach Anerkennung des Rückkehrrechts für die palästinensischen Flüchtlinge konnte er sich des breitesten Rückhalts in der israelischen Gesellschaft sicher sein. Die Erfüllung dieser palästinensischen Forderung verbindet man in Israel mit der Befürchtung, durch die Rückkehr von mehreren Millionen Palästinenser:innen zur Minderheit im eigenen Land zu werden, und setzt sie deshalb mit der Zerstörung Israels als jüdischer Staat auf demografischem Wege gleich. Für die palästinensische Seite bedeutet die zumindest symbolische Anerkennung des Rückkehrrechts die Anerkennung des an ihnen im Zusammenhang mit der Staatsgründung geschehenen Unrechts.

In den nach Camp David fortgeführten Gesprächen gelang zwar eine weitere Annäherung, sodass sich die Frage aufdrängt, ob Barak seine Haltung in dem amerikanischen Konklave aufrechterhalten hätte, wenn die palästinensische Seite dort konstruktive Vorschläge für weitere Verhandlungen vorgelegt hätte. Offenbar haben die mangelnde Vorbereitung, Meinungsverschiedenheiten und Rivalitäten in der Delegation die Flexibilität der palästinensischen Verhandlungsführung erheblich beeinträchtigt. Es war gewiss ein großer Fehler, dass die palästinensische Seite zu keinem Zeitpunkt während und nach den Verhandlungen ihre Kompromissbereitschaft konkretisiert hat. Auf einer solchen Basis hätte dann deutlich gemacht werden können, warum die Angebote zwar as weiterführend, aber als nicht ausreichend betrachtet werden und die Notwendigkeit weiterer Verhandlungen besteht. Arafat selbst erklärte dann die Probleme des Rückkehrrechts und vor allem der Souveränität über den Tempelberg/*Haram-asch-Scharif* als Gründe für das Scheitern. Damit sicherte er sich die breite Unterstützung nicht nur in den palästinensischen Flüchtlingslagern, sondern darüber hinaus auch in der gesamten muslimischen Welt, weil er sich zum unbeugsamen Hüter der islamischen Heiligen Stätten in Jerusalem stilisierte.

Baraks brüsker Verhandlungsstil und Arafats mangelnde Glaubwürdigkeit, gar seine Leugnung einer historischen und religiösen Verbindung zwischen Judentum und Jerusalem haben keine konstruktive Verhandlungsatmosphäre entstehen lassen. Und schließlich haben auch die amerikanischen Vermittler ihren Anteil am Scheitern von Camp David. Ihre Rolle als neutrale Vermittler stand bereits in Camp David selbst in Zweifel, weil sie oft die israelischen Vorschläge als eigene übernahmen, sodass auf palästinensischer Seite der Eindruck entstand, von Israel und USA gemeinsam unter Druck gesetzt zu werden. In einem nach dem Gipfel geführten Interview brach dann Clinton in aller Öffentlichkeit seine im Vorfeld den Palästinenser:innen gegebene Zusage, indem er Arafat einseitig die Schuld für das Scheitern des Gipfels zuschrieb – was er wiederum später zurücknahm –, und machte sich damit als „ehrlicher Makler" in den Augen der Palästinenser:innen vollends unglaubwürdig.

Unzureichende politische Vorbereitung, mangelnde Kompromissfähigkeit und die Unterwerfung unter die vermeintlichen oder tatsächlichen innenpolitischen Zwänge bei allen Beteiligten haben somit den Durchbruch zu einer friedlichen Regelung verhindert.

DIE AL-AKSA-INTIFADA (2000)

Die Lage nach dem Zusammenbruch der Verhandlungen in Camp David war hoch explosiv. Die Regierung Barak verlor immer weiter an Rückhalt, sowohl in der Knesset, wo die Regierungsmehrheit verloren gegangen war, als auch in der israelischen Gesellschaft, in der Barak als unfähig erschien, trotz der Zugeständnisse sein zentrales Wahlversprechen – Frieden mit den Palästinenser:innen – einzulösen. Er selbst erklärte nach der Rückkehr aus Camp David, er habe dort „das wahre Gesicht" Arafats aufgedeckt, machte die palästinensische Seite allein für das Scheitern verantwortlich und sprach ihr die Friedensfähigkeit ab.

Auf palästinensischer Seite wurde Arafat zwar dafür gefeiert, dass er dem vereinten Druck Israels und der USA standgehalten hatte. Der völlige Stillstand im Oslo-Prozess, der weitere Ausbau der jüdischen Siedlungen, die sich immer weiter verschlechternde Wirtschaftslage in den palästinensischen Gebieten und die andauernde Gängelung durch das israelische Militär in allen Bereichen des täglichen Lebens schürten jedoch Verzweiflung und Wut.

Im kollektiven Gedächtnis beider Konfliktparteien ließ das Scheitern von Camp David tiefe Spuren zurück. Aus israelischer Sicht hat Camp David bewiesen, dass die Palästinenser:innen – wieder einmal – nicht bereit waren, eine historische Friedenschance zu nutzen, sondern dass sie eigentlich immer noch den jüdischen Staat zerstören wollten. Die Antwort auf die bislang großzügigste Friedensofferte Israels sei nur Gewalt und Terror. Es sei eine Fehlkalkulation der palästinensischen Seite, wenn sie glaube, Israel habe sich aus dem Südlibanon wegen des bewaffneten Widerstands der *Hisbollah* zurückgezogen und werde nun bei anhaltendem gewalttätigem Widerstand der Palästinenser:innen in der Westbank und dem Gazastreifen auch diese Gebiete aufgeben. Bemerkenswert erscheint in diesem Zusammenhang, dass das Scheitern der Friedenssuche in Camp David und die palästinensische Gewalt der zweiten Intifada bis hinein in die traditionellen Friedenskräfte in Israel mit großer Verbitterung als Verrat an den eigenen Friedensvorstellungen wahrgenommen wurden, sodass eine politische Lähmung entstand, die neue politische Initiativen unmöglich machte.

Bei den Palästinenser:innen diente das unzureichende Angebot der Regierung Barak als Beleg für die mangelnde Bereitschaft Israels, einen eigenständigen und lebensfähigen palästinensischen Staat an seiner Seite zu dulden. Lediglich ein „Staat von Israels Gnaden" sei angeboten worden, der ohne ein zusammenhängendes Staatsgebiet unter der permanenten Kontrolle Israels gestanden hätte und der ohne eigene Kontrolle über die Ressourcen Land und Wasser kaum überlebensfähig gewesen wäre. Die Verweigerung des Rückkehrrechts für die Flüchtlinge und wirklicher palästinensischer Souveränität vor allem auch auf dem Tempelberg/*Haram-asch-Scharif* sowie der Fortbestand der Siedlungen hätten nicht nur die völkerrechtswidrige Besatzungspolitik nachträglich legitimiert, sondern aus dem palästinensischen Staat eine Reihe von Enklaven gemacht. Der „Friedensprozess" war zu einem Synonym für die Fortsetzung der Besatzung unter anderen Vorzeichen, für weitere Enteignungen und Siedlungsbau, für ökonomische und soziale Verschlechterung geworden. Die „Friedensdividende", die die Palästinenser:innen sich erhofft hatten, blieb aus.

Doch ein weiterer, bei uns zumeist unterschätzter Faktor hat beim Ausbruch der zweiten Intifada ebenfalls eine bedeutende Rolle gespielt: die Unzufriedenheit mit dem despotischen Führungsstil Jassir Arafats und seiner korrupten „Tunesier". Nach dem Gaza-Jericho-Abkommen vom Mai 1994 waren nach jahrzehntelangem Exil die alten Führungskader der PLO – vor allem aus Tunis – nach Palästina zurückgekehrt und hatten sukzessive die Führung der Autonomiebehörde übernommen. Sie errichteten ein durch Vetternwirtschaft, Korruption und Inkompetenz geprägtes Regime, das sich zunehmender Kritik ausgesetzt sah und die „Strömungskonflikte" in der palästinensischen Gesellschaft verschärfte. Blieb Arafats Position als

Ikone des palästinensischen Widerstands noch weitgehend unangetastet, so entstand aufgrund der Kritik an der politischen Unfähigkeit der Führungscliquen sowohl im Hinblick auf die Verhandlungsstrategie gegenüber Israel als auch bei der Entwicklung der palästinensischen Gebiete eine wachsende Distanz zwischen weiten Teilen der Gesellschaft und der Führungsschicht, der „alten Garde". Protest gegen diese politische Entwicklung fand dann mangels anderweitiger Ventile seinen Ausdruck auch in zunehmender Unterstützung für die islamistische *Hamas* oder bewaffnete Aktionen gegen die Okkupationsmacht.

In dieser Situation wirkte der demonstrative Besuch des israelischen Oppositionsführers Ariel Scharon auf dem Tempelberg/*Haram-asch-Scharif* am 28. September 2000, mit dem er seinerseits die politisch brisante Frage der Souveränität über diese „Heilige Stätte" in den Mittelpunkt seiner innerparteilichen Auseinandersetzung mit Benjamin Netanjahu stellte, wie der sprichwörtliche Funke im Pulverfass. Der unter aufwendigem Polizeischutz stattfindende Besuch Scharons auf dem Boden des slamischen Heiligtums wurde von den Palästinenser:innen als gezielte Provokation aufgefasst.

Für die Eskalation entscheidender dürfte jedoch die unverhältnismäßige Gewalt gewesen sein, mit der das israelische Militär auf die Proteste reagierte. Schon am folgenden Tag wurden bei Zusammenstößen auf dem Tempelberg/*Haram-asch-Scharif* vier, innerhalb von zwei Wochen dann bei den sich ausbreitenden Unruhen in den besetzten Gebieten 91 Palästinenser:innen von den israelischen Sicherheitskräften erschossen. Das rücksichtslose Vorgehen des israelischen Militärs, gewalttätige palästinensische Demonstrationen, die täglichen hohen Verluste an Menschenleben – die Gewalt eskalierte scheinbar unaufhaltsam und ließ vergessen, dass die Konfliktparteien nur wenige Wochen zuvor in Camp David so nah wie nie zuvor an einer Friedensregelung waren. Politische Bemühungen auf höchster Ebene unter Einbeziehung der Präsidenten der USA, Frankreichs, Ägyptens, der EU und des jordanischen Königs konnten die Eskalation nicht aufhalten.

Neuwahlen in Israel (2001)

Die israelische Regierung war am Ende, denn Ministerpräsident Barak gelang es nicht, eine neue Koalitionsregierung zu bilden. So wurden Neuwahlen für den 6. Februar 2001 anberaumt.

Am 23. Dezember legte US-Präsident Clinton einen Vorschlag für eine endgültige Friedensregelung vor (sogenannte Clinton-Parameter), der den Anliegen der Palästinenser:innen wesentlich weiter entgegenkam als das israelische Angebot von Camp David. Unter anderem sah es einen Gebietsaustausch im Verhältnis von 5:3, die Übergabe sämtlicher arabischer Stadtviertel Ost-Jerusalems einschließlich der christlichen und muslimischen Viertel in der Altstadt an die Palästinenser:innen sowie die palästinensische Souveränität über den Tempelberg/*Haram-asch-Scharif* vor. Unter israelischer Kontrolle sollten das jüdische Viertel der Altstadt und die Westmauer am Tempelberg verbleiben. Das Rückkehrrecht der palästinensischen Flüchtlinge sollte auf den palästinensischen Staat beschränkt und Israel nur zur humanitären Aufnahme einer begrenzten Zahl von Flüchtlingen und zur Beteiligung an der materiellen Kompensation verpflichtet werden.

Aber es war zu spät. Zwar trafen noch vor der Knessetwahl israelische und palästinensische Delegationen im ägyptischen Badeort Taba nahe Eilat am Golf von Akaba zusammen, um auf der Grundlage des Clinton-Vorschlags weiter zu verhandeln. In wichtigen Streitpunkten näherten sich die Positionen der Konfliktparteien auch weiter an. Ihre Bemühungen waren jedoch vergebens, zumal Premierminister Barak bereits am 21. Januar erklärt hatte, eine Rückkehr palästinensischer Flüchtlinge in das heutige Staatsgebiet Israels werde es ebenso wenig geben wie eine Übertragung der Souveränität über den Tempelberg an die Palästinenser:innen. Durch das Ergebnis der israelischen Wahlen am 6. Februar wurde das Abschlusskommuniqué ohnehin obsolet: Ariel Scharon wurde mit der überwältigenden Mehrheit von 62,3% der Stimmen zum israelischen Ministerpräsidenten gewählt. Zu diesem großen Vorsprung trug sicherlich auch bei, dass die palästinensischen Israelis fast geschlossen der Abstimmung fernblieben. Ausschlaggebend war freilich, dass Premierminister Barak in den Augen der jüdischen israelischen Wähler die beiden zentralen politischen Ziele, die Scharon zu seinem Wahlslogan gemacht hatte, „Sicherheit und Frieden", nicht erreichen konnte. Ihm wurde vielmehr angelastet, dass er im Bemühen, Frieden um jeden Preis zu erreichen, die Sicherheit Israels aufs Spiel gesetzt habe.

Ariel Scharon gelang es angesichts der Intifada in kurzer Zeit, ein Kabinett der „nationalen Einheit" zusammenzustellen, in dem sowohl die sozialdemokratische *Arbeitspartei* als auch Vertreter:innen der extremen Rechten saßen. Die Regierungsbeteiligung der *Arbeitspartei*, die ja immerhin noch mit Ministerpräsident Barak als Spitzenkandidat ins Rennen gegangen war, sollte zu heftigen Auseinandersetzungen und schließlich zur faktischen Spaltung der traditionsreichen Partei führen.

ESKALATION DER GEWALT (2002)

Trotz harter Maßnahmen konnte Scharon die Gewalt in den besetzten Gebieten nicht eindämmen. Im Gegenteil: Nach seiner Wahl begannen zunächst die islamistischen Organisationen *Hamas* und *Islamischer Dschihad,* massiv Selbstmordattentate gegen Zivilist:innen in Israel durchzuführen. In der palästinensischen Bevölkerung stießen diese Massaker auf große Zustimmung (zeitweise über 70 % in Meinungsumfragen). Das führte dazu, dass in der zweiten Jahreshälfte 2001 auch die der *Fatah* nahestehenden „*Al-Aksa*-Brigaden" dazu übergingen, Selbstmordattentate zu verüben. Die Spirale der Gewalt drehte sich immer weiter: Der immer brutaler werdenden Besatzungspolitik folgten immer neue Wellen von Selbstmordanschlägen; das israelische Militär drang phasenweise in die Städte unter palästinensischer Selbstverwaltung ein und beschoss Behördengebäude mit Raketen; mutmaßliche Attentäter:innen und deren Helfer:innen wurden unter Inkaufnahme ziviler Opfer gezielt getötet; palästinensische Kommandos überfielen Siedler:innen und richteten Mörserangriffe auf israelische Siedlungen; die gesamte Westbank wurde wieder einem noch rigideren System von Straßenkontrollen und Straßensperren unterworfen, das die Bewegungsfreiheit der Bevölkerung weitgehend einschränkte; die Zerstörung von Häusern Verdächtiger wurde wieder aufgenommen. Alle Versuche, der Gewalt und dem Terror Einhalt zu gebieten, blieben erfolglos.

Die Lebenssituation veränderte sich für beide Konfliktparteien drastisch. Lang dauernde Ausgangssperren und die Abriegelung der Gebiete brachten das Wirtschaftsleben in den besetzten Gebieten praktisch zum Erliegen. Die Arbeitslosigkeit stieg und Hunderttausende waren auf die Unterstützung durch Lebensmittelrationen angewiesen. Auch in Israel geriet die Wirtschaft in eine Rezessionsphase. Die Angst vor neuen Terroranschlägen lähmte das öffentliche Leben.

Die vielfachen Einschränkungen durch die kompromisslose Unterdrückungspolitik der israelischen Besatzung sowie die unvermindert betriebene Siedlungspolitik wurden von den Palästinenser:innen als Negation ihres Rechts auf nationale Selbstbestimmung wahrgenommen. Israel tat in ihren Augen alles, um das Leben in den besetzten Gebieten zu erschweren und den Selbstbehauptungswillen des palästinensischen Volkes zu brechen. Der Terror wurde zumeist als legitime Reaktion auf die anhaltende Besatzung gerechtfertigt. Indem man mit Selbstmordanschlägen gegen Zivilist:innen die Gewalt in das „Kernland" Israel trage, solle der „Preis" für die Besatzung hochgeschraubt und den Israelis deutlich gemacht werden, dass ohne ein Ende der Okkupation kein Friede zu erreichen sei.

Gerade der palästinensische Terror in Israel bestärkte viele Israelis in ihrer Überzeugung, dass sich die Palästinenser:innen eben doch nicht mit der Existenz Israels abgefunden hätten. In Wahrheit sei diese Gewalt auf die Liquidierung des jüdischen Staates gerichtet. Selbst ein vollständiger Rückzug aus den seit 1967 besetzten Gebieten werde deshalb keine Ruhe bringen. Auf palästinensischer Seite gäbe es im Grunde niemanden, mit dem man aussichtsreiche Friedensverhandlungen führen könne. Ein Ende des Terrors sei ohnehin Voraussetzung für die Wiederaufnahme von politischen Gesprächen.

Die israelische Regierung machte die palästinensische Autonomiebehörde und insbesondere Arafat persönlich für den Terror verantwortlich. Wenn er nicht gar die Anschläge selbst anordne oder billige, so tue er jedenfalls nichts, um sie zu verhindern und die Gewalt zu delegitimieren. Das Militär reagierte jeweils mit der Zerstörung von Einrichtungen der Selbstverwaltungsbehörde, vor allem der Sicherheitsdienste. Als damit kein Ende der Selbstmordattentate zu erreichen war, versuchte Israel es mit der Einschließung Arafats in seinem Amtssitz in Ramallah (um die Jahreswende 2001/2002) und dessen weitgehender Zerstörung. Nach einem verheerenden Terroranschlag auf ein Hotel in Netanja zu Beginn des Passah-Festes besetzte die israelische Armee im März/April 2002 bis auf Jericho erneut alle Städte der Westbank („Aktion Schutzschild"). Jassir Arafat wurde für politisch „irrelevant" erklärt und Verhandlungen mit ihm verweigert.

Ermöglicht wurde diese Wiederbesetzung der im Zuge des Oslo-Prozesses geräumten Gebiete nicht zuletzt vor dem Hintergrund der Anschläge vom 11. September 2001 in New York und Washington und dem dadurch ausgelösten weltweiten Kampf gegen Terrorismus. Nach den erfolglosen Bemühungen von Bill Clinton hatte sich die Regierung George W. Bush kaum um den israelisch-palästinensischen Konflikt gekümmert bzw. hatte der Regierung Scharon weitgehend freie Hand gelassen. Israels Vorgehen wurde von der amerikanischen Regierung als legitimer Kampf gegen den Terrorismus betrachtet. Die amerikanische Regierung übernahm weitgehend die Auffassung der Regierung Scharon, Vorbedingung für jede Neuaufnahme eines Verhandlungsprozesses müsse die Beendigung der Gewalt, der Rücktritt Arafats und eine durchgreifende Reform und Demokratisierung der palästinensischen Institutionen sein. Erst nach Erfüllung dieser Vorbedingungen könne wieder verhandelt werden.

Im Herbst 2002 kam es zum Bruch der „Koalition der nationalen Einheit", weil die Mitglieder der *Arbeitspartei* verlangten, mehr Geld in soziale Belange und weniger Geld in die Siedlungen zu investieren. Da es Scharon nicht gelang, eine anders zusammengesetzte Koalitionsregierung zusammenzustellen, wurden für den 28. Januar 2003 vorzeitige Neuwahlen für die Knesset angesetzt.

DIE „ROADMAP FOR PEACE" (2003)

Bei der Wahl verdoppelte die *Likud*-Partei des Premierministers ihre Sitze im Parlament. Die große Mehrheit der jüdisch-israelischen Wahlbevölkerung sah wohl keine aktuelle Chance für die Neuaufnahme von Verhandlungen mit den Palästinenser:innen. Deshalb stürzten die beiden Parteien, die einer Verständigung mit den Palästinenser:innen eine hohe Priorität zur Lösung auch der wirtschaftlichen Probleme Israels zuschrieben – *Arbeitspartei* und *Meretz* –, in der Wählergunst dramatisch ab, obwohl in Meinungsumfragen eine klare Mehrheit der jüdisch-israelischen Bevölkerung ihrer Programmatik (weitgehender Rückzug aus den besetzten Gebieten, Räumung von Siedlungen, Gründung eines palästinensischen Staates, Teilung der Souveränität in Jerusalem) grundsätzlich zuneigte. In der konfrontativen Situation vertraute die jüdisch-israelische Bevölkerung dem harten Durchgreifen des amtierenden Ministerpräsidenten, der es zudem verstanden hatte, sich im Wahlkampf das Image eines gemäßigten Politikers zuzulegen.

Begünstigt wurde die anhaltende Stagnation im israelisch-palästinensischen Verhandlungsprozess durch die Krise um den Irak, in der die israelische Regierung unzweideutig für die amerikanische Politik eines erzwungenen Machtwechsels im Irak Partei ergriff und sich die palästinensische Seite – nach den verheerenden Folgen ihrer Parteinahme für Saddam Hussein im zweiten Golfkrieg (1991) klüger geworden – politisch in keiner Weise exponierte.

Tatsächlich schien die Bush-Administration nach dem Irak-Krieg ihre Zurückhaltung im Nahost-Konflikt zunächst aufzugeben. Im Rahmen des sogenannten „Nahost-Quartetts", bestehend aus den USA, der EU, Russland und der UN, wurden gemeinsam Vorschläge für eine Rückkehr zur friedlichen Regelung des israelisch-palästinensischen Konflikts erarbeitet. Diese führten schließlich im April 2003 zur Vorlage einer *Roadmap,* eines in drei Phasen gegliederten Fahrplans, der nach seiner sukzessiven Umsetzung, z. B. dem Ende der Gewalt, Wahlen und Reformen der palästinensischen Institutionen, einer internationalen Friedenskonferenz, der Einstellung der israelischen Siedlungsaktivitäten und dem Rückzug aus den besetzten Gebieten, schlussendlich im Jahre 2005 auf die Errichtung eines palästinensischen Staates zielte. Während die palästinensische Seite den neuen Fahrplan akzeptierte, erklärte die neue israelische Regierung ihre „Zustimmung" erst auf starken internationalen Druck und aufgrund der Versicherung der US-Administration, 14 israelische Vorbehalte, mit denen wesentliche Inhalte des Plans in Frage gestellt wurden, im weiteren Verlauf „zu berücksichtigen".

Mit der *Roadmap* wurde der Versuch unternommen, zumindest teilweise Lehren aus dem Scheitern des Oslo-Prozesses und der unzähligen Waffenstillstandsvorschläge zu ziehen. Das Quartett erklärte seine Absicht, sich dauerhaft in dem politischen Prozess zu engagieren, weil offensichtlich Bewegung in die erstarrten Fronten nur durch eine Intervention von außen gebracht werden kann. Immerhin wurde die jahrelange ausschließliche Fokussierung auf die Gewaltfrage aufgegeben, die bislang die Aufnahme von politischen Gesprächen von einer absoluten Ruhe- und „Abkühlungsphase" abhängig machte. Diese israelisch-amerikanische Position hatte absurderweise das Schicksal des politischen Prozesses den Terrororganisationen überantwortet und es einer ohnehin nicht auf endgültige Statusverhandlungen erpichten israelischen Regierung ermöglicht, palästinensische Gewalt- und Terrorakte als Vorwand zu nutzen, um den politischen Verhandlungsprozess nicht wieder aufnehmen zu müssen.

Es schien sich – zumindest im Quartett – die Einsicht durchzusetzen, dass es nicht die Gewalt der zweiten Intifada war, die zum Scheitern des Oslo-Prozesses geführt hatte, sondern dass Enttäuschung, Wut und Verzweiflung über den ergebnislosen Friedensprozess Terror und Gewalt gebaren. Die Palästinenser:innen fühlten sich um die Friedensdividende von Oslo betrogen: Ihre Lebenssituation hatte sich dramatisch verschlechtert, die Siedlungspolitik war durch die israelischen Regierungen forciert statt gestoppt worden, ein eigenständiger Staat war in weite Ferne gerückt. Es bedurfte somit einer glaubwürdigen politischen Perspektive, um überhaupt die Chance auf ein Ende der Gewalt zu eröffnen.

Der Ansatz der Roadmap war im Vergleich zu allen bisherigen Vereinbarungen ein viel umfassenderer: Parallel und nicht sukzessive sollten z. B. die Sicherheitskooperation und die Lebensbedingungen der Palästinenser:innen verbessert, die Siedlungsaktivitäten eingefroren und die gegenseitige Hetze eingestellt sowie demokratische Reformen in der palästinensischen Gesellschaft vorangetrieben, internationale Konferenzen einberufen, ein „Überwachungsmechanismus" eingeführt und Endstatusverhandlungen begonnen werden.

In der Realität konzentrierten sich allerdings im Sommer 2003 wieder alle Bemühungen auf Sicherheitsfragen, denn vor allem die israelische Regierung interpretierte die Roadmap so, dass erst nach dem Ende des palästinensischen Terrors weitere Schritte zur Normalisierung eingeleitet werden könnten, vom Einfrieren der Siedlungsaktivitäten war kaum die Rede. Schon zum Zeitpunkt seiner offiziellen Verkündung war der „Fahrplan" nicht mehr einzuhalten. Zweifel an der Umsetzbarkeit der Roadmap wurden deshalb allenthalben geäußert. Die israelische Regierung hatte mit ihren 14 Vorbehalten das ganze Unternehmen grundsätzlich in Frage gestellt – allein die Akzeptanz der Zwei-Staaten-Regelung, die von zwei Koalitionsparteien explizit abgelehnt wurde, hätte die Regierung Scharon gesprengt. So standen zunächst die Reformen in der palästinensischen Selbstverwaltung im Mittelpunkt des Interesses: Eine Verfassung wurde entworfen und – gegen den heftigen Widerstand Arafats, der seine Entmachtung befürchtete – ein Ministerpräsidentenamt geschaffen. Mit Mahmud Abbas, dem bisherigen Stellvertreter Arafats in vielen PLO-Gremien und einem der „Väter" des Oslo-Prozesses, wurde im Mai 2003 eine Persönlichkeit ernannt, die das Vertrauen der internationalen Öffentlichkeit genoss, wenn sie auch unter den Palästinenser:innen umstritten war.

Doch Mahmud Abbas konnte sich weder im Streit um die Kontrolle der palästinensischen „Sicherheitsdienste" gegen Arafat noch mit seiner Forderung nach ersten israelischen „Normalisierungsschritten" gemäß der *Roadmap* durchsetzen. Israel weigerte sich, seinen Verpflichtungen der Phase I auch nur ansatzweise nachzukommen. Nach nur viermonatiger Amtszeit trat Abu Mazen im September 2003 zurück.

Nach längeren Auseinandersetzungen wurde schließlich Ende Oktober 2003 mit Achmed Qureia (Abu Ala) ein Arafat-Vertrauter als palästinensischer Premierminister zum Nachfolger von Mahmud Abbas ernannt. Sein Amtsantritt vermochte die festgefahrene Situation jedoch nicht wieder in Bewegung zu bringen. Vor allem interne Auseinandersetzungen um Macht und Einfluss lähmten die palästinensische Selbstverwaltung, die sich zum einen wachsender Kritik wegen Korruption und Vetternwirtschaft ausgesetzt sah, zum anderen immer weniger in der Lage war, aufgrund der Besatzungssituation und politischen Missmanagements ihre Selbstverwaltungsfunktionen auszuüben. Die islamistische *Hamas,* die immer gleichzeitig soziale, politische und terroristische Bewegung war, gewann dagegen vor allem im Gazastreifen an Unterstützung. Dem israelischen Militär gelang es zunächst nicht, mit der gezielten Eliminierung fast ihrer gesamten Führung und der Zerstörung ihrer Infrastruktur der jahrelangen Serie von Selbstmordattentaten ein Ende zu bereiten. Zwischen islamistischer *Hamas* einerseits und „staatstragender", aber weitgehend verfilzter *Fatah* andererseits, die in Meinungsumfragen beide jeweils zwischen 20 und 30 % Zustimmung verbuchen konnten, hat sich bislang eine säkulare demokratische dritte Kraft nicht formieren können.

Neue Friedensinitiativen (2002/2003)

Herausgefordert durch die lang anhaltende Stagnation in den Bemühungen um eine Verhandlungslösung und die perspektivlose Gewalt-
tätigkeit der Auseinandersetzung traten in der israelischen und der palästinensischen Gesellschaft eine Reihe von Initiativen an die Öffentlichkeit, um trotz Resignation und Verzweiflung der politischen
Entwicklung neue Impulse zu geben: Israelische Reservisten verweigerten öffentlich den Dienst in den palästinensischen Gebieten; palästinensische Intellektuelle kritisierten die Strategie der Selbstmordattentate, israelische Militärs und ehemalige Geheimdienstchefs mahn-
ten politische Initiativen an.

Eine gewisse Breitenwirkung sollte die Initiative des ehemaligen
Präsidenten der palästinensischen Al-Quds-Universität, Prof. Sari Nusseibeh, und des ehemaligen israelischen Geheimdienstchefs, General Ami Ajalon, entfalten. Bereits im Sommer 2002 veröffentlichten sie
ein Papier, in dem sie die Grundlagen einer Friedensregelung zwischen Israel und den Palästinenser:innen darlegten. Sie verstanden
ihren Entwurf als Basisinitiative und warben in beiden Gesellschaften
dafür, mit Unterschriften die Bereitschaft zu einer Regelung auf der
Grundlage ihres Vorschlags zu erklären. Mehr als 600.000 Israelis
und Palästinenser:innen unterzeichneten die Erklärung.

Der substanziellste und auch international beachtete Vorstoß stellte die „Genfer Initiative" dar, ein im Anschluss an die Verhandlungen
in Taba im Januar 2001 von Jossi Beilin, einem der „Architekten" des
Oslo-Prozesses, und dem ehemaligen palästinensischen Kommuni-
kationsminister Abed Rabbo detailliert ausgearbeiteter Entwurf eines
israelisch-palästinensischen Friedensvertrages. Der Genfer Initiative

gehören zahlreiche Politiker, Mitglieder des Sicherheitsestablishments, Wissenschaftler und Experten von beiden Konfliktparteien an.

Der Vertragsentwurf machte – anknüpfend an die Parameter des damaligen Präsidenten Clinton sowie die Verhandlungen von Taba – zum ersten Mal bis ins Detail gehende Regelungsvorschläge für die meisten der zentralen Konfliktpunkte: der Frage der Rückkehr und Kompensation der Flüchtlinge, der Teilung Jerusalems, der Aufgabe vieler Siedlungen und Beibehaltung der großen Siedlungsblöcke unter israelischer Souveränität, des Gebietsaustausches etc.

Natürlich sahen sich die Initiatoren der Genfer Initiative trotz der beispiellosen weltweiten Sympathieerklärungen vieler Regierungen heftigster innenpolitischer Kritik ausgesetzt. Ein solch konkreter Vertragsentwurf erschütterte zwei unter den Konfliktparteien weit verbreitete Grundannahmen:

- Es gibt keine akzeptablen Kompromisslösungen für die fundamentalen Streitpunkte des Konflikts.
- Es gibt keinen Partner für ernsthafte Friedensgespräche.

Nun lag der Entwurf für ein Abkommen vor, das nicht nur beiden Seiten schmerzhafte Kompromisse abverlangte und das nicht von außen oktroyiert wurde, sondern durch bilaterale Gespräche zustande gekommen war. Es gab also auf der „anderen Seite" Politiker, mit denen man reden und mit denen man Kompromisse schließen konnte.

KARTE 7: *Zwei-Staaten-Regelung der Genfer Initiative (2003)*

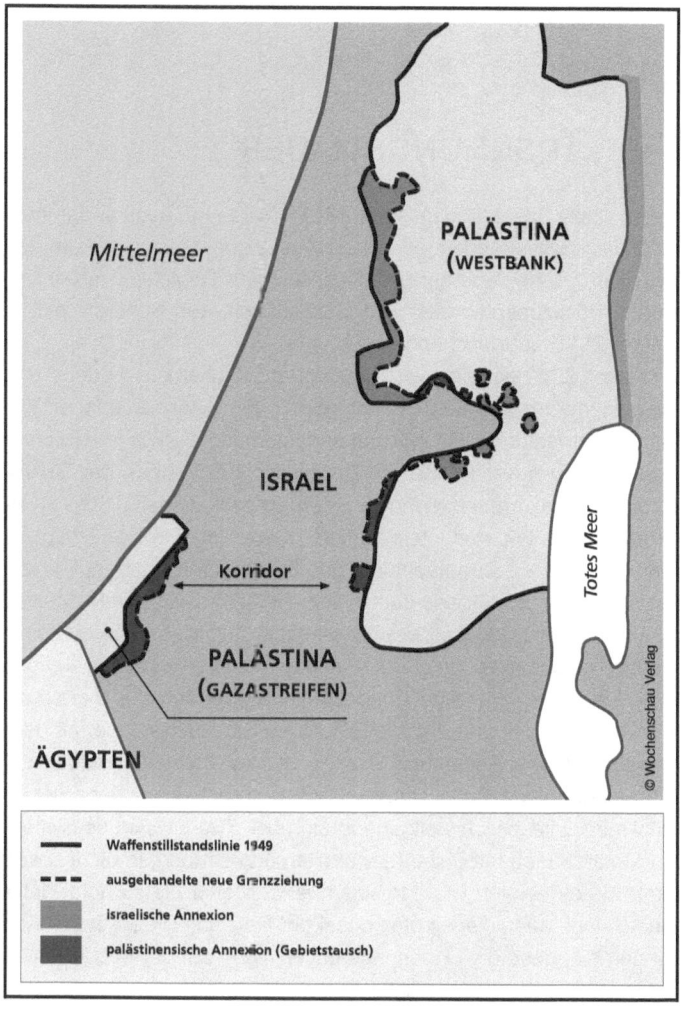

Mittelmeer

PALÄSTINA
(WESTBANK)

ISRAEL

Totes Meer

Korridor

PALÄSTINA
(GAZASTREIFEN)

ÄGYPTEN

© Wochenschau Verlag

——— Waffenstillstandslinie 1949

– – – ausgehandelte neue Grenzziehung

israelische Annexion

palästinensische Annexion (Gebietstausch)

DIE „TRENNUNGSMAUER"

Weit größere Beachtung in Israel und Palästina wie auch in der internationalen Politik fanden jedoch die Auseinandersetzungen um den Bau einer Sperranlage auf palästinensischem Gebiet sowie der unilaterale Rückzugsplan aus dem Gazastreifen, den Scharon im Dezember 2003 überraschend entwickelte.

Die seit 2002 gebaute, von Befürwortern „Sicherheits-" oder „Trennungszaun", von Gegnern „Trennungs-" oder „Apartheitsmauer" genannte Sperranlage löste in Israel und international heftige Kritik und Proteste aus, die schließlich im Dezember 2003 neben der Qualifizierung als völkerrechtswidrig zu einem Beschluss der UNO-Vollversammlung führten, den Internationalen Gerichtshof in Den Haag mit einer juristischen Begutachtung der Sperranlage zu beauftragen. Deutschland unterstützte in der UNO-Vollversammlung den Beschluss zur Völkerrechtswidrigkeit des Mauerbaus, nachdem es sich im Sicherheitsrat enthalten hatte. Die Anrufung des Internationalen Gerichthofes lehnte die damalige Bundesregierung jedoch ab. Die israelische Regierung rechtfertigt die Errichtung der Sperranlage mit dem Hinweis auf das Recht und die Pflicht des Staates Israel, seine Bürger:innen vor terroristischen Angriffen zu schützen. Der „Sicherheitszaun", tatsächlich weitgehend ein über 700 km langes System von Metallzäunen mit Sicherheitsstreifen und Gräben, in dicht bevölkerten Stadtgebieten wie Jerusalem jedoch eine bis zu acht Meter hohe Betonmauer, diene somit quasi der Notwehr. Die Gegner:innen wenden ein, dass die „Trennungsmauer" nicht auf der sogenannten Grünen Linie, der Waffenstillstandslinie von 1949, errichtet wird, sondern fast vollständig auf dem Territorium der Westbank verläuft und an mehreren Punkten tief in die Westbank hineinreicht, um auf diese Weise möglichst viele jüdische Siedlungen an das Staatsgebiet Israels anzuschließen. Dadurch werden zahlreiche palästinensische Ortschaften regelrecht eingezäunt bzw. eingemauert. Um auf ihre Felder, zu ihren Arbeitsstätten oder Familien, in die Schulen oder Krankenhäuser zu gelangen, müssen Hunderttausence von Palästinenser:innen große Umwege auf sich nehmen, um die wenigen Durchlässe in der Sperranlage zu passieren – vorausgesetzt sie befinden sich im Besitz einer Genehmigung. Neben der Konfiszierung von weiterem Land für den Bau der Sperranlage wird ein reguläres Alltagsleben für zahlreiche Palästinenser:innen noch weiter erschwert.

Dass der Bau der Sperranlage nicht allein die Sicherheit israelischer Bürger:innen verbessern, sondern die Annexion palästinensischer Gebiete vorbereiten soll, wird inzwischen auch von vielen israelischen Regierungsmitgliedern proklamiert: Nach ihrer Auffassung sollen sich die zukünftigen Grenzen des Staates Israel im Wesentlichen an diesem Mauerverlauf orientieren, d.h. zumindest die Siedlungen westlich der Sperranlage sollen nicht aufgelöst, sondern dem israelischen Staatsgebiet angegliedert werden.

Zudem sehen Überlegungen der israelischen Regierung vor, dass auf der Ostseite der Westbank im Jordantal eine breite Sicherheitszone errichtet wird und unter Kontrolle Israels verbleibt. Dadurch würden die palästinensischen Gebiete endgültig in voneinander abgeschnittene Enklaven verwandelt. Die dann entstehende Landkarte erinnert an die Bantustans, mit denen die südafrikanische Regierung in der Ära der Apartheid versuchte, sich der schwarzen Bevölkerungsmehrheit durch Umsiedlung in „unabhängige" politische Gebilde zu entledigen. Was sich hier als mögliche Konturen eines zukünftigen palästinensischen Staates abzeichnet, gewährleistet keineswegs den in vielen internationalen Erklärungen geforderten territorialen Zusammenhang des Staatsgebiets, eine unverzichtbare Voraussetzung für die Lebensfähigkeit eines Staates.

Auf Antrag der UN-Vollversammlung hat der Internationale Gerichtshof in Den Haag in einer gutachterlichen Stellungnahme im Juli 2004 den Verlauf der Mauer für völkerrechtswidrig erklärt, doch auch dieser Richterspruch blieb ohne Folgen.

KARTE 8: *Israelische Siedlungen und die „Trennungsmauer" (Stand 2015)*

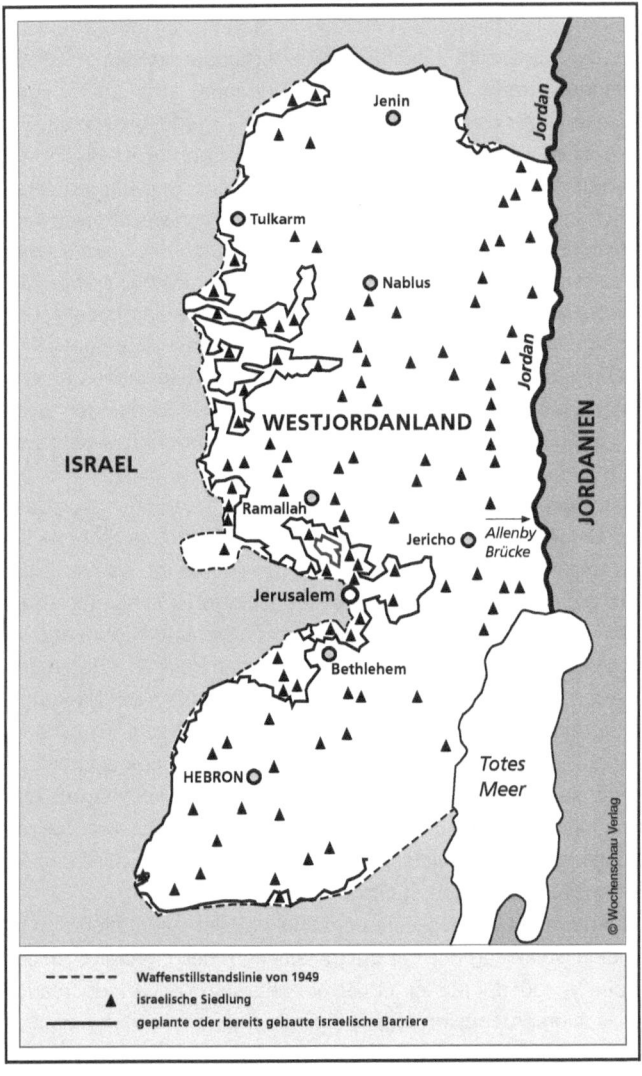

Ursprünglich sollte die Mauer bis Ende 2005 vollendet werden. Bislang sind jedoch erst 60–70 % fertiggestellt. Grund für die Verzögerungen sind zum einen jahrelange gerichtliche Verfahren, die oftmals aufgrund von Klagen betroffener Palästinenser:innen zu Veränderungen der Mauerroute führen, um die Eingriffe in Menschenrechte der Palästinenser:innen zu reduzieren. Zum anderen wird wegen der immensen Kosten oder aus politischen Gründen an einigen Stellen nicht weiter gebaut. Dennoch hat die israelische Regierung beschlossen, nun auch im Jordantal eine Sperranlage zu errichten. An der Grenze zu Ägypten ist eine Sperranlage inzwischen fertiggestellt worden. Im Dezember 2021 kündigte die israelische Regierung an, dass nach dreieinhalb Jahren Bauzeit eine neue, 65 km lange Sperranlage um den Gazastreifen fertiggestellt wurde. Sie ragt nicht nur sechs Meter in die Höhe und ist mit Kameras, Radarüberwachungsgeräten und anderen Sensoren ausgestattet, sondern wurde als Betonmauer wegen der von Hamas in der Vergangenheit angelegten Tunnel auch in die Tiefe gebaut – wie tief, dazu wurden keine offiziellen Angaben gemacht.

Unilateraler Rückzug aus dem Gazastreifen (2005)

Um aus der politischen Defensive zu kommen, präsentierte Ariel Scharon im Januar 2004 den Plan eines unilateralen Rückzugs aus dem Gazastreifen (auch Abkoppelungsplan genannt) und löste damit heftigen innenpolitischen Streit aus. Die Siedlerbewegung und die ihr nahestehenden Parteien – auch Teile von Scharons eigener Likud-Partei –, betrachteten die Rückzugspläne nicht nur als Zurückweichen vor dem Terror der Palästinenser:innen, sondern als illegitime Aufgabe jüdischen Bodens, als Verrat an Judentum und Zionismus. Scharon, jahrzehntelang „Vater der Siedlungsbewegung", der noch vor Kurzem die Siedlungen im Gazastreifen als unverzichtbar für die Sicherheit Israels bezeichnet hatte, verwies nun auf die sicherheitspolitische Bürde dieser Siedlungen: Der Schutz von etwa 7.000 Siedlern inmitten von 1,3 Millionen Palästinenser:innen erforderte einen immensen militärischen Aufwand und band finanzielle Ressourcen. Auch der Hinweis Scharons, der unilaterale Rückzug schade vor allem den Palästinenser:innen und verhindere weitere „Friedensinitiativen" von dritter Seite, die Israel nur unter Druck setzen würden, konnte die Kritiker in den rechten Parteien nicht überzeugen.

Die Initiative Scharons stürzte viele der kompromissbereiten Kräfte in ein Dilemma: Dem geplanten militärischen Rückzug und der Aufgabe von Siedlungen konnte kaum widersprochen werden, doch vor der kaum verhohlenen Absicht Scharons, für den Rückzug aus Gaza eine größere internationale Unterstützung für seine Siedlungspolitik und die schleichende de facto-Annexion der Westbank zu gewinnen, konnte man auch nicht die Augen verschließen. Statt eines „Gaza first" bot Scharon ein „Gaza only" an, dessen vollständige Kontrolle von Grenzen, Luftraum, Land- und Seezugang, Wasser etc. sich Israel ohnehin vorbehalten wollte. Nicht die Keimzelle eines palästinensischen Staates lag in der Absicht Scharons, sondern ein Bantustan für 1,3 Millionen Palästinenser:innen.

Dennoch unterstützten viele den Rückzugsplan in der Hoffnung, dass sich aus dem Scharon'schen Tabubruch von Gebietsaufgabe und Siedlungsräumung eine Dynamik entwickeln könnte, die auch zum baldigen Rückzug aus der Westbank und einer Zwei-Staaten-Regelung führen würde. Eine solche Dynamik entstand jedoch nicht. Im Windschatten der Rückzugsauseinandersetzungen gelang es Scharon auf jeden Fall, weitgehend unbehelligt den Mauerbau fortzusetzen, die Siedlungen auszubauen und führende *Hamas*-Funktionäre zu liquidieren.

Palästinensischer Neuanfang? (2005)

Nach dem Tod von Jassir Arafat am 11. November 2004 gelang der palästinensischen Führung zunächst eine friedliche Regelung der Übergangsphase. Mahmud Abbas, der ehemalige Ministerpräsident und bisherige Stellvertreter Arafats als Vorsitzender der PLO, übernahm die Führung der PLO und wurde zum Kandidaten für das Präsidentenamt nominiert. Am 9. Januar 2005 gewann Mahmud Abbas mit etwa 62 % der Stimmen gegenüber ca. 19 % für den Konkurrenten, den Arzt Mustafa Barghuti, ein Vertreter des demokratisch-säkularen Lagers. Fast 22.000 Beobachterinnen und Beobachter – ca. 1.000 davon internationale – sorgten für friedliche, relativ faire und freie Wahlen.

Der Wahlgang war ein außergewöhnliches Ereignis. Wahlen unter militärischer Besatzung sind ein zwar nicht einmaliger, jedoch auf jeden Fall bemerkenswerter Vorgang:

- Die zweite Demokratie des Nahen Ostens begann sich unter der militärischen und völkerrechtswidrigen Besatzung durch die erste Demokratie zu entfalten.
- Der einzige Führer eines arabischen „Staates", der sich einer wirklichen demokratischen Legitimation rühmen darf, ist der Präsident der staatenlosen Palästinenser:innen.
- Zwar genießen alle Staaten in der Region – mehr oder weniger – staatliche Souveränität, doch das einzige Volk, dem bislang sein nationales Selbstbestimmungsrecht versagt blieb, konnte als einziges seinen Präsidenten frei wählen.

Die Hoffnungen auf einen innerpalästinensischen Neuanfang sollten jedoch enttäuscht werden. Es gelang dem neu gewählten Präsidenten nicht, die politische Legitimation und Durchsetzungskraft seines Vorgängers zu erringen und die Lage zu konsolidieren. Die Erwartungen der palästinensischen Bevölkerung, dass die neue Führung für Ruhe und Ordnung sorgen könnte, gingen nicht in Erfüllung. Die bewaffneten Flügel verschiedener politischer Gruppierungen, private Milizen, marodierende Banden und einzelne „Sicherheitsdienste" gefährdeten in vielen palästinensischen Städten und Gemeinden immer mehr Sicherheit und Ordnung. Weitgehende Beschränkungen der israelischen Besatzungsmacht verminderten zudem die Handlungsfähigkeit der palästinensischen Polizei- und Justizorgane.

Zwar fanden in den palästinensischen Gebieten 2005 die längst überfälligen Kommunalwahlen statt, doch der demokratische Transformationsprozess kam aufgrund vielfältiger Widerstände nur schleppend voran. Immerhin gelang es Mahmud Abbas in Verhandlungen mit der islamistischen Organisation *Hamas,* diese in die Wahlprozesse zu integrieren und sie in die vorstaatlichen Strukturen stärker einzubinden. Dies führte allerdings auch dazu, dass *Hamas* in vielen Städten und Gemeinden die Wahlen gewinnen konnte. Heftiger und oft gewalttätiger entwickelten sich die Machtkämpfe innerhalb von *Fatah.* Nach Arafats Tod brachen die politischen Konkurrenzen und ideologischen Widersprüche immer heftiger hervor: Es drängte nicht nur die „Junge Garde" auf Ablösung der „Alten Garde", es kämpften nicht nur Reformer und Bewahrer um Macht und Einfluss, sondern viele Sektionen der *Fatah*-nahen militanten *Al-Aksa*-Brigaden und Sicherheitsdienste hatten sich verselbstständigt und waren kaum noch zu kontrollieren.

Neben der inneren Befriedung hatte sich die Bevölkerung von Mahmud Abbas einen entschlossenen Kampf gegen Korruption und Misswirtschaft erhofft, doch durchgreifende Maßnahmen blieben aus. Ebenso wenig war der neue Präsident in der Lage, die katastrophale wirtschaftliche Situation zu verbessern und zu Erleichterungen der Lebenssituation unter der Besatzung beizutragen.

FRIEDENSPOLITISCHER NEUANFANG? (2005)

Gewiss mangelte es Präsident Mahmud Abbas häufig an politischer Durchsetzungskraft. Immer wieder zögerte er bei der Umsetzung einschneidender Maßnahmen und vermied die offene Konfrontation mit den politischen Rivalen sowohl in der eigenen Fatah-Bewegung als auch in der Hamas. So war er auch nicht in der Lage, den andauernden Beschuss Israels mit Qassam-Raketen aus dem Gazastreifen völlig zu unterbinden. Doch auch die israelische Besatzungsmacht machte ihm das Leben schwer: Sie ließ alle Verhandlungsangebote des palästinensischen Präsidenten unbeantwortet, verschärfte die Maßnahmen gegen die palästinensische Bevölkerung, setzte den Siedlungs- und den Bau der Sperranlage unvermindert fort, betrieb weiterhin eine Politik der gezielten Tötungen der terroristischer Aktivitäten verdächtigten Palästinenser:innen. Auch die zum Teil erfolgreichen Bemühungen von Mahmud Abbas um eine Waffenruhe mit den palästinensischen bewaffneten Gruppierungen blieben ohne positive Reaktion.

So entfaltete auch der im Sommer 2005 erfolgte israelische Rückzug aus dem Gazastreifen nicht die friedenspolitische Dynamik, die viele erhofft hatten. Trotz erheblichen innenpolitischen Widerstands vor allem der Siedlerbewegung hielt Scharon an der Umsetzung seiner Pläne fest. Doch die israelische Regierung beschränkte sich in den Kontakten mit der palästinensischen Führung nur auf ein Mindestmaß an „Koordinierung". So konnte der israelische Rückzug von den bewaffneten Gruppen im Gazastreifen, vor allem der *Hamas*, als Erfolg des bewaffneten Widerstands gefeiert werden – nicht etwa von der *Fatah* als ein Verhanclungserfolg der von ihr geführten palästinensischen Selbstverwaltungsbehörde.

Nach dem Rückzug verfolgte die israelische Regierung gegenüber dem Gazastreifen eine Politik der wirtschaftlichen Strangulierung, indem sie die Grerzübergänge unter Verweis auf drohende Anschläge immer wieder wochenlang schloss, lediglich ein Mindestmaß an humanitärer Versorgung zuließ und jede wirtschaftliche Entwicklung unterband. Israel hatte sich zwar militärisch aus dem Gazastreifen zurückgezogen, kontrollierte jedoch weitgehend die Versorgung mit Energie, Gütern und Lebensmitteln sowie alle Zugänge über Land, Wasser und Luft. Es gibt weder einen Hafen noch einen Flughafen. Nur ein neuer Grenzübergang nach Ägypten wurde für die Palästinenser:innen in der palästinensischen Grenzstadt Rafah geschaffen. Die vereinbarte, lebenswichtige Transitstrecke zwischen dem Gazastreifen und der Westbank existiert bis heute nicht. Schon im September 2005 flog die israelische Luftwaffe wieder Angriffe auf Städte im Gazastreifen, um vor allem den andauernden Qassam-Beschuss zu unterbnden. Aus der Sicht der Palästinenser:innen hatte sich die Besatzung nach dem Rückzug in eine Belagerung verwandelt.

Parteipolitische Umwälzungen in Israel (2006)

Der Rückzug aus dem Gazastreifen hinterließ tiefe Spuren in der israelischen Parteienlandschaft. Ministerpräsident Ariel Scharon konnte zwar den Gaza-Rückzugsplan gegen heftige Proteste vor allem der Siedlerbewegung durchsetzen, doch spaltete er damit seine rechtsnationalistische *Likud*-Partei. Im Vorfeld der anstehenden Neuwahlen rief er eine neue Partei *Kadima* (Vorwärts) ins Leben, der sich rasch nicht nur *Likud*-Mitglieder, sondern auch prominente Abgeordnete aus der *Arbeitspartei*, allen voran der spätere Staatspräsident Schimon Peres, anschlossen.

Die Aussichten für den für *Kadima* prognostizierten hohen Wahlsieg schwanden jedoch, als Ministerpräsident Scharon Anfang Januar 2006 nach einem Schlaganfall ins Koma fiel. Nachfolger wurde sein Stellvertreter, der ehemalige Bürgermeister von Jerusalem Ehud Olmert. Der Wahlsieg der *Kadima* im März 2006 fiel zwar respektabel aus, zwang aber dennoch den neuen Ministerpräsidenten Olmert zu einer Koalition mit der *Arbeitspartei* und weiteren kleinen Parteien. Kernelement des Regierungsprogramms war die erklärte Absicht, sich aus weiten Teilen der Westbank zurückzuziehen, den Verlauf der Sperranlage im Wesentlichen als zukünftige Grenze zu betrachten und damit etwa 80 % der Siedler in der Westbank dem israelischen Staatsgebiet zuzuschlagen und die anderen, östlich der Mauer liegenden Siedlungen aufzugeben. Da auch das Jordantal aus Sicherheitsgründen unter israelischer Kontrolle verbleiben sollte, bliebe gemäß diesem Plan für den zu errichtenden palästinensischen Staat nur etwa die Hälfte des Territoriums der Westbank, d.h. etwa 10–12 % des „historischen Palästina" der britischen Mandatszeit übrig.

PALÄSTINENSISCHER TSUNAMI (2006)

Die schließlich für den Januar 2006 angesetzten Parlamentswahlen sollten nach den Vorstellungen des palästinensischen Präsidenten die Integration der *Hamas* in die vorstaatlichen Strukturen Palästinas vollenden und seinem gemäßigten Kurs gegenüber Israel die notwendige Unterstützung geber. Es kam jedoch anders: Den Wahlsieg, den *Hamas* entgegen allen Vorhersagen erzielte, bezeichneten Beobachter:innen als „politischen Tsunami" für den Nahen Osten. Die Wahlen zum Palästinensischen Legislativrat (PLC) stellten die ersten weitgehend demokratischen Parlamentswahlen im Nahen Osten außerhalb Israels dar, bei denen die Wählerschaft zwischen echten politischen Alternativen wählen konnten, nachdem schließlich auch *Hamas* antrat.

Das Wahlresultat kann im Wesentlichen als Protestwahl interpretiert werden. Viele Wähler:innen wollten *Fatah* einen Denkzettel verpassen, ohne die islamistische Grundausrichtung von *Hamas* zu unterstützen. Die Motivation vieler Wähler:innen lässt sich folgendermaßen zusammenfassen:

- Enttäuschung über *Fatah*, die seit Oslo bei der Errichtung und Reform demokratischer Institutionen versagt hatte und sich stattdessen immer mehr in Korruption und Misswirtschaft verstrickte.
- Enttäuschung über den Präsidenten Mahmud Abbas, dessen auf Verhandlungen mit Israel gerichteter Kurs keinerlei Ergebnisse gezeitigt hatte und dem es nicht gelungen war, eine Verbesserung der wirtschaftlichen Verhältnisse herbeizuführen, Gesetz und Ordnung wiederherzustellen und die schwierigen Lebensverhältnisse der Palästinenser:innen spürbar zu erleichtern.

- Abstrafung der *Fatah*, die sich als unfähig erwiesen hatte, als eine geeinte politische Kraft aufzutreten, und sich als fragmentierter, von internen Rivalitäten und politischen Widersprüchen geprägter „Haufen" präsentierte.
- *Hamas* stellte demgegenüber das politische „Gegenmodell" dar: Integrität ausstrahlende Kandidat:innen, die sich durch ihr soziales Engagement in den islamischen Wohlfahrtsinstitutionen oder im „bewaffneten Widerstand" gegen die israelische Besatzung Anerkennung verschafft hatten.
- Zudem hatte *Hamas*, die als Liste für „Reform und Veränderung" antrat, ein Wahlprogramm aufgestellt, das von allen antisemitischen, auf die Vernichtung Israels und eine konsequente Islamisierung der Gesellschaft gerichteten Inhalten der *Hamas*-Charta gereinigt war und sich vornehmlich auf innenpolitische Probleme wie den Kampf gegen die Korruption konzentrierte.

Das Wahlergebnis machte zunächst nicht nur alle Hoffnungen auf eine innenpolitische Stabilisierung in den palästinensischen Gebieten, sondern auch auf einen friedenspolitischen Neuanfang zunichte. Die internationale Reaktion auf den *Hamas*-Wahlsieg ließ nicht lange auf sich warten: Am 30. Januar 2006 beschloss das Nahost-Quartett den Boykott der neuen Regierung und knüpfte die Wiederaufnahme von Kontakten und finanziellen Zuwendungen an drei Bedingungen:

- Anerkennung des Existenzrechts Israels
- Bekenntnis zu den Prinzipien der Gewaltlosigkeit
- Anerkennung aller israelisch-palästinensischen Vereinbarungen.

In Palästina stieß dieser Boykott auf Unverständnis und Wut, weil man sich für ein demokratisch zustande gekommenes Wahlergebnis bestraft fühlte und unter den Konsequenzen des Finanzstopps nicht nur die *Hamas*-Regierung, sondern alle Palästinenser:innen litten. Bis heute ist sich das Quartett uneins über die Strategie gegenüber einer *Hamas*-Regierung. Soll man alles dransetzen, um die *Hamas*-Regierung möglichst weitgehend zu isolieren, oder soll man durch differenzierten Druck *Hamas* zur Veränderung ihrer politischen Positionen drängen?

Das Nahost-Quartett hatte sich mit den Finanzsanktionen in ein Dilemma manövriert: Kann man eine *Hamas*-Regierung, die man aus verständlichen Gründen nicht unterstützen will, boykottieren ohne der Bevölkerung Schaden zuzufügen? Im Sommer 2006 schließlich einigte man sich auf die Einrichtung eines Finanzmechanismus, der unter Umgehung der *Hamas*-Regierung Zahlungen an Bedürftige vor allem im Gesundheits- und Erziehungswesen ermöglichte, um einen völligen Zusammenbruch der palästinensischen Selbstverwaltungsbehörden und der Wirtschaft zu verhindern.

Der westliche Finanzboykott und die internationale Isolierungspolitik gegenüber der *Hamas*-Regierung führten zu einer dramatischen Verschlechterung der wirtschaftlichen und sozialen Situation in den palästinensischen Gebieten. Angesichts zunehmender bewaffneter Auseinandersetzungen zwischen *Hamas*- und *Fatah*-nahen Milizen vor allem im Gazastreifen und des sich zuspitzenden Machtkampfes zwischen der *Hamas*-Regierung und dem *Fatah*-Präsidenten bewegte sich Palästina im Winter 2006 immer mehr auf einen Bürgerkrieg zu. Monatelange Verhandlungen über die Bildung einer neuen, handlungsfähigen Regierung blieben ohne Erfolg.

Nachdem alle Vermittlungsversuche gescheitert waren und bewaffnete Kämpfe zwischen *Hamas*- und *Fatah*-Milizen im Gazastreifen immer mehr Opfer forderten, gelang am 8. Februar 2007 auf Intervention des saudi-arabischen Königshauses in Mekka erneut eine – wiederum vorläufige – Einigung („Mekka-Abkommen"), doch es sollten weitere wochenlange mühsame Verhandlungen nötig sein, bis Präsident Mahmud Abbas (*Fatah*) und Ministerpräsident Ismael Haniyeh (*Hamas*) am 13. März 2007 das Zustandekommen einer „Regierung der nationalen Einheit" verkünden konnten.

KRIEG IM GAZASTREIFEN UND IM LIBANON (2006)

Als „Rückzugsdividende" nach der Räumung des Gazastreifens hatte sich die israelische Gesellschaft unter anderem erhofft, nicht länger palästinensischen Angriffen aus dem Gazastreifen ausgesetzt zu sein. Das erwies sich jedoch als Fehlkalkulation, denn auch nach dem Abzug aus dem Gazastreifen gingen die Angriffe von *Hamas* und *Islamischem Dschihad* mit Qassam-Geschossen auf die israelische Stadt Sderot und die Kibbuzim im nördlichen Negev unvermindert weiter. Nach dem Wahlsieg von *Hamas* konnte diese zwar in einen Waffenstillstand gegenüber Israel eingebunden werden; der *Islamische Dschihad* setzte jedoch seine Qassam-Angriffe fort. Das israelische Militär beantwortete diese mit zum Teil massivem Artilleriebeschuss und intervenierte nach dem Überfall eines *Hamas*-Kommandos auf einen israelischen Militärposten Ende Juni erstmals nach dem Abzug wieder massiv in den Gazastreifen vor mit dem erklärten Ziel, einen entführten israelischen Soldaten zu befreien. Es gab Hunderte von Toten und Verletzten. Außerdem wurden Teile der Infrastruktur des Gazastreifens bombardiert – Straßen, Brücken, Versorgungsleitungen, auch ein Kraftwerk, das die Hälfte des Stroms für den Gazastreifen produziert. Bei den heißen Sommertemperaturen waren die Folgen für die Zivilbevölkerung katastrophal. Am 26. November 2006 kündigten beide Seiten einen Waffenstillstand an, aber bis zur Vereinbarung einer Waffenruhe am 19. Juni 2008 prägten ein fast ständiger Beschuss mit Qassam-Raketen die Situation im Süden Israels und wiederkehrende Militäraktionen Israels in den Gazastreifen die Lage dort.

Der folgenschwerste Zwischenfall des Jahres 2006 ereignete sich am 12. Juli an der israelisch-libanesischen Grenze. An dieser, seit dem israelischen Abzug aus dem Süd-Libanon 2000 relativ ruhigen Grenze griffen Mitglieder der libanesischen *Hisbollah* eine israelische Militärpatrouille auf israelischem Territorium an, töteten mehrere Soldaten und entführten zwei. Die israelische Regierung entschied, auf diesen Angriff sehr massiv zu reagieren: Sie startete Luftangriffe auf den Libanon mit dem Ziel, die verschleppten Soldaten zu befreien und die *Hisbollah* zu schwächen. Dafür wurden wichtige Teile der libanesischen Infrastruktur zerstört und Wohnviertel in Beirut, Dörfer und Städte bombardiert. Mehr als tausend Zivilisten kamen ums Leben, Hunderttausende flüchteten.

Hisbollah zeigte sich von den israelischen Militäraktionen unbeeindruckt und beschoss während der gesamten Dauer des 33 Tage währenden Krieges mit Raketen den Norden Israels. Mehrfach wurden auch Städte im Landesinneren wie die Großstadt Haifa getroffen. 43 Zivilisten wurden Opfer dieses Beschusses, Hunderttausende Israelis flohen aus dem Norden des Landes. Die Befreiung der zwei israelischen Soldaten gelang n cht. Ohne dass die Kriegsziele erreicht wurden, musste Israel schließlich einer Waffenstillstandsresolution des UN-Sicherheitsrates zustimmen, die am 14. August 2006 in Kraft trat. Die Präsenz und das Mandat der UN-Truppen zur Überwachung der Waffenstillstandsvereinbarung (UNIFIL) wurden verstärkt. Auch Deutschland beteiligt sich bis heute mit einem Flottenverband der Bundesmarine zur Unterbindung von Waffenlieferungen an die *Hisbollah* auf dem Seeweg erstmals an einem Militäreinsatz im Nahen Osten.

Der Libanon-Krieg von Sommer 2006 erschütterte die Regierung Israels und führte zu einem großen Vertrauensverlust gegenüber der politischen und militärischen Führung. Ihnen wurde vorgeworfen, Israel unvorbereitet in ein militärisches Abenteuer gestürzt zu haben. Weder konnte die bislang gültige israelische Militärstrategie, gemäß der militärische Auseinandersetzungen das eigene Staatsgebiet nicht in Mitleidenschaft ziehen sollten, realisiert, noch die verschleppten Soldaten befreit werden. Der israelischen Armee war es nicht gelungen, den wochenlangen Katjuscha-Beschuss aus dem Süd-Libanon zu unterbinden und die Zivilbevölkerung zu schützen. Der Verteidigungsminister und einige hohe Generäle mussten aufgrund des öffentlichen Drucks ihren Hut nehmen.

Politisch hatte der Krieg auch die Situation im Libanon verändert. *Hisbollah* feierte den Kriegsverlauf als großen Sieg: Kein arabisches Land hatte bislang der israelischen Übermacht so lang standhalten können. Aufgrund der veränderten Kräfteverhältnisse drohten sich im Frühsommer 2008 die innenpolitischen Spannungen im Libanon wieder in einem neuerlichen Bürgerkrieg zu entladen. Durch eine eilends im Juni 2008 einberufene Konferenz in Doha (Katar) konnte jedoch die Lage befriedet werden. Aufgrund des Doha-Abkommens, das zur erneuten Regierungsbeteiligung der *Hisbollah* – nunmehr mit Vetomacht – führte, gingen die islamistische Bewegung und die pro-syrischen Kräfte aus der Krise gestärkt hervor.

DIE SPALTUNG PALÄSTINAS (2007)

In den palästinensischen Gebieten waren die Hoffnungen, die in die nach dem Mekka-Abkommen vom Februar 2007 schließlich aus *Hamas*, *Fatah* und einigen kleineren politischen Gruppen gebildete Einheitsregierung gesetzt wurden, rasch zerstoben. Die bewaffneten Kämpfe zwischen *Hamas*- und *Fatah*-Milizen flammten wieder auf, da man sich auf eine wirksame Kontrolle der bewaffneten „Sicherheitskräfte" nicht hatte einigen können. Mitte Juni 2007 schließlich übernahm *Hamas* in einem blutigen Handstreich die Kontrolle im Gazastreifen. In nur wenigen Tagen überrannte sie die völlig überraschten und desorientierten *Fatah*-Milizen. *Hamas* hoffte mit diesem „Staatsstreich" ähnlichen Plänen der *Fatah* zuvor zu kommen, die in den Wochen zuvor mit Waffenlieferungen und mit militärischem Training unterstützt worden war. *Fatah* hatte den Wahlsieg der *Hamas* nie akzeptiert. Seitdem weigerten sich auch die „offiziellen", *Fatah*-nahen Sicherheitskräfte beharrlich, sich dem Befehl des *Hamas*-Innenministers zu unterstellen. Zudem erfüllten sich die Erwartungen der *Hamas* nicht, durch ihre politischen Zugeständnisse bei der Bildung der Einheitsregierung den internationalen Boykott beenden zu können. Israel und die westlichen Staaten hielten auch nach dem Mekka-Abkommen an ihrer Isolierungs- und Boykottstrategie fest.

Der palästinensische Präsident Abbas entließ nach der Machtübernahme der *Hamas* im Gazastreifen die Einheitsregierung unter Ministerpräsident Haniyeh (*Hamas*) und berief mit Salam Fayad einen auch international geschätzten neuen Regierungschef. Israel und die internationale Staatengemeinschaft nahmen die regelmäßigen Zahlungen an die Palästinensische Selbstverwaltungsbehörde wieder auf. Doch Palästina war jetzt nicht nur geografisch, sondern auch politisch gespalten: In der Westbank regierte die *Fatah*, den Gazastreifen kontrollierte die *Hamas*. Der Gazastreifen unterlag einem fast vollständigen israelischen Boykott und stand am Rand einer humanitären Krise. Nur überlebenswichtige Güter konnten die israelischen Grenzkontrollen in den Gazastreifen passieren. In dem größten Freiluftgefängnis der Welt lebten im Winter 2007/2008 mehr als 80% der Bevölkerung von ausländischen Lebensmittellieferungen. Die Wirtschaft lag völlig danieder, weil Importe und Exporte unmöglich waren: der Bauindustrie fehlte es an Baustoffen, den Bauern an Saatgut, den Krankenhäusern an Medikamenten. Auf dem durch die Tunnel aus Ägypten gespeisten Schwarzmarkt stiegen die Preise.

Die Situation in der Westbank dagegen hatte sich nach Wiederaufnahme der finanziellen Hilfen von westlichen Staaten und der Rückzahlung von einbehaltenen Steuergeldern durch Israel verbessert. Langsam versuchten die „Regierungen" in der Westbank und im Gazastreifen wieder Sicherheit und Ordnung für die Bevölkerung durchzusetzen, jedoch verschwanden in den Gefängnissen nicht nur kriminelle Banden, sondern jeweils auch viele der politischen Gegner. Mit militärischen Kommandoaktionen und Verhaftungswellen verbreitete die israelische Armee weiterhin Unsicherheit in beiden palästinensischen Gebieten.

„Blühende Landschaften" auf der Westbank und Chaos und soziale Katastrophe im Gazastreifen sollten die Palästinenser:innen veranlassen, von der *Hamas* abzulassen und der *Fatah* und ihrem Präsidenten zu folgen. Doch der Erfolg dieser israelischen und westlichen Strategie, der sich auch Präsident Abbas weitgehend anschloss, war und ist auch in Palästina heftig umstritten. Selbst wenn es gelänge, *Hamas* im Gazastreifen von der Macht zu vertreiben, erscheint zweifelhaft, ob man den politischen Islamismus in Palästina damit endgültig in die Knie gezwungen hat und ob es – zumindest mittelfristig – eine Alternative zu einer politischen Annäherung zwischen den Kontrahenten gibt. Schließlich ist nicht damit zu rechnen, dass eine politische Kraft, die bei den palästinensischen Parlamentswahlen im Januar 2006 mehr als 40% der Stimmen gewann, spurlos von der politischen Bühne verschwinden wird. Politische Kräfte in den palästinensischen Gebieten – auch innerhalb von *Fatah* – plädieren deshalb für eine Aussöhnung, gegen eine Isolation von *Hamas* und für eine Integration in den politischen Prozess. Zwar versuchten immer wieder Ägypten oder Katar im Bruderzwist zu vermitteln, doch zumeist endeten langwierige Verhandlungen nur mit folgenlosen Absichtserklärungen. Sowohl *Fatah* in der Westbank als auch *Hamas* im Gazastreifen waren offenbar mehr an der Konsolidierung ihrer Macht interessiert als an einer gemeinsamen Regierung. *Hamas* trieb im Gazastreifen – langsam aber stetig – die Islamisierung der „staatlichen" Institutionen voran. Menschenrechte wurden immer häufiger verletzt. Aber auch unter der vom Westen unterstützten Palästinensischen Autonomiebehörde unter Präsident Abbas und Ministerpräsident Fayad verfestigte sich ein autoritärer Führungsstil und demokratische Rechte wurden immer mehr eingeschränkt: Politische Gegner:innen – vor allem aus der *Hamas*-Bewegung – wurden verhaftet, Presse- und Meinungsfreiheit eingeschränkt, Demonstrationen gewaltsam aufgelöst.

Ministerpräsident Salam Fayad verkündete im August 2009 seinen Plan *Palestine 2011-Ending the Occupation, Establishing the State.* Innerhalb von zwei Jahren bis zum September 2011 plante er, die vorstaatlichen Strukturen Palästinas zu reformieren und die wirtschaftliche Situation zu stabilisieren, um damit die Voraussetzungen für die Errichtung eines palästinensischen Staates zu schaffen. Mit massiver finanzieller und technischer Hilfe aus dem Ausland wurden Verwaltung und Justiz reformiert, Polizei- und Sicherheitskräfte neu strukturiert, die Infrastruktur ausgebaut und wirtschaftliche Initiativen angekurbelt. Tatsächlich gelang es Fayad, die Verhältnisse etwas zu „normalisieren", Sicherheit und Ordnung wurden weitgehend wiederhergestellt, die darniederliegende Wirtschaft erholte sich langsam.

KRIEGE IM GAZASTREIFEN (2008/09, 2012, 2014)

Die Situation im Gazastreifen sollte sich ungünstiger entwickeln. Durch die israelische Blockade verschlechterten sich die Lebensverhältnisse immer mehr. Viele Waren – auch Waffen – gelangten auf die Schwarzmärkte im Gazastreifen nur durch Hunderte von Tunneln unter der palästinensisch-ägyptischen Grenze. Von dieser Tunnelwirtschaft profitierte nicht zuletzt die *Hamas*-"Regierung", die sich nicht nur durch Gelder aus dem Iran, sondern auch durch eine Tunnelsteuer finanzierte. Internationale Hilfsorganisationen, die den größten Teil der Bevölkerung mit Hilfsgütern notdürftig versorgen, sprachen von einer drohenden humanitären Katastrophe, doch Forderungen der UN nach einer Beendigung der Blockade bleiben ohne Reaktion. Immerhin kam es im Juni 2008 durch ägyptische Vermittlung zu einem halbjährigen Waffenstillstand zwischen *Hamas* und Israel. Der Beschuss Israels aus dem Gazastreifen wurde daraufhin fast völlig eingestellt und auch Israel verminderte über Monate militärische Aktionen auf Ziele in Gaza. Doch die israelische Blockade wurde weder beendet noch gelockert. Trotz einer erheblichen Beruhigung der Situation im Süden Israels kam es am 4. November zu massiven israelischen Bombenangriffen, bei denen sechs Palästinenser:innen getötet wurden. Auf eine Verlängerung des Waffenstillstands über Dezember 2008 hinaus konnten sich die Kontrahenten, die sich gegenseitig der Verletzung der vorangegangenen Vereinbarungen beschuldigten, nicht einigen: Israel verlangte die Einstellung des Beschusses, wollte jedoch die Blockade des Gazastreifens nicht beenden. Auch die Verhandlungen über einen Gefangenenaustausch führten nicht zu einem Ergebnis.

Mit dem nach Ende des Waffenstillstands wieder zunehmenden Raketenbeschuss aus dem Gazastreifen begründete die israelische Regierung ihre am 27. Dezember 2008 begonnene Militäraktion im Gazastreifen. Zunächst bombardierte die israelische Luftwaffe tagelang palästinensische Ziele, bevor dann Bodentruppen einmarschierten. Wie im Libanon-Krieg erfreute sich das israelische Vorgehen anfänglich internationaler Zustimmung, die jedoch bald angesichts der unverhältnismäßigen Gewaltanwendung wachsender Kritik wich. Alle internationalen Bemühungen um einen Waffenstillstand scheiterten. Erst Mitte Januar 2009 erklärten Israel und *Hamas* eine einseitige Waffenruhe, die zum Ende der Kampfhandlungen und schließlich auch zu einem israelischen Rückzug führten. Nach dem Krieg lagen große Teile der palästinensischen Städte in diesem schmalen Landstrich am Rande des Mittelmeers in Schutt und Asche, vor allem die Infrastruktur war erheblich beschädigt. Die palästinensischen Verluste beliefen sich auf ca. 1.400 Menschen, die israelischen auf 13. Beide Seiten beschuldigten sich gegenseitig schwerwiegender Menschenrechtsverletzungen während des Krieges. Schließlich wurde auf internationalen Druck von den UN eine Kommission unter Leitung des ehemaligen südafrikanischen Richters Richard Goldstone eingesetzt, die im September 2009 einen Sonderbericht vorlegte, der noch jahrelang für heftige Auseinandersetzungen sorgen sollte, weil beiden Kriegsparteien Kriegsverbrechen vorgeworfen wurden.

Nach dem Krieg verschlechterte sich die humanitäre Situation im Gazastreifen immer mehr. Die israelische Regierung ignorierte die Forderungen vieler internationaler Organisationen nach einer Öffnung der Grenzübergänge, um eine ausreichende Versorgung der Menschen und einen Wiederaufbau in den vom Krieg zerstörten Teilen des Gazastreifens zu ermöglichen.

Der Waffenstillstand nach dem Gaza-Krieg 2008/09 sollte nicht von Dauer sein. Im Sommer und Herbst des Jahres 2012 wurden wieder vermehrt Raketen aus dem Gazastreifen auf den Süden Israels geschossen und die tödlichen Zwischenfälle an der Grenze nahmen zu. Am 13. November 2012 begann die israelische Armee mit umfangreichen Luftangriffen auf Ziele im Gazastreifen – vor allem gegen die politischen Führungszirkel der *Hamas* und militärische Infrastruktur. Der fortdauernde Raketenbeschuss aus dem Gazastreifen konnte zwar zum ersten Mal weitgehend durch das neu entwickelte israelische Raketenabwehrsystem abgewehrt werden, doch zum ersten Mal seit dem zweiten Golfkrieg musste auch in Tel Aviv Luftalarm ausgelöst werden, da die palästinensischen Raketen über eine immer größere Reichweite verfügten. Trotz heftiger innenpolitischer Diskussionen entschied sich die israelische Regierung gegen eine weitreichende militärische Bodenoffensive. Vielfache internationale Initiativen führten am 22. November schließlich zu einem vom ägyptischen Präsidenten Mursi vermittelten Waffenstillstand.

Im Juli 2014 entfachten Gewaltaktionen radikaler Kräfte eine kriegerische Dynamik, der sich die Regierungen glaubten nicht entziehen zu können. Wieder dominierten militärisches Denken, innenpolitische Opportunität und machtpolitisches Kalkül über die Einsicht in friedenspolitische Notwendigkeiten. Nach der Intensivierung des wechselseitigen Beschusses begann die israelische Luftwaffe am 8. Juli Städte und Ortschaften im Gazastreifen zu bombardieren. Nach mehr als vier Wochen lagen ganze Stadtteile in Schutt und Asche. Die weitgehenden Zerstörungen der Infrastruktur führten zu unerträglichen Verhältnissen für die Bewohner:innen im Gazastreifen. Die seit den letzten Kriegen und aufgrund der Blockade ohnehin fragile Versorgung der Bevölkerung mit Energie und Wasser konnte nur noch stundenweise gewährleistet werden. Militärisch ähnelte der Gaza-Krieg 2014 den Gaza-Kriegen 2006, 2008/09 und 2012. Heftiges israelisches Bombardement des Gazastreifens, durch das in der Mehrzahl Zivilist:innen getroffen wurden. Heftiger Raketenbeschuss aus dem Gazastreifen auf israelische Städte vor allem im südlichen Landesteil, zunehmend aber auch auf das Zentrum und sogar den Norden Israels. Die palästinensischen Raketen konnten allerdings durch das israelische Abwehrsystem *Iron Dome* zumeist schon in der Luft zerstört werden. Eine neue Gefahr für Israel stellte ein weitverzweigtes Tunnelnetz der Widerstandsorganisationen in den Grenzregionen des Gazastreifens dar, durch die palästinensische Kommandos nach Israel eingeschleust werden konnten. Um die Raketenlager und -abschussvorrichtungen sowie die Tunnelsysteme zu zerstören, entschloss sich die israelische Regierung am 17. Juli 2014 zu einer militärischen Bodenoffensive. Doch auch nach Wochen gelang es Israel nicht, den Raketenbeschuss aus dem Gazastreifen vollends zu beenden.

In der israelischen Bevölkerung genoss der erneute Waffengang gegen *Hamas* breite Unterstützung. Fast 90 % befürworteten das Vorgehen der Regierung trotz internationaler Vorwürfe, das israelische Militär verletze das völkerrechtliche Prinzip der Verhältnismäßigkeit und begehe Kriegsverbrechen. Teilnehmer:innen an kleinen Protestaktionen gegen den Krieg wurden von rechtsradikalen Kräften bedroht und tätlich angegriffen. In der israelischen Regierung traten erhebliche Meinungsdifferenzen über das angemessene militärische Vorgehen zutage. Umstritten war insbesondere, ob die militärische Intervention zu einer dauerhaften Wiederbesetzung des Gazastreifens führen sollte. Unumstritten war auch die Forderung nach einer völligen Demilitarisierung des Gazastreifens.

Auch in der *Hamas*-Führung gab es offensichtlich einen Dissens über militärische Taktik und politische Strategie. Das wurde in unterschiedlichen Reaktionen auf internationale Waffenstillstandsvorschläge deutlich. Während die einen trotz der verheerenden Folgen des Krieges für die Zivilbevölkerung für eine Fortsetzung des bewaffneten Widerstandskampfes plädierten und sich dadurch wachsenden Rückhalt in der Bevölkerung erhofften, setzten andere angesichts der weitgehenden politischen Isolation der Hamas auf einen moderateren Kurs der innerpalästinensischen Versöhnung und internationalen Akzeptanz. Einig war man sich in der zentralen Forderung nach Beendigung der israelischen und ägyptischen Blockaden, um die humanitäre Krise im Gazastreifen zu überwinden, einen Wiederaufbau nach dem Krieg zu ermöglichen und die Lebensverhältnisse im Gazastreifen dauerhaft zu verbessern.

Natürlich besteht Streit auch bei diesem so genannten Dritten, aber eigentlich Vierten Gaza-Krieg – der Krieg im Jahr 2006 wird, da er im Schatten des Libanon-Krieges stattfand, meist nicht mitgezählt – über die Schuldfrage: Wer ist für die Eskalation verantwortlich? Das israelische Narrativ beginnt mit der Entführung und Ermordung von drei jugendlichen Sieclern in der Westbank und dem Raketenbeschuss aus dem Gazastreifen. Für beides wurde *Hamas* verantwortlich gemacht. Unter Berufung auf sein Selbstverteidigungsrecht bombardierte Israel Gaza, um die Infrastruktur der Hamas zu zerstören und den Raketenbeschuss, der inzwischen auch Tel Aviv und Jerusalem bedrohte, zu unterbinden. Aus palästinensischer Sicht dagegen wurde die Eskalation schon viel früher von Israel begonnen und vorangetrieben: z. B. mit Israels Bruch des Waffenstillstands von 2012 durch die gezielte Tötung eines vermeintlichen Terroristen im Dezember 2013; mit der Weigerung Israels, wie vereinbart weitere palästinensische Gefangene frei zu lassen; mit der Erschießung von zwei Jugendlichen bei Demonstrationen am Nakba-Tag. Hinzu kamen die Razzien und Festnahmen von fast 600 Palästinenser:innen, darunter die gesamte Führungsriege der *Hamas* in der Westbank, die Tötung von mindestens fünf Palästinenser:innen nach der Entführung der israelischen Jugendlichen und der besonders grausame Mord an einem palästinensischen Jugendlichen durch jüdische Extremisten.

Aber auch die erneute Ergebnislosigkeit der Friedensgespräche und die Bildung einer palästinensischen Einheitsregierung gehören zur Vorgeschichte dieses Krieges. Beide Entwicklungen hatten zunächst zur weiteren politischen Isolierung Israels geführt, da die rechts-nationalistische Koalition in Tel Aviv und ihre Siedlungspolitik für das Scheitern verantwortlich gemacht wurden. Der palästinensische Versöhnungsprozess wurde in den USA und Europa als hoffnungsvolle Entwicklung betrachtet, sodass Washington und Brüssel nach der Bildung einer palästinensischen Einheitsregierung Anfang Juni 2014 ihre Kooperationsbereitschaft signalisierten, während Israel mit Boykott reagierte. Aus israelischer Sicht drohte eine gemäßigte, in den Versöhnungsprozess und eine gemeinsame Regierung eingebundene *Hamas* an internationaler Reputation zu gewinnen, der palästinensischen Führung neue Legitimität zu verleihen und den internationalen Druck auf Israel zu verstärken. Die Entführung und Ermordung der drei israelischen Jugendlichen wurde von der Regierung Netanjahu deshalb instrumentalisiert, um *Hamas* politisch zu desavouieren und zu schwächen. Die israelischen Behörden, die von dem Tod der Entführten wussten, nutzten die Suche nach den Geiseln als Vorwand für eine wochenlange militärische Kampagne zur Zerschlagung der zivilen und politischen Infrastruktur der *Hamas* im Westjordanland. Auf Tote, Verletzte, Hunderte von Gefangenen und materielle Schäden reagierte *Hamas* mit zunehmendem Raketenbeschuss. Dies wiederum nahm die israelische Regierung zum Anlass, unter Berufung auf das nationale Selbstverteidigungsrecht militärische Schläge gegen den Gazastreifen zu führen. Auch diesmal erfreute sich die israelische Regierung zunächst breiter internationaler Unterstützung. Angesichts hoher Verluste unter der palästinensischen Zivilbevölkerung und der Bombardierung von Wohnvierteln wuchs allerdings die internationale Kritik wegen der Unverhältnismäßigkeit der Mittel in diesem asymmetrischen Konflikt. Zwar zog sich Anfang August 2014 ein großer Teil der israelischen Bodentruppen aus dem Gazastreifen zurück, weil die palästinensischen Tunnel weitgehend zerstört waren. Doch der Raketenbeschuss dauerte an. Versuche – vor allem Ägyptens und der USA – einen dauerhaften Waffenstillstand zu vermitteln, führten erst am 26. August zum Erfolg.

Im Vorfeld und Nachgang der Gaza-Kriege lassen sich gewisse wiederkehrende Muster erkennen. In einem tödlichen Wechselspiel nehmen vereinzelte militärische Zwischenfälle und Aktionen beider Seiten an Intensität und Häufigkeit zu. Aufgrund der Vergeltungslogik der Konfliktparteien glaubt die sich weiterhin als bewaffnete Widerstandsorganisation definierende *Hamas* repressive Maßnahmen des israelischen Besatzungsregimes – vor allem gegen eigene Mitglieder oder Führungszirkel – sowie Razzien, Verhaftungen und gezielte Tötungen nicht hinnehmen zu können und demonstriert ihre vermeintliche Handlungsfähigkeit mit Raketenbeschuss. Tut sie nichts, übernehmen andere Organisationen wie der *Islamische Dschihad* und so genannte „Widerstandskomitees" diese „Aufgabe". Der innenpolitische Handlungsdruck rührt auch aus der Tatsache, dass eine Regierung, die seit langen Jahren die katastrophalen Lebensverhältnisse im Gazastreifen aus welchen Gründen auch immer nicht zum Besseren wenden kann, an Rückhalt verliert. Sie erliegt dann der Versuchung, durch kriegerische Aktionen von den innenpolitischen Missständen wie Korruption und Misswirtschaft abzulenken, um nicht der Tatenlosigkeit bezichtigt zu werden.

Auch in Israel ist die Regierung nicht frei von vermeintlichen oder tatsächlichen innenpolitischen Zwängen. Natürlich kann eine Regierung nicht tatenlos zusehen, wenn ihre Bevölkerung mit Raketen beschossen wird und der innenpolitische Handlungsdruck steigt. Die Berufung auf das nationale Selbstverteidigungsrecht und die Politik der Vergeltung sind innenpolitisch mit weniger Risiken eines Machtverlustes verbunden als die Bereitschaft zu einer grundlegenden Änderung der Besatzungspolitik. Es scheint kein Zufall zu sein, dass sich militärische Eskalationen besonders in zeitlicher Nähe zu Wahlkämpfen und innenpolitischen Krisen ereignen. Jahrzehnte einer Besatzung, gewalttätige Auseinandersetzungen in den unterschiedlichsten Formen, wiederholte Kriege und Terroranschläge verändern nicht nur die sozialen Beziehungen in der besetzten Gesellschaft, sondern auch die der Besatzer:innen. Ängste werden politisch instrumentalisiert, die nationale Wahrnehmung des Konflikts auf illegitime Gewalt der Palästinenser:innen und legitime Gegengewalt Israels beschränkt, das nationale Narrativ auf einen scheinbar ewigen Kampf gegen Bedrohungen von außen und von innen reduziert. Kein Wunder, dass sich in allen Gaza-Kriegen die israelische Regierung auf die Unterstützung einer breiten Mehrheit verlassen konnte, auch wenn es immer wieder heftige politische Auseinandersetzungen über Kriegsanlässe und Kriegsführung sowie Proteste von Friedensgruppen gab.

Auch nach den Kriegen lassen sich stereotype Muster beobachten. Beide Seiten beanspruchen den Sieg für sich. Beide Seiten beschuldigen sich der Kriegsverbrechen. Beide Seiten streiten über die Opferzahlen. Tatsache ist, dass beide Seiten ihre Kriegsziele nur bedingt realisieren konnten: Ein Ende des Raketenbeschusses konnte durch die israelischen Luftangriffe und Bodenoffensiven bestenfalls temporär erreicht werden. Allerdings ist es durch die Weiterentwicklung des Raketenabwehrsystems und der Methoden zur Aufspürung der Tunnel gelungen, den Schutz Israels zu verbessern. Der militärischen und politischen Infrastruktur der *Hamas* wurde während der Waffengänge erheblicher Schaden zugefügt, doch *Hamas* hat es bislang immer verstanden, die Verluste in der einen oder anderen Weise auszugleichen. Durch die militärischen Schläge konnte Israel jedenfalls die *Hamas* weder politisch noch militärisch entscheidend schwächen. *Hamas* wiederum gelang es nicht, durch militärische Eskalation eine Aufhebung der israelischen Blockade zu erzwingen oder die Lebensverhältnisse im Gazastreifen zu verbessern. Eine Konsolidierung des politischen Rückhalts in der Bevölkerung blieb immer nur von begrenzter Dauer.

Die gegenseitigen Vorwürfe der Kriegsverbrechen sind regelmäßig Teil der politischen Kampagnen zur Legitimierung des eigenen und Delegitimierung des gegnerischen militärischen Vorgehens. Dazu gehört auch die internationale Debatte darüber, inwieweit der einen oder der anderen Seite Kriegsverbrechen zugeschrieben werden können. Die Vehemenz der diesbezüglichen Stellungnahmen steht im Allgemeinen in umgekehrt proportionaler Korrelation zur Kenntnis sowohl des Völkerrechts als auch der konkreten Umstände im Einzelfall. Traurige Tatsache ist wohl, dass beide Seiten – wie inzwischen viele Untersuchungen und Berichte internationaler Kommissionen und Nichtregierungsorganisationen zeigen – sich unterschiedlicher Verstöße gegen das humanitäre Kriegsrecht schuldig gemacht haben. Völkerrechtswidrig – und auch von einem Recht auf Widerstand gegen eine Besatzung nicht gedeckt – sind auf palästinensischer Seite vor allem der unterschiedslose Beschuss israelischen Territoriums und die Praktiken, Menschen als Schutzschilde für Gebäude und Einrichtungen zu missbrauchen. Gegen Kriegsvölkerrecht verstößt das israelische Militär mit der unterschiedslosen Bombardierung von Wohngebieten, zivilen Einrichtungen und lebenswichtiger Infrastruktur und der Unverhältnismäßigkeit gewisser militärischer Maßnahmen, die auch durch ein Selbstverteidigungsrecht nicht legitimiert werden können.

Die Opferzahlen der Kriege sind ein weiteres mediales Schlachtfeld postkriegerischer Auseinandersetzungen. Die Zahlen werden vielfach aus politischen Gründen von jeder Seite „hoch-" oder „runtergerechnet". Besonders umstritten sind immer die Zahlen für die zivilen Opfer auf palästinensischer Seite, weil der Status mancher Opfer als Kombattant:in oder Zivilist:in nicht eindeutig zu klären ist. Aufgrund der unterschiedlichsten Quellen kann wohl davon ausgegangen werden, dass etwa die Hälfte bis Zweidrittel der Opfer Zivilist:innen waren. Tatsache ist, dass sich die Zahlen der palästinensischen Opfer immer auf ein Vielfaches der israelischen Opfer belaufen.

RECHTSRUCK IN ISRAEL (2008–2018)

Der israelische Ministerpräsident Olmert geriet im 60. Jahr des Bestehens des Staates Israel aufgrund von Korruptionsvorwürfen immer stärker unter Druck und trat schließlich Mitte September 2008 zurück. Der Wahlkampf vor den Neuwahlen im Februar 2009 war wegen des Gaza-Krieges (Operation Gegossenes Blei) sehr kurz und wurde fast vollständig von Sicherheitsfragen dominiert. Die Wahlen im Februar 2009 markierten einen deutlichen Rechtsruck und bedeuteten für die israelische Linke eine dramatische Niederlage. Die zentristische *Kadima*-Partei ging zwar als stärkste Kraft aus den Wahlen hervor, doch es gelang ihr nicht, eine Regierung zu bilden. Benjamin Netanjahu von der nationalistischen *Likud*-Partei bildete schließlich eine breite Koalitionsregierung aus rechts-nationalistischen, chauvinistischen und ultraorthodoxen Parteien sowie Resten der *Arbeitspartei*.

Auch diese 2009 ins Amt gekommene israelische Regierung zerbrach vorzeitig. Zwar erschütterten im Sommer 2011 wochenlange große Demonstrationen gegen hohe Mieten, schlechte Arbeitsbedingungen und soziale Ungerechtigkeiten die politische Landschaft Israels. Doch deshalb sollte die Koalitionsregierung nicht scheitern. Weder die Analyse der sozialen Probleme Israels noch die politischen Forderungen wurden von der Protestbewegung mit der Besatzungspolitik verknüpft. Die Regierung ignorierte die sozialpolitischen Vorschläge einer eilends eingesetzten Kommission. Scheitern sollte die Regierung wegen Meinungsverschiedenheiten in der Frage der Wehrpflicht für ultraorthodoxe Juden.

Die Neuwahlen im Januar 2013 brachten eine ganze Reihe bemerkenswerter Neuerungen mit sich. Zum einen entstand im rechten politischen Lager eine neue parteipolitische Gemengelage. Der *Likud* von Benjamin Netanjahu und die Partei *Yisrael Beitenu* („Israel ist unsere Heimat") von Außenminister Lieberman traten bei den Wahlen auf einer gemeinsamen Liste an. Aus der Nationalreligiösen Partei und einigen anderen rechten Parteien bildete sich unter dem Namen *Habayit Hayehudi* („Jüdisches Heim") eine neue rechts-nationalistische Partei, die von dem ehemaligen High-Tech-Unternehmer Naftali Bennett angeführt wurde und im Wesentlichen die Interessen der Siedler vertrat. Zum anderen sortierte sich das politische Zentrum neu. Die von dem bekannten TV-Journalisten Yair Lapid gegründete Partei *Yesh Atid* („Es gibt eine Zukunft") schnitt stärker ab als erwartet. Die große Verliererin der Wahl war die von Ariel Scharon gegründete zentristische Partei *Kadima*. Sie stürzte von 28 auf 2 Mandate ab. Die *Arbeitspartei* und die linksliberale Partei *Meretz,* beide Verlierer der Wahlen von 2009, konnten sich unter neuer Führung erholen.

Netanjahu ging zwar geschwächt aus den Wahlen hervor, konnte aber eine Koalition vor allem mit den Parteien *Habayit Hayehudi und Yesh Atid* schmieden. Ein seltener Umstand in israelischen Regierungskoalitionen war die Abwesenheit der ultraorthodoxen religiösen Parteien. Sie bildeten zusammen mit der sozialdemokratischen *Arbeitspartei,* der links-liberalen *Meretz* und den drei kleinen mehrheitlich von palästinensischen Israelis gewählten Parteien die Opposition.

Die neue Regierungskoalition war vor allem hinsichtlich des israelisch-palästinensischen Konflikts durch kaum überbrückbare Gegensätze gekennzeichnet. Tatsächlich hielt sie nicht einmal zwei Jahre. Aktueller „Scheidungsgrund" waren jedoch nicht ein neuerlicher Krieg im Gazastreifen (Operation Protective Edge, Juli 2014) oder unterschiedliche friedenspolitische Vorstellungen. Wegen Meinungsverschiedenheiten zum Haushalt und zu zwei Gesetzentwürfen entließ Ministerpräsident Netanjahu im Dezember 2014 mehrere Minister und kündigte Neuwahlen an.

Auch vor diesen Wahlen sollte sich die israelische Parteienlandschaft etwas neu sortieren. Spaltungen und Wahlbündnisse verschiedener Parteien oder politischer Gruppen sind in der israelischen Politik nichts Außergewöhnliches. Trennungen oder Listenverbindungen erfolgen zumeist weniger aus ideologischen oder politischen Gründen, sondern werden von der Hoffnung auf bessere Wahlaussichten befeuert. So gerät besonders vor Wahlen die ohnehin vielgestaltige israelische Parteienlandschaft in Bewegung – vor allem auch dann, wenn wie bei den Wahlen 2015 die Sperrklausel für den Einzug in die Knesset von 2 % auf 3,25 % angehoben wurde. Gerade kleinere Parteien suchen nach Partnern, um wenigstens gemeinsam die Wahlhürde zu überwinden. Derartige Bewegungen kann man grundsätzlich immer wieder in den traditionellen vier großen politischen Lagern beobachten, auch wenn die Grenzen zwischen diesen Lagern immer wieder verschwimmen:

1. dem sozialdemokratischen/linken Lager mit der *Arbeitspartei* und *Meretz* als Kern,
2. dem bürgerlich rechten bis nationalistischen Lager, traditionell angeführt von dem *Likud*
3. dem religiösen Block, dem sich Parteien ultraorthodoxer bis nationalreligiöser Provenienz zuordnen lassen und schließlich
4. dem Lager der so genannten arabischen Parteien, die ihre Wähler:innen vor allem unter der palästinensischen Bevölkerung Israels rekrutieren.

Von besonderer Bedeutung für die Regierungsbildung waren in den letzten Jahren immer wieder so genannte Keilparteien, oft kurzlebige, bürgerliche zentristische, rechts- oder linksliberale Parteigründungen, meist von prominenten Persönlichkeiten geprägt, die sich als Alternative zu den bekannten politischen Formationen präsentieren und sich wie ein Keil zwischen die traditionellen Lager schieben.

Im Vorfeld der Wahlen 2015 nun schloss sich im linken Lager die *Arbeitspartei* mit einer kleinen Partei zu einer Listenverbindung mit dem neuen Namen *Zionistische Union* zusammen. Dagegen wurde die rechte Listenverbindung zwischen dem *Likud* und Liebermans Partei *Yisrael Beitenu* der vorangegangenen Wahlen wieder aufgelöst. Auch der ehemalige Kommunikations- und Wohlfahrtsminister Mosche Kachlon, der im Streit mit Benjamin Netanjahu den *Likud* verlassen hatte, gründete eine neue, sozial-konservativ orientierte Partei *Kulanu* („Wir Alle"). Aufgrund der Anhebung der Sperrklausel sahen sich die vier Parteien, die mehrheitlich von palästinensischen Staatsbürgern Israels gewählt wurden, gezwungen, eine Listenverbindung einzugehen und traten gemeinsam als *Joint List* („Vereinigte Liste") an, die nun ein breites politisches Spektrum aus islamischen, palästinensisch-nationalistischen und kommunistischen Kräften repräsentierte.

Trotz der Abspaltungen vom *Likud* gelang es Netanjahu erneut, die Wahlen im März 2015 zu gewinnen und auf Kosten anderer rechtsnationalistischer Parteien sogar stärker zu werden. So bildete der *Likud* zusammen mit der Partei *Kulanu*, den beiden ultraorthodoxen Parteien *Schas* und *Vereinigtes Thora-Judentum* sowie mit der Partei *Habayit Hajehudi* eine nationalreligiöse Koalition. Später trat die Partei *Yisrael Beitenu* von Avigdor Lieberman, der Verteidigungsminister wurde, in die Koalition ein. Damit konnte die Koalition ihre knappe Mehrheit von 61 auf 67 Sitze auszubauen und bildete die am weitesten rechts stehende Regierung der israelischen Geschichte.

Diese Konstellation führte nicht nur zu einem völligen Stillstand des nur noch rhetorisch beschworenen Friedensprozesses, da sich die Mehrheit des israelischen Kabinetts mehr oder weniger deutlich gegen einen palästinensischen Staat aussprach, sondern hinterließ auch innenpolitisch deutliche Spuren. Seit den Wahlen von 2009 wurden im israelischen Parlament eine Reihe von Gesetzentwürfen eingebracht, die zum Ziel hatten, den Handlungsspielraum von regierungskritischen Organisationen, Medien und Institutionen einzuschränken. Schon 2011 wurde z. B. das so genannte Boykott-Gesetz beschlossen, das Israelis bei Strafe verbietet, zu einem Boykott israelischer Produkte – einschließlich der Produkte, aus israelischen Siedlungen – aufzurufen. Ebenfalls 2011 wurde das so genannte *Nakba*-Gesetz verabschiedet, das es dem Finanzminister ermöglicht, staatliche Zuschüsse an Institutionen zu kürzen, die entweder Israel nicht als jüdischen und demokratischen Staat anerkennen oder den israelischen Unabhängigkeitstag als Tag der Trauer bezeichnen. Das zielt insbesondere auf die palästinensische Bevölkerung, in deren kollektivem Gedächtnis angesichts von Flucht und Vertreibung der in Israel gefeierte Unabhängigkeitstag als Tag der *Nakba*, als Tag der Katastrophe verankert ist. Nach jahrelangen gesellschaftlichen Debatten fand 2016 schließlich das so genannte NGO-Gesetz eine parlamentarische Mehrheit. Danach müssen Nichtregierungsorganisationen, die mehr als die Hälfte ihres Budgets von ausländischen staatlichen Stellen erhalten, dies in allen Publikationen und öffentlichen Auftritten kenntlich machen. Da alle Nichtregierungsorganisationen auch bislang bereits ihre finanziellen Quellen öffentlich zugänglich darlegen mussten, geht es hier entgegen den Behauptungen der Regierung nicht um Transparenz, sondern um die Delegitimierung besatzungskritischer und menschenrechtlicher Organisationen, zumal die millionenschweren Zuwendungen ausländischer Spender und Organisationen für die Siedlerbewegung nicht thematisiert werden. Seit 2017 kann aufgrund eines neuen Einreisegesetzes jedem Ausländer, der zum Boykott Israels aufgerufen hat bzw. einer Organisation angehört, die dies tat, die Einreise nach Israel verweigert werden. Der Begriff Israel schließt alle „Gebiete unter seiner Kontrolle" ein, also auch die Siedlungen.

Auch die 2015 ins Amt gekommene Regierung hielt keine ganze Legislaturperiode. Infolge einer misslungenen Geheimdienstoperation im Gazastreifen kam es im November 2018 zu mehrtägigen Feuergefechten. Diese endeten mit einem Waffenstillstand, der jedoch von Verteidigungsminister Lieberman abgelehnt wurde, weil er für eine Ausweitung der Militäraktionen gegen den Gazastreifen plädierte. Er trat daraufhin zurück und verließ mit seiner Partei die Regierungskoalition. Damit verlor die Regierung ihre Mehrheit. Im Dezember 2018 wurden das Parlament aufgelöst und für April 2019 Neuwahlen angesetzt.

PALÄSTINA IN DEN UN (2011 – 2021)

Nach dem Scheitern der Versuche des amerikanischen Präsidenten George W. Bush, auf der Konferenz von Annapolis (2007) die israelisch-palästinensischen Friedensgespräche wieder zu beleben, und der Enttäuschung über die vergeblichen Bemühungen des Präsidenten Barack Obama, durch seinen weltweit anerkannten Vermittler George Mitchell eine neue Verhandlungsdynamik in Gang zu setzen (2009–2011) war die auf bilaterale Verhandlungen und eine amerikanische Vermittlerrolle setzende Strategie in eine Sackgasse geraten. Der palästinensischen Führung erschien eine strategische Neuausrichtung erforderlich, denn nach fast zwanzig Jahren eines weitgehend ergebnislosen Friedensprozesses waren die Palästinenser:innen einem eigenständigen Staat kaum näher gekommen. Man setzte in Ramallah nun auf eine Internationalisierung des Konflikts durch den Antrag auf Aufnahme des Staates Palästina in die Vereinten Nationen, der am 23. September 2011 eingebracht wurde.

Präsident Abbas betonte immer wieder, der UN-Antrag bedeute keine grundsätzlich neue oder andere Strategie. Vielmehr stelle der Gang zur UN nur die zweite Wahl dar und keinesfalls eine Alternative zu Verhandlungen. Der Aufnahmeantrag wurde von palästinensischer Seite vor allem damit begründet, dass eine Aufnahme als Staat quasi die angestrebte Zwei-Staaten-Regelung kodifizieren würde. Würde Palästina nämlich als Staat anerkannt, würde die Widerrechtlichkeit der israelischen Besatzung offenbar. Es könne dann nicht mehr die Rede sein von „verwalteten", „herrenlosen" oder „umstrittenen" Gebieten. Eine Beendigung dieses völkerrechtswidrigen Status würde damit praktisch zu einem völkerrechtlichen Imperativ. Die Aufnah-

me in die UN versehe quasi die politische Reife der Palästinenser
und die Legitimität des palästinensischen Anspruchs auf einen eigenen Staat mit einem völkerrechtlichen Stempel und würde damit die
Verhandlungsposition der palästinensischen Führung verbessern.

Doch bislang ist dem Antrag kein Erfolg beschieden, da die erfor-
derliche Mehrheit im Sicherheitsrat nicht erreicht werden konnte, zumal die USA ohnehin ihr Veto gegen eine positive Entscheidung angekündigt haben. So wählte Präsident Abbas in der UN die lange diskutierte „zweitbeste Option": Aufnahme des Staates Palästina als
„Beobachterstaat" in die UN durch Beschluss der Generalversammlung – ein dem Vatikan vergleichbarer Status mit weitreichenden
Rechten, der keine Zustimmung des Sicherheitsrates voraussetzt. Am
symbolträchtigen 29. November 2012 – dem Jahrestag des Teilungs-
beschlusses von 1947 – stimmte die Mehrheit der UN-Generalver-
sammlung mit 138 Stimmen dafür bei 41 Enthaltungen (darunter
Deutschland) und neun Gegenstimmen (Israel und die USA, ferner
Kanada, Tschechien, Panama, die Marschall Inseln, Mikronesien, Nau-
ru und Palau). Israel kündigte am nächsten Tag als „Strafmaßnahme"
den Bau von Tausenden von Wohnungen in den besetzten Gebieten
und die Zurückhaltung von Steuereinnahmen an, die an die Palästinensische Autonomieverwaltung weitergeleitet werden müssten.

Mehr Erfolg war dem palästinensischen Antrag auf Aufnahme in
die UNESCO (United Nations Educational, Scientific and Cultural Or-
ganization) beschieden: Im Oktober 2011 stimmten die UNESCO-Mit-
glieder mit großer Mehrheit - bei 14 Gegenstimmen, darunter Deutschland - für die Aufnahme Palästinas. Erst 2017 folgte Israel einer Entscheidung des amerikanischen Präsidenten Donald Trump und trat
mit Wirkung zum Jahresende 2018 aus. Motiv für den Austritt war weniger die Mitgliedschaft Palästinas in der UNESCO als eine ganze
Reihe von anti-israelischen Entscheidungen, durch die die historischen und religiösen Verbindungen des Judentums und Israels zu
Heiligen Stätten mehr oder weniger geleugnet wurden.

Wegen des zunehmenden internationalen Drucks betrieb die palästinensische Führung diese Anerkennungsstrategie in internationalen Organisationen zunächst nicht weiter. Erst im April 2014, als sich
das Scheitern neuerlicher amerikanischer Vermittlungsversuche ab-

zeichnete, verkündete die Autonomieregierung in Ramallah die Absicht, die Internationalisierungsstrategie wieder aufzunehmen, trat 15 internationalen Abkommen bei und verstärkte damit die internationale Anerkennung des Staates Palästina. Politisch besonders brisant war der Beitritt Palästinas zum Internationalen Strafgerichtshof (IGStH) in Den Haag und der Antrag, die israelischen Militäraktionen im Gaza-Krieg 2014 zu untersuchen. Vom Gericht geprüft werden könnte jedoch nicht nur das Verhalten Israels, sondern auch der *Hamas*. Zudem will die Autonomiebehörde den israelischen Siedlungsbau in Ost-Jerusalem und im Westjordanland einer völkerrechtlichen Beurteilung durch den IGStH unterziehen. Da Israel dem IGStH nicht beigetreten ist, erkennt es dessen Zuständigkeit nicht an. Trotz der Anerkennung als Beobachter-"Staat" in der UN ist die Staatlichkeit Palästinas und damit die grundsätzliche Zuständigkeit des IGStH in diesem Konflikt seit Jahren umstritten. Die israelische Haltung wird dabei in einer Stellungnahme an das Gericht von der Bundesregierung ausdrücklich unterstützt, doch weder die israelische noch die deutsche Regierung konnte den IGStH mit ihrer völkerrechtlichen Argumentation überzeugen. Im Februar 2021 erklärte der IGStH seine Zuständigkeit, sodass die Chefanklägerin des Internationalen Strafgerichtshofes die angekündigten Ermittlungen gegen „Mitglieder der israelischen Armee, israelische Behörden, *Hamas* und palästinensische bewaffnete Gruppen" aufnehmen konnte. Von palästinensischer Seite wurde diese Entscheidung begrüßt, während der israelische Ministerpräsident Netanjahu dem Gericht „Antisemitismus" vorwarf. Für den Beschluss in dieser Vorabentscheidung zur Frage der Zuständigkeit benötigte der IGStH fast sieben Jahre, sodass bis zu einer Entscheidung über die Frage möglicher Kriegsverbrechen sicherlich weitere Jahre vergehen werden.

Die palästinensischen Erfolge in internationalen Gremien und Institutionen stoßen in Ramallah immer auf Jubel, doch sie haben zumeist nur symbolischen Charakter, verbessern nicht den Besatzungsalltag in der Westbank oder dem Gazastreifen und haben Palästina der Unabhängigkeit nicht nähergebracht.

ARABISCHE AUFSTÄNDE
(2011 – 2022)

Die periodisch immer wieder aufgenommenen, aber regelmäßig folgenlosen Verhandlungen zur Überwindung der Spaltung zwischen *Fatah* und *Hamas* weisen unverkennbar gewisse Parallelen zum Friedensprozess auf: Auch hier scheint angesichts großer Erwartungen der Bevölkerung die Aufrechterhaltung des Scheins wichtiger zu sein als Fortschritte in der Substanz. Doch auch palästinensische Innenpolitik wird von äußeren Ereignissen und Entwicklungen geprägt und beeinflusst. Gewiss sind die politischen Widersprüche zwischen *Hamas* und *Fatah* im Hinblick auf Israel und die zukünftige Gestaltung einer palästinensischen Gesellschaft groß, doch seit Beginn der arabischen Aufstände in verschiedenen arabischen Staaten seit Anfang 2011 haben die Veränderungen in der Region eine neue Unübersichtlichkeit geschaffen und die Kräftekonstellationen und -koalitionen immer wieder durcheinandergewirbelt. Angesichts dieser instabilen Situation und der weithin unvorhersehbaren weiteren Entwicklungen betrachten die palästinensischen Rivalen *Hamas* und *Fatah* ihren Machterhalt und das Abwarten als derzeit wichtigste politische Handlungsoption, denn schon morgen könnten sich die regionalen Kräftekonstellationen und damit die Ausgangsbedingungen für eine nationale Aussöhnung wieder wenden.

Der Anfang 2011 in Tunesien begonnene und sich rasch auf andere arabische Staaten ausbreitende Aufstand hat die politische Gemengelage im Nahen Osten zunächst völlig verändert. Die Rebellion hatte nicht nur die autoritär bis diktatorisch regierende Regime in Tunesien, Ägypten, Libyen und Jemen hinweggefegt, sondern in einigen Fällen zu Kriegen geführt, die Kräftekonstellationen verändert und insgesamt eine andauernde regionale Instabilität geschaffen, die auch nicht unmittelbar beteiligte externe Akteure in ihrem politischen Handeln beeinflusst. Doch konnten nach Beginn der Umbrüche in keinem arabischen Land nachhaltige demokratische Transformationsprozesse eingeleitet werden. Selbst in Tunesien geriet 2021 das neu geschaffene demokratisierte System in eine schwere konstitutionelle und politische Krise, die schließlich im Sommer 2022 zur Abschaffung aller nach 2011 erkämpften demokratischen Errungenschaften führte. Islamische bis islamistische Kräfte übernahmen in einigen Staaten die Macht, verloren sie aber auch schnell wieder wie in Ägypten. Die Opposition ist in vielen Staaten in konkurrierende oder sogar verfeindete Gruppe gespalten. Der so genannte Islamische Staat (IS) beherrschte zeitweilig vor allem in Syrien und dem Irak große Territorien. Obwohl viele dieser Gebiete von einer internationalen Koalition militärisch wieder zurückerobert werden konnten, stehen einer Stabilisierung zahlreiche innere und äußere Faktoren entgegen. Russland und die USA, aber vor allem auch regionale Mächte wie die Türkei, Saudi-Arabien, die Vereinigten Arabischen Emirate (VAE), der Iran und Katar sowie nicht-staatliche Akteure wie die libanesische *Hisbollah* mischen kräftig mit und unterstützen mit Geld und/oder Waffen ihre Verbündeten. Religiöse, soziale und ethnische Unterschiede werden von unterschiedlichen Seiten politisch instrumentalisiert, um die Auseinandersetzungen anzuheizen. Die jeweiligen innenpolitischen Auseinandersetzungen und Bürgerkriege sind zu Schauplätzen welt- und regionalpolitischer Rivalitäten geworden. So „rettete" Russland durch militärische Intervention das diktatorische Regime Baschar al-Assads vor dem Sturz, konnte damit seine geopolitischen Interessen im Nahen Osten wahren und Einfluss zurückgewinnen. Die Türkei verfolgt mit militärischem Engagement im syrischen und libyschen Bürgerkrieg ihre eigenen nationalen Interessen. Und fast alle Konflikte werden mehr oder weniger deutlich von der iranisch-saudischen Rivalität um regionale Vormachtstellung geprägt. Besonders deutlich wurde das im Jemen, wo vor allem Saudi-Arabien und die Vereinigten Arabischen Emirate (VAE) gegen die vom Iran unterstützten Huthi-Rebellen militärisch intervenierten mit katastrophalen Folgen für die Zivilbevölkerung. So wurden viele der Akteure in dem nah- und mittelöstlichen Neuordnungsprozess zu Stellvertretern externer Mächte, die um regionale Einflusssphären kämpfen. Es ist nicht zuletzt diese komplexe Gemengelage vielfältiger rivalisierender Interessen, die einige arabische Staaten zu *Failed States* gemacht und eine Befriedung der Region bisher verhindert hat.

Israel blieb von den Folgen der Umbrüche in den arabischen Nachbarstaaten weitgehend unberührt.

• Allerdings hat die durch den syrischen Bürgerkrieg entstandene instabile Lage in dem Nachbarland dazu geführt, dass sich die militärische Konfrontation zwischen Israel und dem Iran auf syrischem Boden intensiviert hat. Der Iran versucht immer wieder, in Syrien militärische Kapazitäten aufzubauen. Israel hat in den vergangenen Jahren hunderte von Angriffen gegen militärische Einrichtungen des Iran in Syrien geflogen. Es häufen sich die Fälle, in denen Drohnen aus Syrien gegen Israel geschickt wurden. Nach elf Jahren Bürgerkrieg konnte Baschar al-Assad sein politisches Überleben mit russischer Hilfe sichern, auch wenn seine Armee noch nicht alle Landesteile wieder kontrolliert. Doch große Teile des Landes liegen in Schutt und Asche. Angesichts Hunderttausender Toter und Millionen von Binnenflüchtlingen, angesichts der internationalen Isolation des Landes und der politischen Verheerungen dieses mit rücksichtsloser Konsequenz geführten Bürgerkriegs sind Perspektiven für Frieden und Wiederaufbau kaum sichtbar. Auch eine wichtige Rolle Syriens in einem zukünftigen nahöstlichen Friedensprozess kann sich derzeit niemand vorstellen.

• Im Libanon gärt es seit Jahren bedrohlich, doch immer wieder ausbrechende Kämpfe zwischen pro- und antisyrischen Kräften sind nicht in einen erneuten Bürgerkrieg eskaliert. Die *Hisbollah* ist auf der Seite des Assad-Regimes in die innersyrischen Kämpfe verwickelt, sodass Israel – zumindest zeitweise – aus dem Fokus der religiös-fundamentalistischen Milizen geriet. Durch die verheerende Explosion im Hafen von Beirut im August 2020 flog nicht nur ein riesiges Ammoniumnitrat-Lager in die Luft, sondern es kollabierte auch das fragile konfessionell-politische System des Libanon. Selbst durch jahrzehntelang gepflegte Kollaboration und Korruption sind die politischen, wirtschaftlichen und konfessionellen

Eliten des Landes nicht mehr in der Lage, auch nur die Fassade, geschweige denn die Strukturen eines funktionierenden Staates aufrecht zu erhalten. Der ökonomische Niedergang scheint unaufhaltsam. Angesichts politischer und wirtschaftlicher Perspektivlosigkeit verlässt das Land wer kann. Auch wenn die Parlamentswahlen im Mai 2022 zu gewissen Mandatsverlusten für die korrumpierten Machteliten führten, wagt niemand, einen grundlegenden politischen Wandel oder gar eine gesellschaftliche Demokratisierung zu prophezeien. Aus israelischer Sicht bildet weniger die libanesische Armee als weiterhin *Hisbollah* aufgrund der iranischen Unterstützung und eines vermuteten großen Raketenvorrats ein ständiges Bedrohungspotenzial.

- Die neuerliche Machtübernahme des ägyptischen Militärs im Juli 2013 nach dem Sturz der islamistischen Regierung Mursi wurde in Israel mit großer Erleichterung aufgenommen, zumal sich das Militär recht schnell dazu entschloss, die Schmugglerwirtschaft durch die Tunnel in den Gazastreifen zu beenden. Auch versuchte die neue Regierung, durch hartes Durchgreifen gegen terroristische Gruppen – allerdings bis heute wenig erfolgreich – die fast anarchischen Verhältnisse im Norden des Sinai wieder unter Kontrolle zu bringen. Der ägyptische Präsident al-Sisi hat in den letzten Jahren die autokratischen Regimestrukturen der Mubarak-Ära restauriert, die Herrschaft des Militärs gesichert und die Beziehungen zu Israel weitgehend normalisiert. Die islamistische und säkulare Opposition wurde durch Hinrichtungen oder Verhaftungen ausgeschaltet. Tägliche Menschenrechtsverletzungen übertreffen nach den Berichten internationaler Menschenrechtsorganisationen das in der Mubarak-Ära erreichte Maß.

- Das haschemitische Königreich Jordanien stellt in der unruhigen Region einen gewissen Hort der Stabilität dar, allerdings vor allem durch westliche Unterstützung von außen. Auch hier regen sich immer mal wieder islamistische oder demokratische Kräfte mit Protest und Demonstrationen, sodass sich das autoritär regierende Königshaus zu repressiven Maßnahmen veranlasst sieht. Auch befindet sich das ressourcenarme Land angesichts von Millionen Flüchtlingen aus dem Irak, Syrien und Libanon in einer permanenten Wirtschaftskrise. Zudem drohte Jordanien im Zusammenhang mit den vielfältigen Kriegen und Krisen in der arabischen Welt oft zwischen alle Stühle oder im Windschatten des Trump'schen „Deal" des Jahrhunderts ins nahostpolitische Abseits zu geraten. Doch dem König gelang es bisher immer wieder, aktuelle Gefährdungen seiner Monarchie abzuwehren und nicht zuletzt dank seines taktischen Geschicks und westlicher Unterstützung eine gewisse Unabhängigkeit zu bewahren.

So blieb es in den letzten Jahren an Israels Grenzen zu den Nachbarn relativ ruhig. Lediglich an der syrischen Grenze kam es zu militärischen Zwischenfällen. So mag sich kurzfristig für Israel die militärische Bedrohung vermindert haben, doch langfristig könnte das Vordringen islamistischer, salafistischer und dschihadistischer Kräfte neue Risiken hervorrufen.

Die andauernden Bürgerkriege und Kämpfe, wie auch die dadurch verursachten Fluchtbewegungen haben dazu geführt, dass der Fokus der internationalen Politik nicht mehr vorrangig auf dem israelisch-palästinensischen Konflikt liegt, sondern verstärkt auf den innerarabischen Konflikten und den daraus resultierenden welt- und regionalpolitischen Risiken. Die Bemühungen um eine Befriedung konzentrieren sich auf Syrien und den Irak, auf Libyen und den Jemen. Die Folgen der NATO-Niederlage und der Regierungsübernahme der Taliban in Afghanistan im Sommer 2021 auf die innerarabischen Kräftekonstellationen sind derzeit nicht absehbar. Deutlich geworden ist in den letzten Jahren ein rapider Einflussverlust der USA. Die EU hat weitgehend auf eine geopolitische Rolle von Gewicht im Nahen Osten verzichtet und betrachtet die Entwicklungen in der Region im Wesentlichen unter flüchtlingspolitischen Aspekten als „Bedrohung ihrer Außengrenzen". Angesichts der herrschenden Instabilität in der arabischen Welt erscheint vielen eine friedliche Regelung des israelisch-palästinensischen Konflikts – zumindest derzeit – nicht realisierbar.

Der Konflikt wird vielmehr als vernachlässigbarer Faktor in den Bemühungen um bessere Beziehungen zwischen Israel und den arabischen Staaten gesehen. Die eigentlichen Gefahren für die Region – so die Annahme – gehen nicht von dem ungelösten israelisch-palästinensischen Konflikt aus, sondern von der aggressiven Politik des schiitischen Iran. Diese geopolitische Einschätzung hat nicht zuletzt zu den *Abraham Accords* und den so genannten Normalisierungsabkommen zwischen Israel und vier arabischen Staaten geführt (VAE, Bahrein, Marokko, Sudan). Durch die Normalisierung der Beziehungen mit Israel haben die vier arabischen Staaten nicht nur den Besatzungszustand normalisiert, sondern sich auch von der Arabischen Friedensinitiative (2002) verabschiedet, die ein Ende der Besatzung als Voraussetzung für eine Normalisierung der Beziehungen mit Israel bezeichnete. Zwar haben bislang nur vier arabische Staaten derartige Abkommen unterzeichnet, doch das Wohlwollen, mit dem andere Mitgliedstaaten der Arabischen Liga diese Entwicklungen betrachten, ist unübersehbar. Die Beziehungen zwischen der Arabischen Liga und Palästina sind deshalb in eine schwere Krise geraten, denn die Palästinenser:innen fühlen sich verraten. Politische Beobachter gehen davon aus, dass einige arabische Staaten dem Vorbild von VAE und Bahrein nur nicht folgten, weil sie erhebliche Proteste in ihrer Bevölkerung befürchteten.

Auch wenn das (rhetorische) Engagement der arabischen Länder schon in früheren Jahren oftmals vorwiegend innenpolitischen Zwecken diente, so haben diese Staaten das Interesse an einer Durchsetzung des palästinensischen Selbstbestimmungsrechts in den letzten Jahren noch mehr verloren. Die Auseinandersetzungen mit den Hegemoniebestrebungen und der offensiven Politik des Iran, der internationale „Kampf gegen den Terror" seit 2001 und die arabischen Aufstände seit 2011 haben langsam aber sicher die Konfliktlinien im Nahen und Mittleren Osten verschoben.

DER PALÄSTINENSISCHE VERSÖHNUNGSPROZESS (2011 – 2021)

Die Aufstände, Krisen und Kriege, die seit Anfang 2011 die arabische Welt erschüttern, haben die palästinensischen Gebiete weitgehend, aber nicht gänzlich unberührt gelassen. Erste zaghafte Protestversuche wurden in Ramallah und Gaza teilweise gewaltsam unterdrückt. Seit der politischen Spaltung Palästinas 2007 hat sich die Repression in beiden Landesteilen erheblich verschärft. Im März 2011 forderten große Demonstrationen in palästinensischen Städten *Fatah* und *Hamas* auf, endlich einen ernsthaften Versöhnungsprozess einzuleiten. Der Druck führte nach langen Verhandlungen zu einem erneuten Abkommen zwischen *Hamas* und *Fatah*, das jedoch ohne reale Folgen bleiben sollte. Die Wiederherstellung der nationalen Einheit steht für die große Mehrheit der Palästinenser:innen zwar ganz oben auf der politischen Tagesordnung, doch weitere Vereinbarungen zwischen *Hamas* und *Fatah,* die im Februar 2012 in Doha (Katar), im Mai 2013 in Kairo, im April 2014 in Gaza, im September 2014, Oktober 2017 und September 2020 in Kairo abgeschlossen wurden, wurden nicht umgesetzt. So traut nach Meinungsumfragen nur noch eine Minderheit den politischen Akteuren eine Versöhnung zu.

Die wechselvollen Entwicklungen der arabischen Aufstände in den Nachbarländern haben aber die innen- und bündnispolitischen Kalküle der palästinensischen Akteure verändert und zu immer wieder wechselnden Allianzen geführt. So verlor mit dem Sturz des ägyptischen Präsidenten Mubarak 2011 *Fatah* eine einflussreiche Stütze in der arabischen Welt. *Hamas* fand mit dem aus der Muslimbruderschaft stammenden Präsidenten Mohammed Mursi in Kairo einen neuen Bündnispartner. Doch bald sollte sich das Blatt wieder wenden. Die mit dem Putsch des ägyptischen Militärs im Juli 2013 an die Macht gekommene neue ägyptische Regierung unter dem Präsidenten Al-Sisi schloss umgehend nicht nur die Grenze zum Gazastreifen, sondern zerstörte auch alle Tunnel und ging auf Konfrontationskurs zur *Hamas*. So hat sich *Hamas*, um den Wirren des syrischen Bürgerkriegs zu entgehen, 2012 von seinem Verbündeten, dem syrischen Präsidenten Assad, gelöst und seine Zentrale nach Doha in Katar verlegt. Wegen der Unterstützung der Muslimbruderschaft (und *Hamas*) und dschihadistischer Gruppen sowie einer Iran-freundlichen Außen- und Wirtschaftspolitik verhängten im Sommer 2017 Saudi-Arabien, die Vereinigten Arabischen Emirate und Ägypten gegenüber Katar einschneidende Sanktionen, sodass ein Teil der *Hamas*-Führung Doha wieder verließ, um in den innerarabischen Rivalitätskämpfen nicht zerrieben zu werden, zumal Katar in den letzten Jahren für *Hamas* zum wichtigsten Geldgeber geworden war. Jetzt stopft die finanziellen Löcher im *Hamas*-Etat vor allem Katar, in dem es mit Zustimmung Israels Hunderte Millionen Dollar kofferweise über die ansonsten weitgehend geschlossenen Grenzen in den Gazastreifen transferiert. Die israelische Duldung macht deutlich, dass die Regierung in Tel Aviv keineswegs an einem unkontrollierbaren Kollaps der *Hamas*-Herrschaft interessiert ist, denn zu ungewiss wären die dadurch ausgelösten Folgen.

In den palästinensischen Gebieten spiegeln sich also die innerarabischen Auseinandersetzungen auch in den Fort- und Rückschritten des Versöhnungsprozesses. Die Umbrüche in der arabischen Welt haben die Bereitschaft zur Machtteilung nicht gerade befördert, zumal arabische Akteure zuweilen um Einfluss auf die palästinensische Politik konkurrieren. Beide Seiten geben angesichts der im Fluss befindlichen politischen Entwicklungen die Hoffnung nicht auf, dass sich die Kräftekonstellationen zu ihren Gunsten verändern. Die ungezählten Versöhnungsversuche des letzten Jahrzehnts sind wohl eher äußerem und/oder innenpolitischem Druck und der volatilen politischen Gemengelage im Nahen Osten als der Überzeugung von dem politischen Mehrwert nationaler Einheit geschuldet.

Unter dieser Situation leiden vor allem die etwa zwei Millionen Palästinenser:innen im Gazastreifen (etwa die Hälfte der Bevölkerung ist unter 18), die dort seit fast zwei Jahrzehnten unter schwierigen bis dramatischen humanitären Bedingungen leben. Aufgrund der seit 2006/2007 andauernden israelischen und der sich sukzessiv verschärfenden ägyptischen Blockade passieren nur beschränkt Waren die Grenzübergänge. Elektrizität für die Bevölkerung in vielen Teilen des Landes stand schon vor der „Aushungerungsstrategie" der palästinensischen Führung in der Westbank nur stundenweise zur Verfügung. Aufgrund der in den Gaza-Kriegen weitgehend zerstörten Infrastruktur, des Energiemangels und der Blockade fehlt es schon seit Langem an Trinkwasser, Kraft- und Baustoffen, Diesel und Benzin, Medikamenten usw. Zwischen 2007 und 2018 sank das Bruttoinlandsprodukt pro Kopf um 27 %. Die Arbeitslosigkeit bleibt mit mehr als 50 % extrem hoch und mehr als 50 % der Bevölkerung sind auf humanitäre Lebensmittel-Unterstützung angewiesen, die Wirtschaft liegt am Boden, an eine eigenständige nachhaltige Entwicklung ist nicht zu denken. So geht vor allem der Wiederaufbau im Gazastreifen nach den Gaza-Kriegen nur langsam voran. Hamas wird vorgeworfen, die ohnehin knappen Baumaterialien für neuen Tunnelbau zu missbrauchen. Die Welthandels- und Entwicklungskonferenz der Vereinten Nationen (UNCTAD) prophezeite schon vor Jahren in einer Studie vor allem wegen der kritischen Trinkwassersituation – 97 % des Grundwassers sind nicht trinkbar – ab 2020 die Unbewohnbarkeit des Gazastreifens. Für diese katastrophale Situation wird in der Bevölkerung inzwischen nicht nur die israelische Belagerung, sondern auch Misswirtschaft und Korruption in den Reihen der Hamas verantwortlich gemacht. Die Unterstützung der religiös-fundamentalistischen Ausrichtung der Hamas nimmt eher ab, die Repression gegen die interne Opposition – sei sie säkular oder salafistisch orientiert – deshalb zu. Ihre realpolitische Entzauberung der als integre, den Kampf gegen die Korruption (der Fatah) vorantreibende politische Kraft konnte Hamas nur zeitweise bremsen, indem sie sich als einzige, dem konsequenten Widerstand gegen die israelische Besatzung verpflichtete palästinensische Befreiungsorganisation zu profilieren sucht: z. B. durch den wiederkehrenden Raketenbeschuss auf den israelischen Süden, durch die Organisation des spektakulären „Great March of Return", den wöchentlichen, militanten Massendemonstrationen vom Frühjahr 2018 bis Ende 2019 an den Grenzen zu Israel oder durch Kriegsführung gegen den übermächtigen Gegner Israel.

Aus diesem militanten Widerstand und einem fundamentalistisch-islamisch begründeten politischen Gestaltungsanspruch in der Tradition der Muslimbruderschaft schöpft *Hamas* noch immer ihre politische Legitimation. Seit der Machtübernahme im Gazastreifen steckt aber auch *Hamas* in dem Dilemma zwischen Widerstand gegen die Besatzung oder Aufbau „staatlicher" Strukturen. So prägen in der *Hamas* die traditionellen Kämpfe zwischen so genannten „moderatem" und „militantem" Flügel immer wieder die internen Auseinandersetzungen. Nach dem Rücktritt Khaled Meschals als politischer Kopf der Auslandsführung und langwierigen Nachfolgekämpfen konnte sich im Frühjahr 2017 der ehemalige Ministerpräsident Ismael Hanijeh durchsetzen, der dem eher gemäßigten pragmatischen Lager zugerechnet wird. Im Gazastreifen trat Yahya Sinwar seine Nachfolge an. Er entstammt zwar dem militärischen Flügel, gilt jedoch als moderat und realpolitisch orientiert. Diesem personellen Erneuerungsprozess folgte im Mai 2017 ein politisches Grundsatzpapier der islamischen Bewegung, in dem dann neue politische Akzente gesetzt werden: Es wird die bislang nur von einzelnen Führungspersonen geäußerte Bereitschaft der *Hamas* bekräftigt, einen palästinensischen Staat neben Israel in den Grenzen von 1967 zu akzeptieren, allerdings ohne damit eine Anerkennung Israels zu verknüpfen. Betont wird die nationale – nicht die religiöse – Ausrichtung des Kampfes gegen Besatzung und Zionismus und die Rolle der PLO als nationale Dachorganisation.

Im Westjordanland sind die Lebensverhältnisse besser. Aufgrund der erheblichen Finanzzuflüsse aus dem Ausland erlebte Ramallah sogar einen kleinen wirtschaftlichen Aufschwung und gleicht städtebaulich und technologisch westlichen Metropolen, während entlegene Ortschaften und Flüchtlingslager eher an Zustände im Globalen Süden erinnern. Für eine nachhaltige Entwicklung fehlen aber auch in der Westbank die Voraussetzungen. Die Palästinensische Autonomiebehörde (PA) kontrolliert gerade einmal 40 % der Westbank. In 60 % der Gebiete, den so genannten C-Gebieten, übt weiterhin Israel die Kontrolle aus und behindert zulasten der Palästinenser:innen jegliche Entwicklung. Die Arbeitslosigkeit ist weiterhin hoch, eine eigenständige Wirtschaft kann sich in den fragmentierten Gebieten nicht entfalten, ökonomisch ist die Westbank weitgehend von finanzieller Unterstützung aus dem Ausland und den Überweisungen von Steuer- und Zolleinnahmen der israelischen Besatzungsmacht abhängig. Unter den fortdauernden Bedingungen der Besatzung, insbesondere den weitgehenden Bewegungseinschränkungen für Menschen und Güter, halten trotz erheblicher ausländischer Finanzhilfen auch internationale Experten eine dauerhafte ökonomische Stabilisierung für unmöglich. Nachdem Präsident Trump die amerikanischen Finanzmittel für die Autonomieverwaltung erheblich zusammenstrich und die Beitragszahlungen für den Etat der UN-Flüchtlingshilfsorganisation UNRWA völlig einstellte, haben sich die wirtschaftlichen Perspektiven noch verschlechtert.

Aber nicht nur die schwierigen ökonomischen Verhältnisse, die Besatzung und Machtkämpfe zwischen *Hamas* und *Fatah* machen den drei Millionen Palästinenser:innen im Westjordanland das Leben schwer. Auch in der Westbank kann von einem demokratischen Transformationsprozess nicht die Rede sein. So verschärfte der greise Präsident Abbas, der wie seine *Fatah* mehr und mehr an Unterstützung verliert, seine autokratische Herrschaft, indem er oppositionellen Kräften immer weniger Spielraum lässt, Proteste gewaltsam unterdrückt und innerparteiliche Widersacher entmachtete. Der politisch-strategische Spagat zwischen Widerstandsbewegung gegen die Besatzung einerseits und „staats"-tragender Partei für die Entwicklung vorstaatlicher demokratischer Strukturen in den Autonomiegebieten andererseits ist bis heute nicht geglückt. Gegner der Autonomieverwaltung beschreiben die Entwicklung der *Fatah* als Transformation einer Befreiungsbewegung in eine „kostengünstige Verwaltung für die Besatzungsmacht" und als „Arbeitsamt für *Fatah*-Mitglieder". Besonders kritisch wird in der palästinensischen Bevölkerung die so genannte „Sicherheitszusammenarbeit" mit Israel gesehen, weil diese nicht nur der Terrorabwehr diene, sondern vor allem der Unterdrückung von Widerstand gegen die Besatzung und Widerspruch gegen die Autonomieverwaltung. Der Ruf nach Auflösung der Autonomieverwaltung wurde deshalb in den letzten Jahren immer lauter. Zudem gilt die politische Klasse als überaltert: Während das Durchschnittsalter der Palästinenser:innen 21 Jahre beträgt, liegt es bei den *Fatah*-Funktionären bei ca. 70 Jahren. Die letzten Wahlen liegen mehr als anderthalb Jahrzehnte zurück. Der massive Vertrauensverlust der *Fatah,* die einst den Widerstand gegen die israelische Besatzung und die Hoffnungen auf einen eigenständigen Staat repräsentierte, scheint unaufhaltsam zu sein. Korruption und Misswirtschaft haben die gesamte PLO und die palästinensischen Institutionen in eine tiefe Legitimationskrise geführt.

Vor diesem Hintergrund ist es kaum überraschend, dass sowohl im Gazastreifen als auch in der Westbank die Unterstützung für *Hamas* bzw. *Fatah* immer mehr sank. Meinungsumfragen im Frühjahr 2021 sahen die oppositionelle *Fatah* im Gazastreifen und die oppositionelle *Hamas* in der Westbank in der Wählergunst vorne; wer in der „Regierung" sitzt, egal ob in Ramallah oder Gaza, dem wurde erheblicher Vertrauensverlust bescheinigt. Angesichts dieses Popularitätsschwunds ist nachvollziehbar, dass die Debatte über das demokratische Defizit und der wachsende Druck für überfällige Wahlen in beiden politischen Lagern keine Begeisterung auslöste. Hinzu kommt, dass für *Fatah* die Frage der Nachfolge für den greisen Präsidenten Abbas an Dringlichkeit gewann. Sein wohl wichtigster Rivale ist der ehemalige Geheimdienstchef Mohammed Dahlan, der seit seinem Ausschluss aus der *Fatah* in den Vereinigten Arabischen Emiraten residiert und von dort aus an einem Bündnis mit *Hamas* im Gazastreifen gegen die *Fatah* in der Westbank arbeiten soll. Spekuliert wird immer wieder auch über die Zukunft des immer noch sehr beliebten palästinensischen Politikers und ehemaligen Kommandeurs der *Fatah*-Milizen, Marwan Barghuti. Er verbüßt allerdings in Israel eine fünffache lebenslange Freiheitsstrafe wegen mehrfachen Mordes und Terrorismus.

Im Laufe der Debatten über den Trump'schen „Friedensplan" und die Annexionspläne der israelischen Regierung 2020 drohten die politisch fragmentierten Palästinenser:innen vollends ins politische Abseits zu geraten. Der steigende Einigungsdruck motivierte beide Seiten zu einem erneuten Versöhnungsversuch und der Vereinbarung neuer Wahlen. Präsident Abbas verkündete – das palästinensische Parlament hatte er im Dezember 2018 per Präsidentendekret aufgelöst – sowohl eine Präsidentenwahl für Ende Mai als auch Parlamentswahlen für Juli 2021. Im August dann sollte das Parlament der Palästinensischen Befreiungsorganisation (PLO) gewählt werden, wovon sich insbesondere *Hamas* erhöhte internationale Anerkennung und demokratische Legitimität erwartete, denn sie gehört der PLO – mangels Einigung mit der *Fatah* über ihrer Fraktionsstärke – bislang nicht an. Mit den für 2021 geplanten Wahlen sollte das demokratische Defizit endlich behoben werden und politische Beobachter erhofften sich Aufschlüsse über die Nachfolgefrage in der *Fatah*. Obwohl vor den Wahlen einige Parlamentskandidat:innen in israelischen oder palästinensischen Gefängnissen landeten, löste allein die Ankündigung freier Wahlen eine demokratische Mobilisierungswelle aus: 90 % der Wähler:innen ließen sich registrieren, 36 Listen wollten antreten. Mehr als die Hälfte der Wähler:innen hoffte, zum ersten Mal in ihrem Leben wählen gehen zu können. Ende April 2021 war deshalb die Enttäuschung über die Absage der Wahlen groß.

Präsident Abbas begründete die „Verschiebung" mit der Weigerung Israels, Wahlen in Ost-Jerusalem zuzulassen, denn nach israelischer Lesart gehören die annektierten arabischen Stadtteile nicht zu den palästinensischen Autonomiegebieten. Da dies jedoch vorhersehbar war, wird vermutet, dass Abbas' Angst vor einer Wahlniederlage den wahren Grund für die Absage darstellt. Der *Fatah* war es im Vorfeld der Wahlen nicht gelungen, eine gemeinsame Liste aufzustellen. Stattdessen präsentierte Mohammed Dahlan seine eigene Liste mit dem prominenten Philosophieprofessor und ehemaligen Präsidenten der Jerusalemer Al Kuds-Universität Sari Nusseibeh auf Platz zwei. Auch Marwan Barghuti verweigerte sich einer gemeinsamen *Fatah*-Liste und nominierte für seine Liste mit Nasser al-Kidwa, ehemaliger Außenminister und Neffe des verstorbenen Jassir Arafat, einen populären Kandidaten. So war es wohl weniger ein befürchteter *Hamas*-Sieg, der Abbas zur Absage der Wahlen veranlasste, als die Schmach eines dürftigen Wahlergebnisses im Vergleich zu den konkurrierenden *Fatah*(-nahen) Listen. Die Wahlabsage führte zu einem weiteren Ansehensverlust für den Präsidenten Abbas. Hamas konnte sich dagegen öffentlich als Kämpferin für demokratische Werte darstellen, indem sie den Ausfall der Wahlen bedauerte. Im Vergleich zur politischen Zurückhaltung des Präsidenten Abbas konnte sich *Hamas* dann auch noch in den Auseinandersetzungen im Mai 2021 über Enteignungen in Ost-Jerusalem und dem folgenden Gaza-Krieg auch wieder als Verfechterin palästinensischer Interessen und Vorhut des Widerstands gegen die Besatzung profilieren.

In der politischen Auseinandersetzung über die Wahlen hat sich die internationale Gemeinschaft weitgehend zurückgehalten. Aus Washington z. B. hörte man weder Forderungen nach Demokratisierung in den palästinensischen Gebieten, noch wurde Druck auf Israel ausgeübt. Die europäische Zurückhaltung ist wohl mit der Furcht vor einem *Hamas*-Wahlsieg zu erklären. Abgesehen von der sich vertiefenden Spaltung innerhalb der EU in Sachen Israel/Palästina, die eine gemeinsame Politik gegenüber den nahöstlichen Akteuren immer schwieriger macht, befindet man sich in einem Dilemma: Zwar gibt es Kritik an der Autonomieverwaltung, aber gleichzeitig doch kein Interesse an ihrer Schwächung; zwar Unterstützung für demokratische und freie Wahlen, doch nicht wenn der Ausgang so ungewiss und eine Stärkung der *Hamas* zu befürchten ist. Denn immerhin steht die Palästinensische Autonomiebehörde für Anerkennung und Zusammenarbeit mit Israel.

Betrachtet man die Überwindung der palästinensischen Spaltung als Voraussetzung für jegliche Friedensanstrengungen, so ist es mit gemeinsamen Wahlen allein nicht getan. In einem Versöhnungsprozess müssen für sehr konkrete Fragen der Neuordnung in den palästinensischen Gebieten Antworten gefunden werden: Wie wird mit den bewaffneten Einheiten der Qassem-Brigaden und anderen Milizen umgegangen? Wer erhält die Befehlsgewalt über die (rivalisierenden) „Sicherheitskräfte"? Wer ist für die Grenzkontrollen zuständig? Wie steht es mit der Akzeptanz des staatlichen Gewaltmonopols? Wie erfolgt die Integration der bislang rivalisierenden „Regierungsapparate", die Beschäftigung und Bezahlung der „*Hamas*-Angestellten"? Wie sieht eine Reform der PLO aus? Ob in Palästina der demokratische Transformationsprozess wiederbelebt, eine handlungsfähige und international anerkannte Repräsentanz der Palästinenser:innen gebildet werden kann und einem Friedensprozess damit neue Impulse gegeben werden können, bleibt somit weiterhin mehr als ungewiss.

Vergebliche Verhandlungsversuche (2007 – 2017)

Nach siebenjähriger Abstinenz versuchte die US-Regierung im Sommer 2007 ein Comeback im nahöstlichen Friedensprozess, nicht zuletzt um sich angesichts des Desasters im Irak, des drohenden Chaos im Libanon, in Afghanistan und Pakistan neue politische Glaubwürdigkeit in der Region zu verschaffen. Der amerikanische Präsident George W. Bush kündigte für den November 2007 ein internationales Treffen in Annapolis (USA) an, um dem palästinensischen Präsidenten internationale Unterstützung im Kampf gegen *Hamas* zu signalisieren und Bewegung in den festgefahrenen Verhandlungsprozess zu bringen. Doch die mediale Aufregung über das groß angelegte Treffen stand in keinem Verhältnis zu den politischen Resultaten. In einer kurzen Erklärung verpflichteten sich die israelische und palästinensische Regierung, Verhandlungen über eine Friedensreglung unverzüglich aufzunehmen und bis zum Ende 2008 zum Abschluss zu bringen. Die äußert zäh verlaufenden Gespräche zeitigten jedoch keine Fortschritte. Zum einen musste der israelische Ministerpräsident Ehud Olmert aufgrund zunehmender Korruptionsvorwürfe im Oktober 2008 seinen Rücktritt erklären. Zum anderen führte der Gaza-Krieg 2008/09 zu einem Abbruch der Gespräche. So verlief auch der so genannte Annapolis-Prozess im Sand.

Während der Amtsantritt des neuen amerikanischen Präsidenten Barack Obama in Israel mit großer Skepsis beobachtet wurde, weckte er in der Region und in der Welt neue Hoffnungen, weil der neue Amtsinhaber aktive Bemühungen um eine Wiederbelebung des Friedensprozesses angekündigt hatte. Deutlich wie kein Präsident zuvor äußerte Obama Kritik an der israelischen Besatzungspolitik, forderte ein Ende des Siedlungsbaus als Vorbedingung für Friedensgespräche und versprach einen Dialog mit der muslimischen Welt.

Angesichts der hohen Erwartungen an die Obama-Administration war die Enttäuschung groß, als am 7. Dezember 2010 bekannt gegeben wurde, dass die USA ihre Versuche, die israelische Regierung zu einem Siedlungsstopp zu bewegen, eingestellt hätten. So kleinlaut hatte noch keiner von Obamas Vorgängern vor den israelischen Forderungen kapituliert, so deutlich hatte noch kaum jemand die palästinensischen Verhandlungspartner in Stich gelassen. Der neuerliche Versuch, im Herbst 2011 bilaterale Gespräche zwischen Israelis und Palästinenser:innen ohne irgendwelche Vorgaben in Gang zu setzen, zeigte, dass sich die USA zu einer Politik des Krisenmanagements statt der Konfliktregelung entschlossen hatten. Eine derartige amerikanische Nahostpolitik entsprach faktisch den Interessen israelischer Regierungen, die prozedural auf einen sichtbaren Prozess, aber nicht substanziell auf eine Beendigung der Besatzung gerichtet sind. Damit verzichteten die USA zunächst auf pro-aktive Bemühungen zur dauerhaften Konfliktlösung.

Erst nach Beginn der zweiten Amtsperiode des Präsidenten Barack Obama zeigte die amerikanische Administration 2013 die Bereitschaft, sich wieder substanziell am Verhandlungsprozess zu beteiligen. Obamas neu berufener Außenminister John Kerry versuchte den Verhandlungsprozess wieder in Gang zu setzen und begann eine von vielen nicht erwartete beharrliche diplomatische Aktivität. Von den rechts-nationalistischen Kräften in Israel und in den USA hat ihm das nicht nur Kritik, sondern auch Hohn und Spott eingebracht. Dabei war die Zielvorgabe für die hinter verschlossenen Türen stattfindenden Verhandlungen durchaus bescheiden formuliert: In neun Monaten – bis April 2014 – sollte ein „vernünftiger Kompromiss" (Rahmenabkommen) erzielt werden, der den Weg für eine Zwei-Staaten-Regelung ebnen sollte. Doch nicht einmal dieses Ziel konnte erreicht werden. Die US-Regierung erklärte daraufhin die Beendigung aller Vermittlungsbemühungen und brachte ihre Enttäuschung sehr deutlich zum Ausdruck, indem sie – erstmalig in der Geschichte des Konflikts – vor allem die kompromisslose Haltung der israelischen Regierung für das Scheitern verantwortlich machte.

Dies waren die bislang letzten substanziellen Gespräche über Grundzüge einer friedlichen Konfliktregelung. Alle Gespräche und Verhandlungen fanden hinter verschlossenen Türen statt. Über welche Themen im Einzelnen gesprochen – und gestritten – wurde, können wir wie in der Vergangenheit nur den interessengeleiteten Äußerungen der Beteiligten oder – zumeist unautorisierten – Veröffentlichungen von Verhandlungspapieren entnehmen. So wurden z. B. im Sommer 2017 Einzelheiten einer geheimen, dann gescheiterten amerikanischen Vermittlungsoffensive mit Israel, Jordanien und der Palästinensischen Autonomiebehörde bekannt. Der 2008 über eine Korruptionsaffäre gestürzte israelische Ministerpräsident Olmert lancierte 2009 die aus seiner Sicht großzügigen Verhandlungsangebote während des Annapolis-Prozesses an die Öffentlichkeit. 2011 publizierte der arabische Fernsehsender *Al-Dschasira* ca. 1.600 palästinensische Positionspapiere und Protokolle von ca. 260 Gesprächen, die in Folge der Annapolis-Konferenz vom November 2007 verfasst wurden, sowie Karten, Notizen und Strategiepapiere – die so genannten *Palestine Papers*. Die sukzessive veröffentlichten Dokumente offenbarten eine so weitgehende Bereitschaft der palästinensischen Verhandlungsführer zu Zugeständnissen gegenüber Israel in vielen zentralen Fragen, dass in Palästina darauf zum Teil mit Vorwürfen des „Ausverkaufs palästinensischer Interessen und Rechte" reagiert wurde.

So gibt es konkrete Anhaltspunkte und zahlreiche Spekulationen, aber nicht unbedingt gesicherte Erkenntnisse darüber, worüber im Einzelnen verhandelt und in welchen Themenbereichen Fortschritte erreicht wurden. Alle Informationen über die Verhandlungen mit US-Außenminister Kerry über ein Rahmenabkommen 2013/14 zeigen durchaus Fortschritte bei vielen Einzelthemen, doch in zentralen Problemfeldern konnten die tiefen Gegensätze nicht überbrückt werden. Die palästinensische Seite bestand offenbar weiterhin auf einem Siedlungsstopp, die israelische Regierung erklärte die Anerkennung Israels als jüdischem Staat zur unverzichtbaren Bedingung jeder friedlichen Regelung. Israel bestand aus sicherheitspolitischen Gründen auf einer militärischen Präsenz im Jordantal, während die palästinensische Seite dies ablehnte. Die Palästinenser:innen bestanden auf den Grenzen von 1967 als Verhandlungsgrundlage und banden damit ihre Akzeptanz von Grenzveränderungen an einen gleichwertigen Gebietsaustausch. Israel betrachtete die Bereitschaft zur Aufgabe von Siedlungen bereits als Zugeständnis, mochte sich dem Vernehmen nach aber bislang auf Zahl und Umfang der in Frage stehenden Siedlungen nicht festlegen. Nach den bislang bekannt gewordenen Formulierungen verschiedener Entwürfe eines Rahmenabkommens während der Verhandlungen 2014 gab es am meisten Probleme mit den Formulierungen zu Jerusalem und zur Frage des zusammenhängenden Territoriums.

Deutlich ist in den Gesprächen 2013 / 2014 aber auch geworden, dass mit den israelischen Forderungen nach Anerkennung Israels als jüdischem Staat, nach einer sicherheitspolitischen Regelung für das Jordantal und nach Sicherheitsgarantien für Israel drei relativ neue Themen in den Fokus der aktuellen Diskussionen rückten:

- Die Forderung nach Anerkennung Israels als jüdischem Staat wurde von israelischer Seite zum ersten Mal 2007 im Zuge des so genannten Annapolis-Prozesses erwähnt. Für viele Israelis hat die Anerkennung als jüdischer Staat weniger eine religiöse als eine politische Bedeutung: Wer den jüdischen Staat anerkennt, kann nicht die Rückkehr der geflohenen oder vertriebenen Palästinenser:innen in ihre früheren Heimatorte fordern, denn eine solche Rückkehr würde die jüdische Mehrheit und damit den jüdischen Charakter des Staates in Frage stellen. Auf palästinensischer Seite wird die israelische Forderung mit dem Hinweis abgelehnt, die PLO habe Israel bereits 1988 – durch Anerkennung der UN-Teilungsresolution von 1947 – und 1993 im Zusammenhang mit der Prinzipienerklärung von Oslo – anerkannt. Wie der Staat Israel sich selbst definiere, sei Sache Israels, eine innenpolitische Angelegenheit also, die sich einer zwischenstaatlichen Regulierung entzöge. Die Anerkennung Israels als jüdischem Staat sei auch von keinem anderen Staat, mit dem Israel diplomatische Beziehungen unterhalte, verlangt worden. Angesichts der Spannungen zwischen der jüdischen Mehrheit und der palästinensischen

Minderheit innerhalb des Staates Israel würde die Akzeptanz der israelischen Forderung zudem die Forderung der palästinensischen Minderheit in Israel nach Gleichberechtigung delegitimieren. Aber natürlich wäre es für die palästinensische Führung auch ein politisches Problem, das ihren Legitimationsverlust weiter beschleunigen würde, wenn sie schon vor Verhandlungen über die Flüchtlingsfrage implizit das in vielen UN-Resolutionen verbriefte Rückkehrrecht der Geflohenen und Vertriebenen aufgeben würde. In Entwürfen für ein Rahmenabkommen aus dem Jahr 2014 war hinsichtlich der Charakterisierung der beiden Staaten die Rede von „Palästina, dem Nationalstaat des palästinensischen Volkes", und „Israel, dem Nationalstaat des jüdischen Volkes". Damit sollten die historischen Narrative beider Seiten berücksichtigt werden.

- Im Jordantal, der breiten Senke zwischen See Genezareth und Totem Meer, in der der Jordan die Grenze zu Jordanien markiert, leben in 21 Siedlungen Tausende israelische Siedler. Das Tal liegt im so genannten C-Gebiet (ca. 62 % des Territoriums in der Westbank), das vollständig von Israel kontrolliert wird (mit Ausnahme der Stadt Jericho, die ein A-Gebiet ist). Ein großer Teil des Landes wurde seit dem Beginn der israelischen Besatzung meist aus „sicherheitspolitischen Gründen" von Israel konfisziert und später teilweise israelischen Siedlern zur Verfügung gestellt. Im Jordantal lebten vor 1967 etwa 200.000 bis 320.000 Palästinenser:innen; heute sind es nur noch 60.000, von denen allerdings 70 % in der palästinensischen Enklave Jericho, also im A-Gebiet, wohnen. Dieser schleichende Verdrängungs- und Annexionsprozess ist zunehmend Gegenstand internationaler Kritik. Im Streit um die Zukunft des Jordantals spielen sicherheits- und wirtschaftspolitische Argumente eine entscheidende Rolle. Die israelische Regierung argumentiert, nur die Kontrolle über das Jordantal gebe Israel die zur Verteidigung notwendige strategische Tiefe. Allerdings wird im israelischen Sicherheitsestablishment inzwischen davon ausgegangen, dass angesichts von Mittel- und Langstreckenraketen eine Präsenz israelischer Truppen im Jordantal für die Sicherheit Israels keineswegs entscheidend ist. Ein palästinensischer Staat ohne das Jordantal, so die palästinensische Position, sei jedoch wegen der dort vorhandenen wichtigen Wasser- und Bodenressourcen nicht existenz- und entwicklungsfähig. In den Verhandlungen beanspruchte die israelische Regierung eine Dauerpräsenz für seine Truppen im Jordantal. Die palästinensische Seite hatte angeboten, für einen Zeitraum von fünf Jahren internationale Truppen zu akzeptieren.

- Die Frage von Sicherheitsgarantien ist eng mit dem Jordantal und den C-Gebieten verbunden. Es liegen Konzepte vor, die israelische Armee für eine Übergangsphase durch internationale Truppen zu ersetzen, damit kein Sicherheitsvakuum entsteht. Aus palästinensischer Sicht ist der Abzug der israelischen Besatzungstruppen notwendig, da nur so die Besatzung beendet wird und die Präsenz israelischen Militärs die Souveränität eines palästinensischen Staates in Frage stellen würde. Der palästinensische Präsident Abbas hat in diesem Zusammenhang mehrfach die NATO als Truppensteller ins Gespräch gebracht. Die israelische Regierung lehnt derartige Konzepte bisher ab. Sie verweist auf die Gefahr, dass sich in der Westbank das Südlibanon-Szenario (2000) wiederholen könnte, als es nach dem Abzug des israelischen Militärs mehrfach zu Eskalationen an der Grenze kam, die 2006 sogar in einen Krieg (2. Libanon-Krieg) eskalierten. Im Blick auf die Westbank wird in diesem Zusammenhang auf die geografische Nähe von palästinensischer Westbank und den israelischen Bevölkerungszentren wie Jerusalem oder Tel Aviv sowie dem Ben-Gurion-Flughafen verwiesen. In den letzten diskutierten Vorschlägen für ein Rahmenabkommen wurde ein vollständiger, allerdings schrittweiser Rückzug der israelischen Armee aus allen Teilen des palästinensischen Staates ins Gespräch gebracht, doch die Zeiträume wurden nicht präzisiert. Der ehemalige Ministerpräsident Netanjahu erklärte wiederholt, in keinem Falle werde Israel die Sicherheitskontrolle über sämtliche Gebiete westlich des Jordan aufgeben. Damit hat auch er einer Zwei-Staaten-Regelung eine eindeutige Absage erteilt.

Ein herausragender Streitpunkt ist immer schon das Schicksal der israelischen Siedlungen in der Westbank und in Ost-Jerusalem gewesen. Nach den jüngsten Angaben israelischer NGOs (für 2019) existieren in der Westbank 132 Siedlungen (mit jeweils ca. 100 bis 65.000

Einwohnern) und etwa 140 so genannte *Outposts* (Außenposten), d.h. Siedlungen, die auch nach israelischem Recht (noch) illegal sind. Die ca. 442.000 jüdischen Siedler machen ca. 14 % der Bevölkerung in den besetzten Gebieten aus. In dem nach 1967 annektierten Ost-Jerusalem wurden ca. 13 jüdische Stadtteile erbaut, die nach internationalem Recht auch als völkerrechtswidrige Siedlungen zu qualifizieren sind. Dort leben etwa 220.000 Siedler. Die bebauten Flächen der Siedlungen in der Westbank beanspruchen zwar nur eine geringe Fläche (ca. 6 %), zusammen mit der dazugehörenden Infrastruktur (Straßen, Landressourcen für die weitere Entwicklung, Sicherheitsstreifen etc.) führt dies dazu, dass in ca. 70 % der sogenannten C-Gebiete und d.h. 40 % der Westbank keine palästinensische Entwicklung stattfinden kann. Etwa 20 % der Siedlungen und 80 % der Siedler befinden sich nahe der Grünen Linie und westlich der Sperranlage/Trennungsmauer in größeren Siedlungsblöcken. Es sind zumeist „Schlafstädte", deren jüdische Bevölkerung zum größten Teil in „Kernland" Israel arbeitet.

Die Mehrheit der Siedler lebt nicht aus vornehmlich religiös-nationalistischen Gründen in der Westbank, sondern weil dort der Wohnraum aufgrund der staatlichen Subventionen billiger ist. Doch unter den Siedlern, die vornehmlich politisch motiviert sind, hat ein Radikalisierungsprozess stattgefunden. Die Angriffe auf Palästinenser:innen oder auf palästinensischen Besitz wie etwa Olivenhaine haben in den vergangenen Jahren stark zugenommen. Heute wären nach Meinungsumfragen nur etwa die Hälfte der Siedler zu einer Umsiedlung in das Kernland Israel bereit, sollte die Regierung eine entsprechende Entscheidung treffen. Obgleich die ca. 600.000 Siedler nur etwa 10 % der israelischen Bevölkerung ausmachen, verfügen sie über einen überproportionalen Einfluss in der israelischen Gesellschaft und Politik.

Für die Palästinenser:innen stellen die Siedlungen einen zentralen Streitpunkt dar. Sie verweisen auf die Völkerrechtswidrigkeit des Siedlungsbaus. Die fortgesetzte Beschlagnahme von Land für Siedlungszwecke betrachten sie als Enteignung ihrer Heimat und Versuch, eine Zwei-Staaten-Regelung zu verhindern. Die internationale Staatengemeinschaft hat zuletzt mit der UN-Sicherheitsratsresolution 2334 vom

Dezember 2016 die Völkerrechtswidrigkeit der Siedlungen bestätigt und sie als Hindernis für eine friedliche Regelung verurteilt. Auch die neue US-Administration des Präsidenten Biden ist inzwischen wieder zu dieser völkerrechtlichen Beurteilung zurückgekehrt.

Die israelische Regierung bestreitet nicht nur die Völkerrechtswidrigkeit, sondern auch die Zentralität des Siedlungsproblems. Dies sei nur ein Vorwand, um von der zentralen Frage der Anerkennung Israels als jüdischem Staat abzulenken. Das israelische Parlament bekräftigte 2017 demonstrativ diese Haltung, indem es das so genannte Regulierungsgesetz verabschiedete, mit dem selbst die Außenposten, die sogar nach israelischem Gesetz illegal sind, nachträglich legalisiert werden sollen. 17 palästinensische Kommunalverwaltungen und drei Menschenrechtsorganisationen klagten vor dem israelischen Obersten Gerichtshof gegen das Gesetz. Dieser erklärte das Gesetz in einer Mehrheitsentscheidung im Juni 2020 für null und nichtig. Er ließ allerdings die Möglichkeit einer Regelung im Fall von Siedlungen, die auf palästinensischem Privatbesitz errichtet wurden, in einzelnen Fällen zu. Für das Siedlungsprojekt änderte sich damit insgesamt nicht viel. Immerhin wurde mit der Entscheidung eine pauschale Legalisierung von Siedlungen verhindert, die auf palästinensischem Privatbesitz errichtet wurden.

In der Flüchtlingsfrage sahen die Formulierungsvorschläge für ein Rahmenabkommen vier Optionen vor:
• Ansiedlung im palästinensischen Staat,
• dauerhafte Ansiedlung in den Gaststaaten,
• Ansiedlung in Drittstaaten, die zur Aufnahme bereit sind, oder
• in besonderen humanitären Fällen, Rückkehr nach Israel, wenn eine entsprechende Erlaubnis Israels vorliegt.

Bekanntlich scheiterten diese letzten substanziellen Gespräche. Offenbar wollte keine Seite ihr Einverständnis erklären, ohne sicher zu sein, dass auch die andere Seite zustimmt, zumal zumindest über den Verhandlungsgrundsatz Einigkeit herrscht, dass nichts als vereinbart gilt, solange nicht alles vereinbart wurde.

Die 2015/16 anstehenden Verhandlungen mit Israel über eine Fortführung der Militärhilfe knüpfte Präsident Obama ausdrücklich nicht an friedenspolitische Fortschritte, um trotz oder gerade wegen der

tiefgreifenden Differenzen in der Iranpolitik israelischen Sicherheits-
bedürfnissen Rechnung zu tragen und die israelische Regierung unter Netanjahu zu einer größeren friedenspolitischen Flexibilität zu bewegen. Im September 2016 wurde das über zehn Jahre laufende Mi-
litärhilfeabkommen mit 38 Milliarden US-Dollar (statt bisher 30
Milliarden US-Dollar) ausgestattet. Doch auch diese Geste führte zu
keinen Veränderungen. Um nach acht Jahren vergeblicher Bemühungen in der Nahostpolitik wenigstens seine Glaubwürdigkeit nicht völlig zu verlieren und vor dem Amtsantritt des neu gewählten US-Präsidenten Donald Trump noch ein Zeichen zu setzen, verzichteten die
Vereinigten Staaten am 23. Dezember 2016 zum ersten Mal seit Jahrzehnten im UN-Sicherheitsrat auf ein Veto gegen eine Resolution, in
der die Völkerrechtswidrigkeit der israelischen Siedlungen festgestellt,
die Einstellung aller Siedlungstätigkeit gefordert und die Zwei-Staa-
ten-Perspektive bekräftigt wird (Resolution des UN-Sicherheitsrates
2334). Die Resolution droht zwar keine Sanktionen an, jedoch werden alle Staaten aufgefordert, in ihren Beziehungen zu Israel zwischen
dem Hoheitsgebiet des Staates Israel und den seit 1967 besetzten
Gebieten zu unterscheiden.

Den letzten internationalen Versuch einer Wiederbelebung des
Friedensprozesses startete die französische Regierung. Sie setzte auf
einen internationalen Ansatz, indem sie im Juni 2016 und Januar 2017
zu Friedenskonferenzen in Paris einlud. Die Regierung Netanjahu
lehnte die Konferenz ab. Mahmud Abbas begrüßte sie. Schließlich
trafen sich mehr als 70 Staaten und internationale Organisationen, allerdings ohne die beiden Konfliktbeteiligten. Von konkreten Ergebnis-
sen wusste niemand zu berichten.

Netanyahu, Wahlen und kein Ende? (2019 – 2022)

Die Parlamentswahlen vom April 2019 bildeten den Auftakt zu insgesamt vier Neuwahlen innerhalb von zwei Jahren. Der Wahlmarathon endete mit der Bildung einer neuen Regierung am 13. Juni 2021 mit einem neuen Ministerpräsidenten – Naftali Bennett. Es war seit 12 Jahren die erste Regierung ohne Benjamin Netanjahu und sie umfasste mit rechtsnationalistischen, liberalen, linksliberalen Parteien und einer islamischen Partei ein noch nie in einer Koalition in Israel vereintes politisches Spektrum.

Bei den Wahlen vom April 2019 gelang es einem neuen Parteienbündnis auf Anhieb fast so viele Sitze im Parlament zu erlangen wie der *Likud* von Ministerpräsident Netanjahu. Unter dem Namen *Kachol Lavan* („Blau-Weiß") wurde es angeführt von dem ehemaligen Generalstabschef Benny Gantz und Yair Lapid von *Yesh Atid* sowie zwei weiteren ehemaligen Generalstabschefs der israelischen Armee. Benjamin Netanjahu erhielt von Präsident Rivlin zwar den Auftrag, eine Regierung zu bilden, konnte aber nicht die notwendigen 61 Parlamentssitze hinter sich vereinigen. Um zu verhindern, dass ein anderer Abgeordneter mit der Regierungsbildung beauftragt werden konnte, gelang es ihm, in der Knesset eine Mehrheit für deren Auflösung und erneute Wahlen zu erreichen. Diese wurden auf September 2019 festgesetzt.

Bei diesen Wahlen verloren der *Likud* deutlich und *Kachol Lavan* geringfügig. Aber auch nach diesen Wahlen gelang es aufgrund der Mehrheitsverhältnisse nicht, eine regierungsfähige Mehrheit zu bilden. Nach insgesamt drei vergeblichen Versuchen wurde die Knesset erneut aufgelöst und für März 2020 wurden die dritten Neuwahlen innerhalb eines Jahres angesetzt.

Auch diese Wahl ergab weder für das Netanjahu-Lager noch für die Anti-Netanjahu-Parteien eine klare Mehrheit. Obgleich Oppositionsführer Benny Gantz (*Kachol Lavan*) vor den Wahlen erneut versichert hatte, in keine Koalition mit Netanjahu einzutreten, brach er dieses Versprechen nach den Wahlen mit Hinweis auf die Notwendigkeit der gemeinsamen Bekämpfung der Corona-Pandemie. Das Parteienbündnis *Kachol Lavan* brach daraufhin auseinander. Yair Lapid und seine *Yesh Atid* Partei gingen in die Opposition, während Benny Gantz mit seiner Partei weiterhin unter dem Namen *Kachol Lavan* in die Regierung eintrat. Im Koalitionsvertrag wurde vereinbart, dass Netanjahu die ersten 18 Monate Ministerpräsident werden und danach Benny Gantz dieses Amt übernehmen sollte. Der Koalition gehörten außerdem die ultraorthodoxen Parteien, zwei kleine rechtsnationalistische Parteien und Teile der *Arbeitspartei* an. Mit 36 Minister:innen handelte es sich um die größte Regierung in der israelischen Geschichte. Zwar war nun nach insgesamt drei Neuwahlen im Mai 2020 eine „nationale Notstands-Regierung" zustande gekommen, doch lange hielt sie nicht. Im Dezember 2020 zerbrach sie, weil sie sich nicht auf einen Haushaltsplan einigen konnte, was automatisch Neuwahlen zur Folge hatte – die nunmehr vierten in zwei Jahren.

Zahlreiche Kommentator:innen wiesen darauf hin, dass ein wesentlicher Grund für die wiederholten Neuwahlen in der Absicht Netanjahus zu sehen sei, als Ministerpräsident die aufgrund von Korruptionsvorwürfen bei Gericht gegen ihn anhängigen Strafverfahren möglichst lange zu verzögern. Nach jahrelangen Vorermittlungen hatte der israelische Generalstaatsanwalt im Januar 2020 offiziell Anklage gegen Netanjahu wegen Korruption, Bestechlichkeit und Untreue bei einem Jerusalemer Gericht eingereicht. In zwei Fällen geht es um den Verdacht der Beeinflussung von Medien, um eine wohlwollendere Berichterstattung über sich und seine Familie zu erreichen. Im dritten Fall geht es um den Vorwurf der Annahme von Luxusgeschenken in großem Ausmaß gegen Gefälligkeiten. Ein vierter Fall betrifft Korruptionsvorwürfe im Zusammenhang mit dem Verkauf von deutschen U-Booten und Korvetten. In diesem Fall gibt es zwar keine Anklage gegen Netanyahu, aber zahlreiche Personen aus seinem unmittelbaren Umfeld sind involviert. Im Zusammenhang mit den Untersuchungen und der Anklageerhebung gegen ihn griff Netanjahu immer wieder staatliche Institutionen wie den Justizapparat und die Polizei an. Der Vorwurf lautete, finstere Mächte, der „tiefe Staat" wolle die erfolgreiche Arbeit von ihm und seiner Regierung auf diese Weise torpedieren und beenden, weil dies in freien Wahlen nicht gelinge. Alle Personen und Kräfte, die Netanyahu kritisierten, wurden von Netanjahu wechselweise als links, verräterisch, anti-israelisch oder antisemitisch bezeichnet. Mit dieser Vorgehensweise trugen Netanjahu und die ihn unterstützenden Kräfte erheblich zu einer Polarisierung in der israelischen Gesellschaft bei und zu einem Vertrauensverlust vieler in die staatlichen Institutionen.

Bereits seit dem Sommer 2016 hatte es vereinzelt Proteste gegen Netanjahu gegeben. Im Zusammenhang mit seinen heftigen Reaktionen auf die offizielle Anklageerhebung und seinen umstrittenen Entscheidungen während der Corona-Pandemie weiteten sich die Demonstrationen aus. Zeitweilig wurde an drei Tagen der Woche demonstriert, vor allem vor Netanjahus Regierungssitz in der Jerusalemer Balfour Straße (daher auch die Bezeichnung „Balfour-Proteste"), aber auch an vielen anderen Orten im Land, z. B. auf Autobahnbrücken und an Straßenkreuzungen. Die Demonstrant:innen bildeten eine sehr heterogene Gruppe, die oft nicht mehr einte als der Wunsch nach einem Rücktritt Netanjahus.

Die vom *Likud* vorangetriebene Polarisierung der israelischen Gesellschaft sollte auch im Vorfeld der letzten Wahlen vom März 2021 eine wichtige Rolle spielen. Wiederum kam es zu deutlichen Veränderungen in der Parteienstruktur. Der ehemalige *Likud*-Abgeordnete Gideon Sa'ar verließ die Partei und gründete eine eigene Partei mit dem Namen *Neue Hoffnung (Tikwa Chadascha)*. Außerdem zerbrach das bisherige Bündnis arabischer Parteien, die *Vereinigte Liste (Joint List)* endgültig. Die konservativ islamische Partei *Ra'am* unter ihrem Vorsitzenden Mansour Abbas (nicht verwandt mit dem palästinensischen Präsidenten Mahmoud Abbas) erklärte, alleine zur Wahl anzutreten. Das hatte einerseits interne Gründe in gravierenden Meinungsverschiedenheiten mit den anderen Parteien innerhalb der *Joint List* etwa zum Umgang mit Homosexualität. Andererseits nahmen vor allem die Auseinandersetzungen über Rolle und Aufgaben einer „arabischen Partei" innerhalb der israelischen Gesellschaft zu. *Ra'am* und ihr Vorsitzender waren zunehmend bereit, mit fast allen jüdisch dominierten Parteien im israelischen Parlament zu kooperieren, um Erfolge für die in vielen Bereichen diskriminierte palästinensisch-arabische Bevölkerung innerhalb Israels zu erzielen. Die Solidarität mit den unter Besatzung lebenden Palästinenser:innen, die für die arabischen Parteien traditionell immer eine große Rolle spielt, trat dafür in den Hintergrund.

Bereits vor den vierten Wahlen im März 2021 führte diese Entwicklung zu einer Annäherung zwischen Mansour Abbas und Benjamin Netanjahu. So trug ausgerechnet Netanjahu, der zuvor kaum eine Gelegenheit ausgelassen hatte, gegen die palästinensische Minderheit in Israel, vor allem aber gegen die sie vertretenden Parteien zu hetzen, dazu bei, ihre Beteiligung an den politischen Prozessen in Israel salonfähig zu machen. Auf der anderen Seite setzte er sich vehement für eine Verbindung mehrerer kleiner Parteien am äußersten rechten Rand des politischen Spektrums zu einer Listenverbindung ein, damit diese so die 3,25-%-Hürde überwinden würden und die Stimmen seinem Lager nicht verloren gingen. Zu diesen Parteien zählt auch *Otzma Yehudit (Jüdische Stärke)*, die sich in der Tradition des Rabbiners Meir Kahane und seiner *Kach*-Partei sieht, die 1984 in die Knesset gewählt, vier Jahre später aber wegen „Aufstachelung zum Rassismus" verboten wurde. *Otzma Yehudit* tritt unter anderem für eine Annexion der Westbank ein sowie für eine Ausweisung derjenigen palästinensischen Staatsbürger:innen Israels und Westbank-Palästinenser:innen, die sich weigern sollten, diesem jüdischen Groß-Israel ihre Loyalität zu bekunden und ihren niederrangigen Status zu akzeptieren. Während 2019 noch große jüdische Organisationen in den USA wie die *Anti-Defamation League (ADL)* Netanjahu für sein Vorgehen kritisierten, blieb diese Kritik bei den Wahlen 2021 aus. Netanjahus Vorgehen wurde einerseits von Erfolg gekrönt: Dem Zusammenschluss der kleinen rechtsnationalistischen und rassistischen Parteien unter dem Namen *Religiöse Zionisten* gelang es, die Sperrklausel zu überwinden. Sie stellen nun im neuen Parlament sieben Abgeordnete. Doch andererseits führte dieses Parteienbündnis zum Machtverlust Netanjahus: Es weigerte sich nämlich strikt, in irgendeiner Weise mit der arabischen Partei *Ra'am* zusammenzuarbeiten. So fehlten Netanjahu die notwendigen Sitze, um eine Koalition mit einer Mehrheit von mindestens 61 der 120 Sitze in der Knesset zu bilden.

Nach den vierten Neuwahlen im März 2021 hatte es zunächst noch so ausgesehen, als würde es weder Netanjahu noch einem anderen Abgeordneten gelingen, eine Koalition zustande zu bringen. In Israel rechneten manche bereits mit einer fünften Neuwahl, was Benjamin Netanjahu wiederum eine Verlängerung seiner Amtszeit als (geschäftsführender) Ministerpräsident ermöglicht hätte. Dies wollten allerdings fast alle Parteien unbedingt verhindern und so kam es ganz knapp vor dem Ablauf der Frist zur Bildung einer Regierung zu einer Koalition, wie sie es in der Geschichte Israels noch nie gegeben hatte. Obgleich Naftali Bennett mit seiner siedlerfreundlichen Partei *Yamina* nur über sieben Abgeordnete im neu gewählten Parlament verfügt, wurde er neuer Ministerpräsident. Der Architekt der neuen Koalition, Yair Lapid, dessen rechtsliberale Partei *Yesh Atid* mit 17 Abgeordneten zweitstärkste Partei nach dem *Likud* mit 30 Abgeordneten wurde, hatte ihm den Vortritt gelassen, um ihn zum Sturz der Regierung Netanjahu und zum Eintritt in die Regierung zu bewegen. Neben *Yesh Atid* und *Yamina* gehörten der Regierung folgende Parteien an:

- *Kachol Lavan* unter Benny Gantz, der entgegen seinem Wahlversprechen in eine Koalition mit Netanjahu eingetreten und von diesem in vielfältiger Weise gedemütigt worden war. Vor diesem Hintergrund hatte seine „Rest-Partei" bei den Wahlen mit acht Sitzen noch gut abgeschnitten;
- die *Arbeitspartei* unter ihrer neuen Vorsitzenden Merav Michaeli, die überraschend sieben Sitze gewann;
- die linksliberale Partei *Meretz*, deren Ende ebenfalls mehrfach vorhergesagt wurde und die mit sechs Sitzen unerwartet gut aus der Wahl hervorging;
- die Partei *Neue Hoffnung* des ehemaligen *Likud*-Abgeordneten Gideon Sa'ar, die nach ihrer Gründung als Anti-Netanjahu-Partei in den Umfragen zunächst sehr gut dastand und dann bei den Wahlen mit sechs Sitzen jedoch enttäuschend abgeschnitten hatte;

- die nationalistisch-säkulare Partei *Jisrael Beitenu* von Avigdor Lie-
  bermann, der in den 90er Jahren Büroleiter von Netanjahu war,
  sich inzwischen mit ihm aber überworfen hatte und wegen seiner
  beharrlichen Weigerung in Koalitionen mit Netanjahu einzutreten
  von vielen als wesentliche Ursache für dessen Sturz gesehen wird;
- die arabisch-islamische Partei *Ra'am*, die bis zu diesen Wahlen
  Teil der *Joint List* gewesen war. Damit war zum ersten Mal eine so
  genannte arabische Partei und noch dazu eine islamische forma-
  ler Teil einer israelischen Regierungskoalition.

Dass diese Regierung überhaupt zustande kam, ist wohl vor allem
dem Umstand geschuldet, dass all diese Parteien ein Ende der zwölf-
jährigen Netanjahu-Herrschaft als für die künftige Entwicklung Israels
unerlässlich betrachteten. Dabei gelang es einzelnen Akteuren persönliche Ambitionen sowie ideologische Gegensätze zurückzustellen.

Die innenpolitische Bedeutung der neuen Koalitionsregierung lag
zum einen in dem außergewöhnlich breiten Spektrum der beteiligten
Parteien, zum anderen aber auch in dem Ausschluss religiöser Parteien. Diese vornehmlich von *Haredim*, ultraorthodoxen Israelis, gewählten Parteien hatten sich in den vergangenen Jahrzehnten zunehmend nationalistisch entwickelt und sich in der Hoffnung auf dauerhafte Sicherung ihres Einflusses vollständig an Netanjahu gebunden.
Für *Schas* und die Liste *Vereinigtes Thora Judentum* war es ein nie-
derschmetternder Schlag sich nach jahrzehntelanger Regierungsbeteiligung nun mit Netanjahu plötzlich in der Opposition wiederzu-
finden.

In der Koalitionsvereinbarung wurde die Behandlung strittiger Probleme wie z.B. auch Verhandlungen oder Gespräche zur Regelung
des israelisch-palästinensischen Konflikts ausdrücklich ausgeschlossen. Angesichts des Fehlens von politisch substanziellen Schnittmen-
gen hatte die Bildung einer derart breiten Acht-Parteien-Koalition einen experimentellen Charakter. Von fast allen politischen
Beobachter:innen wurde bezweifelt, dass diese aus völlig gegensätz-
lichen politischen Kräften zusammengesetzte Regierung allein durch
die vereinbarte Ausklammerung von potentiellen Streitthemen ihr Überleben für eine ganze Legislaturperiode sichern könnte. Zur Überra-
schung vieler bestand die Regierung aber zunächst eine Reihe von

Belastungsproben – meist Erblasten aus der Regierungszeit Netanyahus – ohne auseinander zu brechen. Eine wichtige Hürde nahm sie im November 2021 mit der Verabschiedung der Haushalte für die Jahre 2021 und 2022. Doch im Sommer 2022 verlor die Koalition sukzessive die Unterstützung einzelner Knessetabgeordneter. Die ohnehin knappe Mehrheit schmolz dahin.

Der eigentliche Grund für das Ende der Koalition hing mit der israelischen Besatzung zusammen. Seit Beginn der Besatzung 1967 musste ein Gesetz, das für die israelischen Siedler:innen in den palästinensischen Gebieten nur israelisches Recht für anwendbar erklärt, alle fünf Jahre verlängert werden. Dieses Gesetz wäre am 30. Juni 2022 ausgelaufen. Die rechtsnationalistische und religiöse Opposition unterstützte natürlich politisch die erneute routinemäßige Verlängerung des Gesetzes, hatte aber angekündigt, mit „nein" zu stimmen, um die Regierung in Bedrängnis zu bringen. Wegen der bröckelnden eigenen Mehrheit hätte die Regierung nicht genügend Stimmen zusammengebracht, um das Gesetz zu verlängern. Das wiederum hätte zu chaotischen rechtlichen Zuständen in der Westbank geführt. Unter anderem wären dann die Siedler:innen nicht mehr der israelischen Justiz unterstanden, sondern wie die dort lebenden Palästinenser:innen der israelischen Militärgerichtsbarkeit oder gar dem palästinensischen Justizsystem. Das wollte Ministerpräsident Bennett – als Repräsentant einer Siedlerpartei - erklärtermaßen verhindern. Immerhin gelang es dem Oppositionsführer Netanyahu nicht, mit Druck oder Versprechungen einzelne abtrünnige Abgeordnete aus den Regierungsfraktionen zum Überlaufen zu bewegen und so eine neue Koalition unter seiner Führung zu formieren. Am 30. Juni 2022 löste sich das israelische Parlament auf und terminierte Neuwahlen für den 1. November 2022.

DER „JAHRHUNDERTDEAL"
(2021)

Nachdem US-Präsident Donald Trump zu Beginn seiner Amtszeit 2016 durchaus widersprüchliche Signale hinsichtlich seiner künftigen Politik zu Israel und Palästina gesendet hatte, wurde jedoch bald deutlich, dass er und seine Regierung die rechtsnationalistische Koalition in Israel sowie die mit dieser verbundenen Kräfte in den USA rückhaltlos unterstützen würden. In deren Augen „lieferte" Trump, indem er allen vollmundig versprochenen Entscheidungen entsprechende Taten folgen ließ – wenn auch meist später als angekündigt.

Der Reigen begann mit der offiziellen Anerkennung von Jerusalem als Hauptstadt Israels im Januar 2017. Bis dahin vertraten alle US-Regierungen die Position, der künftige Status von Jerusalem müsse in Verhandlungen zwischen den Konfliktparteien geregelt und dürfe nicht durch einseitige Schritte vorweggenommen werden. Die Botschaftseröffnung in Jerusalem fand symbolträchtig am 14. Mai 2018 statt, dem 70. Jahrestag der israelischen Unabhängigkeitserklärung. Die bereits seit Ende März 2018 im Gazastreifen unter dem Titel „Great March of Return" stattfindenden palästinensischen Protestaktionen erreichten an diesem Tag einen besonders blutigen Höhepunkt. Nach Angaben des Gesundheitsministeriums in Gaza wurden über 50 Palästinenser:innen von israelischem Militär erschossen und mehr als 1.200 verwundet. Welche Bedeutung die Botschaftsverlegung für die US-amerikanische Innenpolitik hatte, dokumentierte die Präsenz zweier populärer evangelikaler US-Pastoren, die das Eingangsgebet und den Schlusssegen sprachen: Während Robert Jeffress die Meinung vertritt, dass man als Jude nicht erlöst werden könne, weil dies nur durch den Glauben an Jesus Christus möglich sei, glaubt John C. Hagee, Gründer der Organisation „Christians United for Israel", Hitler sei ein Teil von Gottes Plan gewesen, die Juden nach Israel zurückzuführen.

Bereits eine Woche vor der Botschaftseröffnung in Jerusalem hatte die Trump-Administration ein weiteres Kernanliegen der israelischen Regierung erfüllt, indem sie die Kündigung des Atomabkommens mit dem Iran (JCPoA) erklärte.

Weitere Entscheidungen der US-Administration folgten nun Schlag auf Schlag. Im September 2018 ordnete die Regierung die Schließung der PLO-Vertretung in Washington an. Ebenfalls im September 2018 ließ die Regierung verlauten, künftig keinerlei Zahlungen mehr an die UNRWA, die UN-Hilfsorganisation zur Unterstützung der palästinensischen Flüchtlinge im Nahen Osten, zu leisten. Bis dahin waren die USA der größte Einzelgeldgeber der UNRWA. Als Gründe für die Entscheidung wurde u. a. angegeben, die UNRWA übertreibe die Zahl der palästinensischen Flüchtlinge, sie müsse grundlegend reformiert werden und habe den USA für ihre Unterstützung keine Dankbarkeit entgegengebracht.

Im März 2019 erkannten die USA die bereits 1981 annektierten syrischen Golanhöhen als Teil Israels an. Die israelische Regierung revanchierte sich mit der Gründung einer Ortschaft auf den Golanhöhen, die den Namen ‚Ramat Trump' tragen wird.

Bereits 2017 hatte Trump seinen Schwiegersohn und engen Berater Jared Kushner mit der Entwicklung eines Friedensplans beauftragt, den er als „Abkommen des Jahrhunderts" (*Deal of the Century*) bezeichnete. In den folgenden Jahren wurde viel über den Friedensplan spekuliert, dessen Veröffentlichung immer wieder verschoben wurde. Vor der Veröffentlichung des Plans erklärte US-Außenminister Pompeo im November 2019, dass nach Auffassung der US-Administration israelische Siedlungen auf palästinensischem Gebiet „nicht unbedingt illegal" seien – eine Abkehr von der Position, die US-Regierungen jahrzehntelang bezogen hatten.

Im Januar 2020 wurde dann während einer Zeremonie im Weißen Haus der „Jahrhundertdeal" offiziell von Präsident Trump im Beisein des israelischen Ministerpräsidenten Netanjahu vorgestellt. Vertreter:innen der PA oder PLC waren nicht eingeladen. Das entsprach durchaus dem Inhalt des Plans, der fast vollständig die Positionen der rechtsnationalistischen sraelischen Regierung widerspiegelte und den Palästinenser:innen außer einigen Worthülsen wie „palästinensischer Staat" nichts anzubieten hatte. Der so genannte Friedensplan bot zwar den Palästinenser:innen Verhandlungen und finanzielle Unterstützung in Milliardenhöhe an. Doch es blieb unklar, worüber eigentlich noch verhandelt werden sollte, denn Jerusalem sollte die ungeteilte Hauptstadt Israels bleiben, nur drei außerhalb der Stadt gelegene Enklaven waren als Hauptstadt eines Banstustan-ähnlichen Staates Palästina vorgesehen. Der Plan sah die Annexion aller israelischen Siedlungen sowie des Jordantals vor (die so genannten C-Gebiete mit ca. 60 % der Westbank). Für die Palästinenser:innen blieb in diesem zukünftigen israelischen Territorium nur ein Flickenteppich unzusammenhängender Gebiete, nur durch Brücken und Tunnel miteinander verbunden. Sollten die Palästinenser:innen nicht bereit sein, das „großzügige Angebot" dieses Plans anzunehmen, wäre es Israel nach vier Jahren erlaubt, auch innerhalb der den Palästienser:innen zugestandenen Enklaven in den so genannten A- und B-Gebieten Siedlungen zu errichten. Mit dem Plan wäre die herrschende völkerrechtswidrige Ein-Staaten-Realität ebenso festgeschrieben worden wie ungleiche Rechte für die darin lebenden Palästinenser:innen.

Der „Jahrhundertdeal" widersprach damit allen bislang vereinbarten internationalen Parametern zur Regelung des israelisch-palästinensischen Konflikts und verstieß gegen das Völkerrecht sowie bisherige Beschlüsse der Vereinten Nationen. International stieß der Plan deshalb auf mehr oder weniger deutliche Kritik Die israelische Regierung wurde von vielen Se ten unter Androhung von – zumeist unbestimmten – „geeigneten" oder „angemessenen" Maßnahmen vor einer Implementierung ihrer Annexionspläne gewarnt.

KARTE 9: *Der „Jahrhundertdeal" (Trump-Plan 2021)*

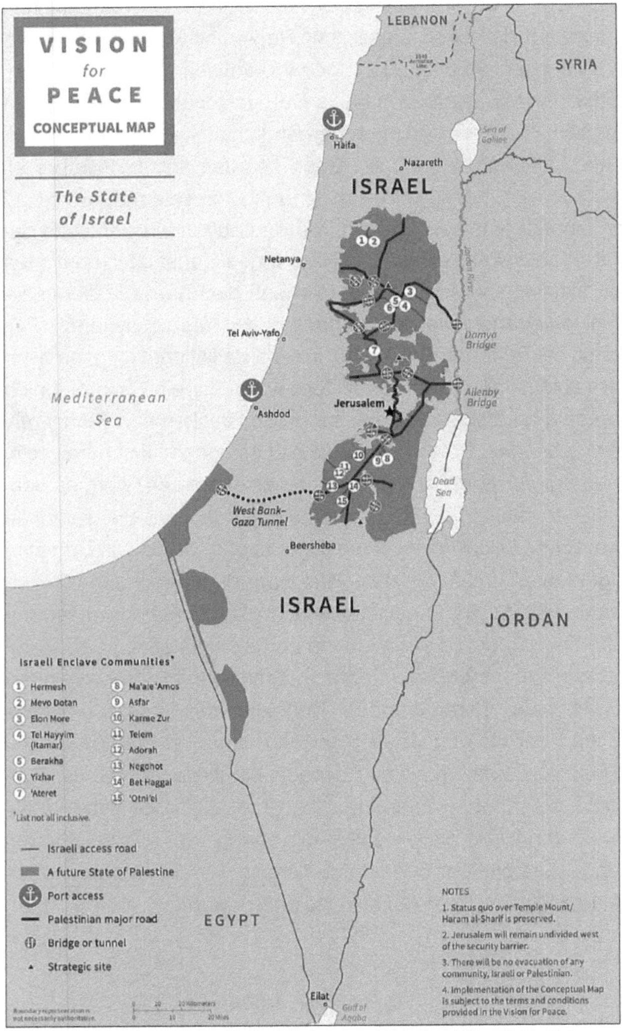

Peace to Prosperity – A Vision to Improve Lives of the Palestinian and Israeli People (2020), S. 45. https://trumpwhitehouse.archives.gov/wp-content/uploads/2020/01/Peace-to-Prosperity-0120.pdf

In Israel waren Proteste gegen den amerikanischen Plan kaum zu vernehmen. Am lautesten war der Protest der israelischen Siedlerbewegung, die den Plan ablehnte, weil die Vorschläge nicht alle ihre territorialen Forderungen erfüllten und die Palästinenser:innen die ihnen zugestandenen Gebietsreste als „Staat" würden bezeichnen dürfen. Die wegen der Corona-Pandemie von dem wiedergewählten Ministerpräsidenten Netanjahu und seinem Rivalen Gantz gebildete, allerdings nur kurzlebige „nationale Notstands-Regierung" sah in ihrer Koalitionsvereinbarung eine formale Annexion von 30 % der so genannten C-Gebiete der Westbank vor. Doch dazu kam es nicht. Zwar stand Netanjahu unter dem Druck der rechtsnationalistischen Kräfte in Israel, die diese Annexion unbedingt vollzogen wissen wollten. Doch innerhalb der Regierung gab es keine Einigkeit über den territorialen Umfang und staatspolitischen Folgen der umzusetzenden Annexion. Hinzu kamen Rückschläge bei der Bewältigung der Corona-Pandemie und schließlich zunehmende Anzeichen erneuter Neuwahlen. Auch die US-amerikanische Regierung bremste Netanjahus Ambitionen, die nach Veröffentlichung des „Jahrhundertdeals" sogleich verkündete zeitnahe Annexion des Jordantals durchzuführen. Zudem ließ aus der Sicht der israelischen Regierung die zunehmende Unsicherheit über eine Wiederwahl Donald Trumps die Risiken einer möglichen Annexion größer erscheinen als noch Anfang des Jahres.

Inwieweit die weltweit begrüßte, zumindest vorläufige Aufgabe konkreter Annexionspläne auch in einem Zusammenhang mit den im September 2020 abgeschlossenen, so genannten *Abraham Accords* (Abraham Abkommen) oder Normalisierungsabkommen zwischen Israel und den Vereinigten Arabischen Emiraten (VAE) und Bahrain stand, ob also die israelische Regierung die Wahl zwischen Annexion einerseits oder Anerkennung durch arabische Staaten andererseits treffen musste, bleibt unklar. Seit Jahren zeigten die israelische und die amerikanische Regierung aus geopolitischen, strategischen und ökonomischen Gründen ein wachsendes Interesse an einem Schulterschluss zwischen Saudi-Arabien, den Golf-Staaten, USA und Israel gegen den Iran. Priorität im Nahen und Mittleren Osten müsse nicht dem israelisch-palästinensischen Konflikt, sondern der Auseinandersetzung mit den iranischen Bestrebungen um regionale Hegemonie und dessen Nuklearprogramm beigemessen werden. Die Golfstaaten und Saudi-Arabien teilten deshalb, wenn auch weniger lautstark, die Kritik Israels und Präsident Trumps an dem mit dem Iran getroffenen, aus ihrer Sicht unzureichendem Atomabkommen (JCPoA). Mit dem so genannten Normalisierungsabkommen („*Abraham Accords*"), das vor allem durch die diplomatischen Bemühungen der USA zustande kam, gelang es im September 2020, diesem Schulterschluss eine sichtbare Form zu verleihen und vielleicht ein neues Kapitel in den Beziehungen zwischen Israel und der arabischen Welt aufzuschlagen. Nachdem der „Jahrhundertdeal" Trumps innen- wie außenpolitisch sich eher als Flop erwies, der keineswegs die erhoffte Begeisterung ausgelöst hatte, bildeten die so genannten Abraham-Abkommen für den amerikanischen Präsidenten nun endlich einen diplomatischen Erfolg, der weltweit – außer bei den Palästinenser:innen – auf ein positives Echo stieß.

Die *Abraham Accords* sind im Grunde eine allgemeine, mehr oder weniger unverbindliche Deklaration von sieben Prinzipien für Frieden, Toleranz und Wohlstand in der Region mit der Perspektive einer Normalisierung der diplomatischen Beziehungen, der sich arabische Staaten mit bilateralen Abkommen mit Israel anschließen können. Den Anfang machten die Vereinigten Arabischen Emirate (VAE). Es folgte Bahrain. Es sind keine Friedensverträge, denn die beiden Staaten liegen, wie Kritiker:innen anmerkten, nicht nur tausende Kilometer von Israel entfernt, sondern haben sich mit Israel nie im Krieg befunden. Die Abkommen wurden Mitte September 2020 vor dem Weißen Haus feierlich vom israelischen Ministerpräsidenten sowie den Außenministern der VAE und Bahrains unterzeichnet. Die Abkommen wurden als historischer Durchbruch für einen umfassenden Frieden zwischen Israel und den arabischen Staaten gefeiert, doch bald wurde deutlich, dass neben den machtpolitischen Interessen an einer gemeinsamen Front gegen den Iran besonders auch ökonomische Gründe die Beteiligten zur Unterschrift bewogen hatten. Netanjahu bestritt zwar, für das Abkommen auf die geplante Annexion palästinensischer Gebiete (vorläufig) verzichtet zu haben. Doch die Repräsentanten der Emirate

rühmten sich, mit dem Abkommen die bevorstehende Annexion palästinensischer Gebiete verhindert zu haben und beschworen ihre
bleibende Solidarität mit der palästinensischen Sache. Die Umstände legen somit die Vermutung nahe, dass eine israelische Annexion die US-amerikanischen Bemühungen um eine Normalisierung
der Beziehungen zwischen Israel und arabischen Staaten, einen
Schulterschluss gegen den Iran und damit einen diplomatischen Erfolg der Trump-Regierung zunichtegemacht hätte. Zudem bewies
doch das Abkommen aus Netanjahus Sicht, dass die Besatzung palästinensischer Gebiete keineswegs ein entscheidendes Hindernis
für Frieden und gute Beziehungen zu den arabischen Staaten darstellt. Aber Israel lockte auf jeden Fall auch der Zugang zu den bislang weitgehend verschlossenen arabischen Märkten und die Aussicht auf arabische Investitionen. Die erhofften positiven Wirkungen
der *Abraham Accords* übertrafen also die ungewissen Folgen und
Risiken eines äußerst umstrittenen Annexionsbeschlusses, zumal
sich Netanjahu auch in seinem Dauerwahlkampf zwischen 2019 und
2021 davon innenpolitische Vorteile versprach.

Die Golfstaaten verbanden mit der Normalisierung die Hoffnung
auf Teilhabe an israelischer Hochtechnologie sowohl im zivilen als
auch im waffentechnischen Bereich. Zugleich ermöglichte ihnen das
Abkommen, den lang gehegten Wunsch nach 50 modernsten amerikanischen F-35 Kampfflugzeugen zu realisieren. Die jahrzehntealte
US-amerikanische Maxime von der Sicherung eines israelischen qua-
litativen militärischen Vorteils, die Waffenverkäufe in arabische Staaten bislang immer erschwerte, wurde mit dem Normalisierungsabkommen zwischen Israe und der VAE obsolet. Saudi-Arabien konnte sich zwar bisher unter Hinweis auf das ungelöste Palästina-Problem
nicht zu einer Unterzeichnung der Deklaration und zur Aufnahme diplomatischer Beziehungen mit Israel entschließen, ließ jedoch sein
Wohlwollen erkennen. Auch der späteren Normalisierung der Beziehungen mit Marokko (Dezember 2020) lag eine politische Abma-
chung zugrunde: Die USA erkannten die Souveränität Marokkos über
die seit 1975 völkerrechtswidrig besetzte Westsahara an. Und für die
Normalisierung mit dem Sudan (Januar 2021) wurde auch ein politi-

scher Preis gezahlt: Der Sudan wurde von der Liste der Terrorstaaten gestrichen.

Die „Errungenschaften" der Trump-Administration – vor allem der „Jahrhundertdeal" und die Normalisierungsabkommen mit (bislang) vier arabischen Staaten – haben aus palästinensischer Sicht politisch katastrophale Auswirkungen:

- Die israelische Regierung betrachtete den Plan als Ansporn für einen verstärkten Siedlungsausbau und für eine Intensivierung der schleichenden Annexion.
- Nach der Veröffentlichung des „Jahrhundertdeals" und der Streichung finanzieller Unterstützung für die PA brach die PA die noch bestehenden Elemente einer Kooperation mit den USA und Israel ab und stand damit vor einem finanziellen Kollaps.
- Die Normalisierungsabkommen mit arabischen Staaten bugsierten die Palästinenser:innen auch in der arabischen Welt in ein politisches Abseits, denn sie bedeuteten eine Abkehr von der Arabischen Friedensinitiative (2002), die eine Normalisierung der israelisch-arabischen Beziehungen erst nach einem Ende der Besatzung und einer Regelung des Konflikts vorsah.
- Die Normalisierung der Beziehungen mit arabischen Staaten führt praktisch zu einer Normalisierung der Besatzung und wirkt allen Bemühungen um eine Konfliktregelung entgegen.

GAZA-PROTESTE UND GAZA-KRIEG (2018 – 2021)

Im Großen und Ganzen konnte durch die nach dem Gaza-Krieg 2014 vereinbarte Waffenruhe ein neuerlicher Kriegsausbruch bis zum Mai 2021 verhindert werden. Zwar kam es auch in den folgenden Jahren immer wieder zu militärischen Aktionen – Raketenbeschuss und brennende Drachen auf Israels Süden aus dem Gazastreifen und israelische Luftangriffe im Gazastreifen. Die Regierung Israels hatte offensichtlich kein Interesse *Hamas* zu stürzen, dadurch ein möglicherweise unkontrollierbares Chaos im Gazastreifen auszulösen oder gar die Machtübernahme durch noch radikalere Kräfte zu provozieren. Die „feindliche Kooperation" beider Seiten ging sogar so weit, dass der Regierung von Katar erlaubt wurde, trotz der Blockade regelmäßig große Summen von Dollars in Koffern in den Gazastreifen zu bringen, sodass die *Hamas*-Regierung den Brennstoff für das einzige Kraftwerk ebenso bezahlen konnte wie die Gehälter für Zivilangestellte und Unterstützung für bedürftige Familien.

Blutige Konfrontationen spitzten sich in den Jahren 2018 und 2019 unmittelbar an der Grenze zwischen dem Gazastreifen und Israel zu. Am 30. März 2018 – einem Tag, an dem die Palästinenser:innen traditionell der erlittenen Landverluste gedenken („Tag des Bodens") – demonstrierten zum ersten Mal an der Grenze unter dem Slogan *Great March of Return* (GMR) tausende Bewohner:innen des Gazastreifens gegen die israelische Besatzung und Blockade und für das Rückkehrrecht der vertriebenen und geflohenen Palästinenser:innen (75 % der Palästinenser:innen im Gazastreifen sind registrierte Flüchtlinge). Die geplante Verlegung der US-Botschaft nach Jerusalem, die damals kurz bevorstand, heizte die Proteststimmung zusätzlich an.

Diese Demonstrationen fanden nun jeden Freitag statt, allerdings ab Jahresmitte zunehmend orchestriert und instrumentalisiert von der den Gazastreifen regierenden *Hamas*. An der ersten Demonstration hatten sich ca. 30.000 Personen beteiligt. Protestierende aus allen sozialen Bevölkerungsgruppen waren der friedlichen Initiative lokaler Aktivist:innen gefolgt und gestalteten die Proteste mittels Konzerten, Sportveranstaltungen und ähnlichen Kulturaktivitäten in unmittelbarer Nähe zum Grenzzaun. Auch an späteren Demonstrationen beteiligten sich regelmäßig über 10.000 Personen, kleinere Aktivitäten fanden während der Woche statt. Die Demonstrationen hielten insgesamt 18 Monate an, bis *Hamas* im Dezember 2019 wegen der nachlassenden Beteiligung ihre Aussetzung erklärte, zumal sich Ägypten, Katar und die Vereinten Nationen auf diplomatischem Wege um De-Eskalation bemühten. Aus palästinensischer Sicht manifestierte sich in den monatelangen Freitagsprotesten der massenhafte zivile Widerstand der Gaza-Bevölkerung gegen Besatzung und Blockade. Was als zivile und friedliche Demonstrationsbewegung von den Initiatoren des GMR in den sozialen Medien angeregt wurde, deutete die israelische Armee von Anfang an als Deckmantel für terroristische Aktivitäten und Provokationen der *Hamas*, die internationalen politischen und diplomatischen Druck auf Israel erzeugen sollten. Für das israelische Militär bewiesen immer wieder auch Gruppen gewaltbereiter Jugendlicher, die sich der Grenze und der gesperrten so genannten „Sicherheitszone" näherten, israelische Soldaten auf der anderen Seite angriffen und brennende Drachen und Ballons gegen israelische Zivilbevölkerung einsetzten, unfriedliche Absichten und rechtfertigten das rücksichtslose und brutale Vorgehen gegen die Protestierenden. Alleine zwischen März und Dezember 2018 wurden 189 Tote und über 9.000 Verletzte gezählt. Viele der Verletzten waren durch gezielte Schüsse in die Beine schwer verletzt worden, was zu einer Überlastung des ohnehin angeschlagenen Gesundheitssystems führte.

Die jahrelangen Spannungen an der Grenze sollten im Mai 2021 wieder in eine kriegerische Auseinandersetzung münden. In der Vorgeschichte des Gaza-Krieges zwischen dem 10. und 21. Mai 2021 sind wieder die gleichen Muster wie in den vorangegangenen vier Gaza-Kriegen erkennbar: Innenpolitische Konfliktherde entwickeln eine kaum zu kontrollierende Eskalationsdynamik und werden von den Akteuren auf beiden Seiten des Konflikts aus eigenen politischen, ideologischen oder (vermeintlich) nationalen Interessen instrumentalisiert. Umgehend werden auf beiden Seiten Narrative und Propagandadarstellungen produziert, die das jeweilige Handeln als alternativlos legitimieren sollen.

Für den Beginn des fünften Gaza-Krieges im Mai 2021 spielte – wieder einmal – die schon seit Jahren angespannte Lage in Ost-Jerusalem eine wichtige Rolle. Den Hintergrund bildet eine seit etwa einem Jahrzehnt andauernde Auseinandersetzung über Räumungsklagen gegen 28 palästinensische Familien im Ost-Jerusalemer Stadtteil Scheich Dscharrah. Im Mai stand eine Entscheidung des Obersten Gerichtshofes Israels über die angesetzte Räumung bevor. In der gerichtlichen Auseinandersetzung spiegeln sich die territorialen Landkonflikte zwischen Israelis und Palästinenser:innen wider: Um das Jahr 1800 kauften jüdische religiöse Vereinigungen die umstrittenen Grundstücke in Scheich Dscharrah, die aber weitgehend unbebaut blieben. Nachdem das Gebiet nach dem Krieg von 1948 unter jordanische Herrschaft kam, wurden dort von Jordanien mithilfe der UN-RWA Häuser für palästinensische Flüchtlinge gebaut, die bzw. deren Nachkommen dort bis heute wohnen. Nach dem so genannten Sechs-Tage-Krieg von 1967 eroberte und annektierte Israel Ost-Jerusalem und verabschiedete ein Gesetz, das es jüdischen Israelis und Organisationen erlaubte, Eigentum, das infolge des Krieges von 1948 verloren gegangen war, zurückzufordern. In den betroffenen Häusern haben nie andere Menschen als die Palästinenser:innen und ihre Nachkommen gelebt, die dort während der jordanischen Herrschaft einzogen.

Es geht also hier weder um einen juristischen Streit zwischen Vermieter und Mieter, noch um eine soziale Auseinandersetzung um auch in Jerusalem knappen Wohnraum, sondern um die Frage, ob es legitim und angemessen ist, wenn Israel den Palästinenser:innen, die dort ihr ganzes Leben lang lebten, dieses Eigentum wegnimmt, um es religiös motivierten jüdischen Siedler:innen und ihren Organisationen zu übergeben, die mithilfe millionschwerer Spenden aus den USA dort ihren Kampf mit dem Ziel einer „Judaisierung" palästinensischer Stadtteile führen. Jahrelange gewaltfreie Proteste gegen die Enteignungsmaßnahmen blieben folgenlos. Einen weiteren Beleg für diese Verdrängungspolitik sehen die Palästinenser:innen u. a. in den gesetzlichen Regelungen, die es zwar jüdischen Israelis, aber nicht Palästinenser:innen ermöglichen, im Zuge des Krieges 1948 und der israelischen Staatsgründung verlorenen Grundbesitz zurückzufordern. Der in West-Jerusalem befindliche umfangreiche palästinensische Grundbesitz wurde seinen Eigentümer:innen durch vielerlei gesetzliche Maßnahmen entzogen und gehört heute z.t. zu den begehrtesten Wohnvierteln in der Stadt.

Neben diesem aktuell aufgeheizten Bodenkonflikt sorgte in Jerusalem das Verhalten der israelischen Polizei während des Fastenmonats Ramadan im April/Mai 2021 für zusätzliche Konfrontationen. Mehrfach räumte die israelische Polizei den Platz vor dem Damaskus Tor, dem Eingang zum muslimischen Viertel der Jerusalemer Altstadt, wo sich traditionell nach dem Ende der Fastentage viele Palästinenser:innen treffen. Die Auseinandersetzungen in Ost-Jerusalem eskalierten u. a. auch auf dem Tempelberg/*Haram-asch-Scharif*, was zur Erstürmung der *Al-Aksa*-Moschee durch die israelische Polizei führte. Auch das wurde von der palästinensischen Bevölkerung als gezielte Provokation gedeutet, zumal Demonstrationen rechtsradikaler Siedlerorganisationen, die mit dem Ruf „Tod den Arabern" durch die Stadt zogen, weitgehend unbehelligt blieben. Zur De-Eskalation der Situation trug nicht bei, dass nach den vierten israelischen Knessetwahlen innerhalb von zwei Jahren seit Ende März auf der politischen Bühne heftig um eine zukünftige Regierungskoalition mit oder ohne Netanjahu gerungen wurde, was das Bedürfnis der beteiligten Politiker:innen, sich mit harten und unversöhnlichen Statements zu profilieren, nicht bremste.

Zum Hintergrund der Eskalation zählte aber auf palästinensischer Seite auch die tiefe Frustration über die Absage der von Präsident Abbas für Mai 2021 angekündigten Wahlen – es wären die ersten seit 15 Jahren gewesen. Als Begründung wurde die Weigerung Israels angegeben, in Ost-Jerusalem Wahlen zu ermöglichen. Auch wenn allgemein angenommen wurde, dass die Angst vor einer Wahlniederlage für den Präsidenten handlungsleitend war, so manifestierte sich in der Entscheidung nochmals nicht nur der Kontrollverlust der PA über Ost-Jerusalem, sondern auch der drohende Verlust Jerusalems als Hauptstadt eines zukünftigen palästinensischen Staates. Die ohnehin weitgehend erodierte Legitimation des Präsidenten Abbas schwand in den Augen großer Teile der Bevölkerung daraufhin noch weiter.

Vor diesem Hintergrund ergriff die im Gazastreifen herrschende *Hamas* die Chance, sich mit einem die gesamte palästinensische Gesellschaft mobilisierenden Thema zu profilieren: Jerusalem. *Hamas* trat nun als Verteidigerin Jerusalems auf und marginalisierte in diesem Konflikt nun völlig die PA in Ramallah. Sie setzte der israelischen Regierung eine Frist, bis zu deren Ablauf die israelischen Sicherheitskräfte vom Tempelberg/*Haram-asch-Scharif* und aus Scheich Dscharrah abziehen sollten, und begann kurz nach dessen Verstreichen, Raketen aus dem Gazastreifen auf Israel abzuschießen, u.a. auch in Richtung Jerusalem.

Elf Tage sollte der Krieg im Mai 2021 andauern. Bei dem Raketenbeschuss Israels durch *Hamas* und den *Islamischen Dschihad* kamen 12 Israelis, bei den israelischen Bombardements des Gazastreifens mindestens 248 Palästinenser:innen ums Leben, mehrere tausend wurden verletzt und mehrere zehntausend zum Verlassen ihrer Häuser gezwungen. Die meisten Raketen, die in Israel in bewohntem Gebiet einzuschlagen drohten, wurden wiederum von dem Raketenabwehrsystem *Iron Dome* abgefangen.

Diesmal schwappte die Eskalation auch in das Kernland Israels über. In den wenigen Städten mit gemischter jüdischer und palästinensischer Bevölkerung kam es zu gewaltsamen Auseinandersetzungen, die von einigen Beobachter:innen als bürgerkriegsähnlich bezeichnet wurden. Das Erschrecken über das Ausmaß und die Brutalität der Straßenschlachten zwischen radikalen jüdischen und palästinensischen Gruppen war in Israel groß. Während der letzten Gaza-Kriege hatte es in Israel zwar wenige Demonstrationen der palästinensischen Bevölkerung in Solidarität mit den Menschen im Gazastreifen gegeben, doch seit Jahrzehnten war es nicht zu derart blutigen Straßenkämpfen gekommen, die die israelische Polizei zunächst auch nicht unter Kontrolle bringen konnte. In verschiedenen Orten Israels wurde immerhin auf Kundgebungen vereinzelt zur friedlichen Koexistenz zwischen Israelis und Palästinensern aufgerufen.

Der Krieg zwang die neue Biden-Administration in den USA, sich mit diesem Konflikt stärker zu befassen, als sie dies eigentlich geplant hatte. Deutlich wurde, dass der neuen amerikanischen Administration eine nahostpolitische Strategie noch fehlte. Die Gespräche über eine Waffenruhe blieben wieder einmal Ägypten überlassen. Ansonsten glichen die Reaktionen denen auf den Gaza-Krieg 2014: Legitimierung des israelischen Vorgehens gegen den Raketenbeschuss unter Berufung auf das Selbstverteidigungsrecht gegen den „Raketenterror" der *Hamas* einerseits und auf der anderen Seite Rechtfertigung der militärischen Aktionen aus dem Gazastreifen als Notwehr des Schwächeren in einem asymmetrischen Konflikt sowie Kritik und Verdammnis Israels. Spiegelbildliche Reaktionen – ebenfalls vergleichbar mit denen auf den Gaza-Krieg 2014 – gab es im Ausland bis hin zu antisemitischen Aktionen wie Angriffen auf Synagogen – auch in Deutschland.

DIE CORONA-PANDEMIE IN ISRAEL UND PALÄSTINA

Israel wird nicht selten als Musterland für den Umgang mit der Corona-Pandemie gepriesen. Im Blick auf die Impfkampagne seit Dezember 2020 (Erstimpfungen) und seit Juli 2021 („Booster"-Impfungen) mag dies zutreffen, weil Israel eine Vorreiterrolle einnahm. Tatsächlich verlief aber die Entwicklung besonders 2020 chaotisch und widersprüchlich. In den palästinensischen Gebieten wurde die Entwicklung besonders durch die Besatzungssituation geprägt. Die ersten beiden Corona-Jahre in Israel/Palästina spiegeln in besonderer Weise die Probleme einer erfolgreichen Pandemiebekämpfung und grenzüberschreitenden Krisenpolitik in einem Konflikt- und Kriegsgebiet wider. Die Beziehungen zwischen israelischen und palästinensischen Akteur:innen sind im Zuge der Pandemiebekämpfung von Phasen sowohl der Kooperation als auch der Konfrontation gekennzeichnet, abhängig von der Entwicklung der Pandemie, den jeweiligen innenpolitischen Situationen und dem Stand des Konflikts. Die Frage, ob Katastrophen wie eine Pandemie in einem Krisengebiet eine eher den Konflikt eskalierende Wirkung entfalten oder gewaltreduzierende oder gar friedenspolitische Dynamiken ermöglichen, kann noch nicht abschließend beantwortet werden. Allerdings geben die Erfahrungen der ersten zwei Corona-Jahre wenig Anlass für Hoffnungen auf eine positive Antwort.

Israel eilte im Hinblick auf die Pandemie den globalen Entwicklungen nicht selten voraus – nicht nur bei den Impfquoten, sondern auch bei den Infektionszahlen. Hohe Inzidenzen und ein strapaziertes Gesundheitssystem veranlassten im März 2020 die Regierung, zur Verkündung eines harten Lockdowns. Dieser wurde Ende April – wohl zu früh – wieder gelockert, denn bereits im Juli wurden nach einer Erhöhung der Inzidenzwerte neue Distanzregelungen verhängt. Doch schon bald sollte im September 2020 ein weiterer Lockdown notwendig sein, um die so genannte zweite Welle zu brechen. Die Inzidenzen stiegen so stark an, dass Israel gemessen an der Bevölkerungszahl von ca. 9 Millionen Einwohner:innen damals zu den am stärksten betroffenen Ländern der westlichen Welt gehörte. Auch die dritte Welle erreichte Israel früher als andere Länder, konnte aber durch eine frühe und rasche Impfkampagne ab Dezember 2020 eingedämmt werden. Als sich trotz guter Impfquoten die Delta-Variante im Sommer 2021 in Israel rasant ausbreitete, Studien außerdem eine begrenzte Wirksamkeit der vor allem verwendeten Biontech/Pfizer-Impfungen zeigten und ein deutlicher Anstieg von Durchbruchsinfektionen zu beobachten war, begann Israel Ende Juli 2021 als erstes Land überhaupt damit, seinen Bürger:innen eine dritte Impfdosis zu verabreichen. Mit diesen Booster-Impfungen gelang es offenbar, die vierte Welle zu brechen.

Nach den erheblichen wirtschaftlichen Schäden, die die drei Lockdowns 2020 verursachten, beabsichtigte die neue israelische Regierung unter Ministerpräsident Bennett, mit einer konsequenten Impf- und Teststrategie nun weitere Lockdowns und größere wirtschaftliche Verluste zu vermeiden. Allerdings führte die Omikron-Variante der Pandemie Ende 2021 zu einem erneuten Zick-Zack-Kurs: zunächst völlige Abschottung des Landes, dann nach Beginn der Ausbreitung der neuen Variante erneut Öffnung. In der Regierung gab es Streit über die Frage schärferer Regelungen, die Impfkampagne unter Kindern lief nur schleppend, über die Notwendigkeit einer vierten Impfung wurde diskutiert, teilweise wurde sie begonnen. Doch gab es auch zunehmend Expert:innen, die Zweifel an dieser Strategie anmeldeten. Obwohl die Frage des Impfens weniger als politische, sondern mehr als Expertenentscheidung gesehen wurde, gingen Impfgegner:innen auch in Israel auf die Straße. Es gab sogar Demonstrationen, bei denen sich diese aus Protest einen gelben Stern an die Kleidung hefteten.

Die zeitweise besonders hohen Inzidenzen in Israel waren im ersten Corona-Jahr besonders in Gebieten zu beobachten, in denen viele ultraorthodoxe Juden (*Haredim*) wohnten, sowie in Städten und Dörfern mit palästinensischer Bevölkerung. In beiden Bevölkerungsgruppen widersetzte man sich besonders beharrlich den gebotenen Maßnahmen wie Abstandsregelungen und Kontakteinschränkungen. Zu erheblichen innergesellschaftlichen Spannungen führte 2020 das Verhalten der Netanjahu-Regierung, die den Lockdown im Allgemeinen hart durchsetzte, die *Haredim*, die sich anfangs vielfach auf Anweisung religiöser Führungspersönlichkeiten nicht an die Hygiene- und Distanzgebote hielten, aber gewähren ließen. Pandemiepolitik wurde so 2020/2021 zeitweise ein wesentlicher Faktor des Wahlkampfes: Ministerpräsident Netanjahu hatte sich eng und dauerhaft mit den ultraorthodoxen Parteien verbündet und war im Parlament auf deren Unterstützung angewiesen, sodass er jegliche Konfrontation vermied.

Die Instrumentalisierung der Pandemie durch Netanjahu für Wahlkampfzwecke wurde besonders deutlich in der Impfkampagne. Gerne ließ er die Bevölkerung wissen, dass er insgesamt 35-mal mit seinem „Freund", dem Geschäftsführer der US-amerikanischen Pharmafirma Pfizer, die zusammen mit der deutschen Firma Biontech führend an der Herstellung des Impfstoffes beteiligt war, telefoniert habe, um für Israel frühzeitig Impfstoff in großen Mengen zu erhalten. Aber noch wichtiger als der Abnahmepreis und eine vermeintliche Männerfreundschaft zwischen Netanjahu und dem Chef von Pfizer war wohl das professionelle Interesse der Pharmafirma an Israel als einem einmaligen epidemiologischen Labor: ein inselartiges, von der Außenwelt weitgehend abgeschlossenes Territorium, ein digitalisiertes Gesundheitswesen, in dem alle gesetzlich versichert sind und Patientendaten von Krankenkassen und Gesundheitsbehörden zentral gesammelt und evaluiert werden. Diese Israel-spezifischen, gesundheitspolitisch einzigartigen Verhältnisse ermöglichen eine Überprüfung und Verfolgung von Impfkampagnen unter realen Bedingungen.

Israel war das Land, das ab Dezember 2020 am schnellsten und umfangreichsten seine Bevölkerung impfen ließ. Geimpfte erhielten einen so genannten grünen Pass, der ihnen Zugang zu öffentlichen Einrichtungen ermöglichte. Die Erfolge der Kampagne wurden allerdings durch die sich ausbreitende Delta-Variante des Virus wieder relativiert. Das führte 2021 zu einem zum Teil schnellen Wechsel von Lockerungen und neuen Maßnahmen.

Die beiden Bevölkerungsgruppen der Ultraorthodoxen und der Palästinenser:innen in Israel, die sich durch hohe Infektionszahlen auszeichneten, zeigten auch eine unübersehbare Zurückhaltung gegenüber der Covid-Impfung. Sind es in der ultraorthodoxen Bevölkerung vor allem religiöse Gründe, so sind es bei den Palästinenser:innen Zweifel an der Effektivität der Impfungen, Angst vor langfristigen Folgen und Misstrauen gegenüber der Regierung. Der israelischen Regierung wird aber auch eine Vernachlässigung der arabischen Bevölkerung vorgeworfen, weil z. B. in palästinensischen Ortschaften zu wenig für die Impfung geworben und zur Verhinderung etwa von Hochzeitsfeiern mit hunderten Besucher:innen nichts unternommen wurde. Auch die oftmals schwerere Erreichbarkeit von Impfzentren spielt eine Rolle. Zudem ist für Palästinenser:innen in Israel der Reiz eines grünen Passes geringer, denn in palästinensischen Ortschaften gibt es kaum Kinos oder Sporteinrichtungen.

Hinsichtlich der Wechselwirkung zwischen dem israelisch-palästinensischen Konflikt und der Corona-Pandemie gilt es ansonsten, zwischen der Westbank, Ost-Jerusalem und dem Gazastreifen zu unterscheiden. In allen drei Bereichen gab es Phasen der Kooperation und der Abgrenzung zwischen den Konfliktparteien, die jedoch alle sowohl hinsichtlich des Umfangs wie auch der Dauer begrenzt waren. Unter dem Strich waren in allen drei Konfliktbereichen schließlich politische Faktoren, die mit dem Konflikt zusammenhingen, für die Entwicklung ausschlaggebender als pandemiebedingte Faktoren.

Im annektierten Ost-Jerusalem gibt es besondere Gründe für eine geringe Impfquote: Fast 40 % der palästinensischen Einwohner:innen leben jenseits der Trennmauer, sind nicht nur impfpolitisch marginalisiert und schwer erreichbar. Sie wurden durch den Mauerbau quasi in ein Niemandsland gedrängt, das von Stadtverwaltung und Sicherheitskräften gemieden wird, obgleich es nach wie vor zum Stadtgebiet Jerusalem zählt. Gleichzeitig achtet die israelische Seite penibel darauf, dass dort keinerlei Dienstleistungen der PA angeboten werden, weil dies die von Israel beanspruchte Souveränität in ganz Jerusalem in Frage stellen würde. Die Vernachlässigung der palästinensischen Bewohner:innen Ost-Jerusalems durch die israelische Stadtverwaltung veranlasste die PA während der ersten pandemischen Welle zu Aktivitäten n diesen Stadtbezirken, z. B. mit Test- und Desinfektionsmaßnahmen sowie der Durchsetzung von Lockdown-Regeln. Doch israelische Sicherheitskräfte unterbanden rasch diese Dienste. Ein Testzentrum im palästinensischen Stadtteil Silwan wurde geschlossen und der PA-Minister für Jerusalem-Angelegenheiten wurde wegen der „illegalen" Aktivitäten der PA in Ost-Jerusalem inhaftiert. Für die Impfskepsis vieler Palästinenser:innen in den Ostteilen der Stadt ist auch das Misstrauen in Maßnahmen der israelischen Okkupationsmacht verantwortlich. Mobile Impfvorrichtungen an den Checkpoints für die in die jüdischen Stadtteile West-Jerusalems pendelnden palästinensischen Arbeiter:innen erreichten zunächst nur einen Teil der Bevölkerung.

Die Besuchsregelungen am Tempelberg/*Haram-asch-Scharif* in Jerusalem machen den Mangel an Kooperation und den negativen Einfluss des Konflikts auf die Pandemiebekämpfung deutlich: Während der ersten Welle der Pandemie kamen Israel und der Wafq (muslimische Behörde für die Verwaltung des Tempelbergs) überein, diesen für alle Besucher:innen zu schließen. Der Wafq wollte bei der zweiten Welle ebenso verfahren, aber die israelischen Behörden bestanden auf dem freien Zutritt für jüdische Israelis. Daraufhin blieb die Heilige Stätte für alle geöffnet, denn der Wafq wollte nicht die Schließung nur für muslimische Besucher:innen verantworten.

Ein weiteres Beispiel für widersprüchliche Praktiken in der Pandemiebekämpfung bildet das Schicksal der in Israel arbeitenden palästinensischen Arbeiter aus der Westbank. Während des ersten Lockdowns im März 2020 wurden zunächst die Grenzübergänge geschlossen, was zu erheblichen Verlusten für Palästinenser:innen und israelische Unternehmen führte. Zur Milderung der negativen Folgen wurde dann Zigtausenden die Lohnarbeit in Israel gestattet, allerdings unter der Voraussetzung, dass sie nicht täglich, sondern nur wöchentlich pendeln, um durch diese Kontaktbeschränkungen die grenzüberschreitenden Ansteckungen zu begrenzen. An den Checkpoints wurde jedoch häufig auf Tests verzichtet. Ein großer Teil der Arbeitskräfte gelangte illegal, also ohne Arbeitsgenehmigung nach Israel und entging damit natürlich einer Testpflicht auch bei der Rückkehr in die besetzten Gebiete. Die israelische Regierung duldete aus naheliegenden wirtschaftlichen Gründen – illegale Arbeitskräfte sind noch billiger als legale – diese Praxis und machte es damit der PA unmöglich, die an sich erforderlichen medizinisch gebotenen Sicherheitsmaßnahmen durchzuführen und potentielle Infektionsherde zu identifizieren und zu isolieren. Die völlige Kontrolle der israelischen Besatzungsmacht über den grenzüberschreitenden Verkehr unterminierte also erheblich die Möglichkeit der palästinensischen Autonomiebehörde, autonom über Maßnahmen der Pandemiebekämpfung zu entscheiden. Hinzu kam, dass trotz gegenteiliger Ankündigungen die israelische Militärverwaltung wegen der Pandemie in der Westbank keine besondere Zurückhaltung übte: Häuserzerstörungen z. B. wurden nicht ausgesetzt, gewalttätige Übergriffe der Sieder nahmen zu, zumal pandemiebedingt die meisten internationalen Menschenrechtsbeobachter das Land verlassen hatten.

Eine andere Situation entwickelte sich zwischen Israel und dem Gazastreifen. Zu Beginn der Pandemie führte die Sorge hinsichtlich der weiteren Entwicklung im Gazastreifen wegen der Bevölkerungsdichte, der Armut, dem begrenzten Zugang zu Wasser und Elektrizität sowie dem schlecht ausgerüsteten Gesundheitssystem zu ungewöhnlicher Kooperation. So erlaubte Israel die Einfuhr medizinischen Geräts, Palästinenser:innen aus dem Gazastreifen nahmen an Fortbildungskursen in Israel teil und Textilfabriken im Gazastreifen produzierten u. a. Masken und Schutzkleidung meist für den Export nach Israel. Doch der anfängliche gemeinsame Schock über die Pandemie verflüchtigte sich zusehends. Auch die Führung der *Hamas* verfügte harte Schutzmaßnahmen, sodass die Infektionszahlen wohl lange Zeit auf einem relativ niedrigen Niveau verharrten und eine weitere Verschlechterung der ohnehin prekären Lebensverhältnisse im Gazastreifen vermieden werden konnte. Ironie des Schicksals: Die weitgehende Blockade des Gazastreifens reduzierte die Ansteckungsgefahr für die palästinensische Bevölkerung. Die verhältnismäßig geringen Infektionszahlen sowohl im Gazastreifen als auch im Westjordanland haben allerdings eine beschränkte Aussagekraft. Von Expert:innen werden sie zum einen auf den Mangel an Testmöglichkeiten zurückgeführt, zum anderen auf die frühzeitige Reaktion sowohl der PA als auch der Hamas mit starken Einschränkungen des öffentlichen Lebens und strikten Quarantäneauflagen. Damit konnten die Fallzahlen unter Kontrolle gehalten werden.

Schon im Mai 2020 endete diese „kooperative Phase". Covid-19 wurde politisch instrumentalisiert, der Konflikt eskalierte. Vielleicht war es der Beginn einer heftigen neuen Corona-Welle im Gazastreifen, der bei beiden Konfliktparteien Ende August die Bereitschaft zur Deeskalation weckte. Durch Vermittlung von Ägypten, Katar und der UN kam es zu einer Waffenruhe, der wechselseitige Beschuss wurde eingestellt, Israel ermöglichte wieder die Lieferung von Kraftstoff, medizinischen und humanitärer Gütern internationaler Organisationen und Katar nahm wieder seine finanziellen Zuwendungen an die Hamas auf.

Auch im Verhältnis zwischen Israel und der Führung im Gazastreifen zeigte sich also, dass eine drohende akute Katastrophe wie der Ausbruch einer Pandemie auch bei Konfliktgegnern Potentiale für eine kooperative Krisenbewältigung mobilisieren kann. Die Asymmetrie des israelisch-palästinensischen Konflikts und widersprüchliche Interessen verhinderten jedoch die Entwicklung einer dauerhaften gemeinsamen Strategie. Die Versuchung, die Bewältigung der Krise für eigene innen- oder außenpolitische Vorteile zu nutzen, ist für beide Konfliktbeteiligte offenbar groß gewesen.

Israel wurde zunächst dafür kritisiert, dass es keinen Impfstoff für die palästinensische Bevölkerung in der besetzten Westbank und im Gazastreifen zur Verfügung stellte. Während die jüdischen Siedler in den palästinensischen Gebieten selbstverständlich in die israelische Impfkampagne einbezogen wurden, gingen die Palästinenser:innen leer aus. Stattdessen wurden Impfstoffüberschüsse nach Guatemala geliefert, als Dank für die Eröffnung seiner Botschaft in Jerusalem. Die israelische Regierung rechtfertigte ihr Handeln mit dem Hinweis auf die Oslo-Vereinbarungen, gemäß denen die Verantwortung für das öffentliche Gesundheitssystem bei der PA liege. Menschenrechts- und internationale Organisationen verwiesen dagegen auf die Genfer Konvention, gemäß der die Besatzungsmacht verpflichtet ist, „für eine angemessene medizinische Versorgung der Zivilbevölkerung zu sorgen und Vorbeugungsmaßnahmen zur Verhinderung ansteckender Krankheiten und Seuchen zu treffen" (Art. 56). Die israelische Regierung beschränkte sich aber auf die Impfung der Palästinenser:innen in Ost-Jerusalem; in der Westbank wurden von Israel nur diejenigen Palästinenser:innen geimpft, die über Arbeitserlaubnisse in Israel (ca. 100.000) oder in den jüdischen Siedlungen (ca. 30.000) verfügten. Kleine Impfstoffchargen wurden für Beschäftigte im Gesundheitswesen bereitgestellt. Israel erlaubte die Einfuhr von Impfstoff in die Westbank und den Gazastreifen, der von anderen Staaten gestiftet wurde. Die Bereitschaft der israelischen Regierung Impfstoffchargen kurz vor ihrem Ablaufdatum an die palästinensischen Behörden zu liefern, stieß in Ramallah auf Ablehnung.

Inzwischen hat auch die PA mit Impfungen begonnen. Im Dezember 2021 wurde für die Westbank und den Gazastreifen eine Quote von etwa 27 % für zweifache Impfungen gemeldet. Vorwürfe wegen des langsamen Impftempos werden auch der PA gemacht. Schon 2020 habe sie sich nicht beharrlich und rechtzeitig um den Ankauf von Impfstoff gekümmert und allzu lang auf Lieferungen von befreundeten Staaten und der internationalen Organisation COVAX gehofft. Die PA verweist demgegenüber auf ihre chronische Finanzknappheit.

In Israel waren Ende 2021 ca. 70 % vollständig geimpft, womit Israel etwa im Durchschnitt der westlichen Industrienationen liegt. Mit ca. 44 % so genannten „Booster"-Impfungen rangierte es zu diesem Zeitpunkt wieder in der Spitzengruppe.

BEDROHUNG DURCH DAS IRANISCHE ATOMPROGRAMM?

Inwieweit das iranische Atomprogramm für Israel ein Bedrohungspotential darstellt, war jahrelang ein zentrales Thema israelischer Innenpolitik sowie internationaler Diplomatie. Das iranische Regime unterstützt die islamistischen Gruppen *Hisbollah* im Libanon und das Regime in Syrien, verletzt im Inneren systematisch Menschenrechte, stellte – besonders unter der Präsidentschaft Ahmedinedschads – immer wieder die Verfolgung und Ermordung der europäischen Juden infrage und brachte regelmäßig seine Überzeugung zum Ausdruck, Israel müsse von der Landkarte verschwinden. Vor allem aber trieb es ein Nuklearprogramm voran, das zu Befürchtungen Anlass gab, der Iran strebe nach der Verfügungsgewalt über Atomwaffen. Besonders von rechts-nationalistischen israelischen Regierungen wurde das Problem aber auch in vielfältiger Art und Weise instrumentalisiert, nicht zuletzt um vom israelisch-palästinensischen Konflikt abzulenken. Für die nationalistischen Kräfte zeigen die iranische Politik und die Sympathien in arabischen Gesellschaften dafür, dass weder die israelischen Siedlungen, noch der israelisch-palästinensische Konflikt das Kernproblem des Nahen Ostens darstellen. Das zentrale Problem sei vielmehr der Unwillen, Israel als jüdischen Staat anzuerkennen. Deshalb müsse die weitere Bearbeitung des israelisch-palästinensischen Konflikts warten bis die existenzielle Bedrohung aus dem Iran beseitigt sei. Ministerpräsident Netanjahu und Minister seiner Regierungskoalitionen drohten mit einem israelischen Militärschlag gegen den Iran, obwohl gerade aus dem israelischen „Sicherheitsestablishment" vor einer militärischen Intervention gewarnt wurde.

Die internationale Gemeinschaft verfolgte dagegen eine Doppelstrategie: Verhandlungen einerseits und Sanktionen andererseits. Gegen den erbitterten Widerstand der israelischen Regierung, die auch zu tiefen Meinungsverschiedenheiten mit dem US-amerikanischen Präsidenten Obama führte, kam es im Zuge einer neuen iranischen Politik der Öffnung gegenüber dem Westen nach dem Amtsantritt des iranischen Präsidenten Rohani 2013 erstmals zu substanziellen Fortschritten bei den Verhandlungen mit den Vertretern der fünf UN-Vetomächte USA, Russland, China, Großbritannien und Frankreich sowie Deutschlands („P5 plus 1"). Diese konnten im Juli 2015 nach zähen insgesamt fast 13-jährigen Verhandlungen mit einem Abkommen, dem *Joint Comprehensive Plan of Action* (JCPoA), abgeschlossen werden, das sicherstellen sollte, dass der Iran sein ziviles Atomprogramm fortführen, Atomwaffen jedoch nicht entwickeln kann. Die UN-Sanktionen gegen den Iran wurden schrittweise aufgehoben.

Während international das Abkommen weitgehend begrüßt wurde, distanzierte sich in Israel die Regierung deutlich. Zum einen wurde darauf verwiesen, dass das iranische Einlenken keineswegs nur den internationalen Sanktionen, sondern den militärischen Drohungen zu verdanken sei. Auch sei die Verhinderung eines iranischen Entwicklungsprogramms für Atomwaffen keineswegs ausreichend. Der Iran müsse vielmehr grundsätzlich von der Nutzung der Nuklearenergie lassen. Schließlich bestand die israelische Regierung darauf, dass es in der iranischen Politik keine substantiellen Veränderungen gegeben habe. Die Bedrohung durch den Iran sei unter dem Strich sogar noch gestiegen, weil viele Staaten sich durch den konzilianten Ton von Präsident Rohani, der 2017 mit klarer Mehrheit wiedergewählt wurde, zu illusionären Einschätzungen der Politik des Iran in der Region verleiten ließen. Die Ablehnung des Atomabkommens mit dem Iran und Furcht vor einer regionalen Dominanz des Iran haben zu einer Annäherung zwischen Israel einerseits und Saudi-Arabien und den Golfstaaten andererseits geführt.

Mit dem Amtsantritt des amerikanischen Präsidenten Trump entflammten die Diskussionen über das iranische Atomprogramm erneut, denn dieser hatte sich schon im Wahlkampf die israelische Kritik zu eigen gemacht und das Abkommen als „katastrophalen Deal" bezeichnet. Im Mai 2018 schließlich kündigten die USA einseitig die multilaterale Vereinbarung und setzten die alten Sanktionen gegenüber dem Iran wieder in Kraft. Damit drohten vor allem auch Strafmaßnahmen gegen europäische Unternehmen, die im Handel mit dem Iran die amerikanischen Sanktionen nicht respektierten. Versuche anderer Vertragsparteien, insbesondere der EU, die iranische Regierung zu bewegen, an den Bestimmungen des Abkommens festzuhalten, blieben erfolglos. Der Iran begann, das Uran in seinen Zentrifugen so weit anzureichern, dass dessen militärische Nutzbarkeit näher rückte und die Überprüfungen der Internationalen Atomenergiebehörde (IAEA) erschwert wurden. Seit dem Amtsantritt des amerikanischen Präsidenten Biden wird nun wieder verhandelt, doch mit einem raschen Verhandlungsergebnis rechnet niemand. Zwar befindet sich der Iran aufgrund der Sanktionen wirtschaftlich in großer Bedrängnis, doch bei den iranischen Präsidentenwahlen 2021 wurde mit Ebrahim Raisi ein religiöser Hardliner gewählt, dessen Kompromissbereitschaft nicht besonders ausgeprägt zu sein scheint. Hinzu kommt, dass eine schlichte Rückkehr zu den Vertragsinhalten von 2015 kaum möglich ist: Die technologischen Fortschritte, die der Iran in Richtung auf eine mögliche atomare Aufrüstung gemacht hat, können nicht einfach rückgängig gemacht werden. Ferner wird in den USA und Israel von einem neuen Übereinkommen gefordert, dass die ballistischen Fähigkeiten des Iran einbezogen und auch Irans politische Rolle im Nahen und Mittleren Osten thematisiert wird. Wäre dies jedoch schon 2015 zur Voraussetzung eines Abkommens gemacht worden, hätte es den JCFoA wohl nicht gegeben.

Der israelische Diskurs zur möglichen atomaren Bewaffnung des Iran verläuft Ende 2021 durchaus kontrovers. Es gibt auch in Israel prominente Stimmen, die die Kündigung des Atomabkommens mit dem Iran durch die Trump-Administration kritisieren. Vieles spricht dafür, dass die Gespräche sich Anfang 2022 zwar in einer Krise befinden, aber andererseits keine Seite für das Scheitern verantwortlich gemacht werden möchte. Außerdem bestehen erhebliche Zweifel daran, ob Israel in der Lage wäre, einen militärischen Schlag durchzuführen und auf die Folgen einer militärischen Auseinandersetzung – zumal einer, die länger als wenige Tage dauert – mit dem Iran und seinen Verbündeten vorbereitet ist. Allein die Anzahl der Raketen, über die die libanesische *Hizbollah* verfügt, wird auf 120.000 bis 150.000 geschätzt.

Boykott gegen Israel?

Israel scheint auf der internationalen Bühne im Blick auf seine Besatzungspolitik isoliert. Fast ausnahmslos wird seit Jahrzehnten von der internationalen Gemeinschaft und in internationalen Organisationen eine Zwei-Staaten-Regelung favorisiert und die Siedlungspolitik heftig kritisiert. Lediglich während der Regierungszeit Trumps, der nach anfänglichen Zögern dann den politischen Wunschzettel der Netanjahu-Regierungen weitgehend abarbeitete, wurde diese Kontinuität und der weitgehende Konsens unterbrochen. Allerdings ist der „diplomatische Tsunami", vor dem noch der frühere israelische Ministerpräsident Barak im Jahr 2011 für der Fall gewarnt hatte, dass der Stillstand bei den Verhandlungen zwischen Israel und den Palästinenser:innen nicht überwunden würde, ausgeblieben. Die jahrzehntelange Kritik der internationalen Staatengemeinschaft beschränkte sich weiterhin im Wesentlichen auf folgenlose Pressemitteilungen und Resolutionen. Auch die Spannungen zwischen Israel und der Europäischen Union (EU), Israels größtem Wirtschaftspartner, blieben weitgehend ohne Folgen trotz der unzähligen Erklärungen gegen die israelische Siedlungs- und Besatzungspolitik. Zudem gelang es Israel unter Ministerpräsident Netanjahu zunehmend erfolgreich, einen Keil zwischen die Mitgliedstaaten der EU zu treiben. Er baute systematisch die Beziehungen zu populistischen und islamophoben EU-Regierungen wie etwa in Ungarn unter Ministerpräsident Victor Orban aus. Dass diese von antisemitischen Kräften mitgetragen wurden oder selbst antisemitisch agierten, störte dabei nicht. Eine ehemalige Likud-Abgeordnete erklärte das mit der Bemerkung, diese Kräfte mögen zwar antisemitisch sein, aber sie seien auf der Seite der israelischen Regierung.

Israel genießt in vielerlei Hinsicht einen privilegierten Assoziierungsstatus gegenüber der EU, vor allem Zollbegünstigungen im Han-

delsbereich. Unter Nutzung dieser präferentiellen Einfuhrbedingun-
gen hat Israel jahrelang Produkte aus den völkerrechtswidrigen jüdischen Siedlungen in der Westbank unter dem Etikett „Made in Israel"
in die EU exportiert. Nach langer politischer Debatte bestätigte ein
Urteil des Europäischen Gerichtshofes vom Februar 2010, dass die
Verweigerung von Zollpräferenzen rechtmäßig ist, da diese nur für Importe aus Israel gelten. Die Siedlungen seien jedoch nicht Teil des israelischen Staatsgebiets. Bezug genommen wird auf das Rechtsgut-
achten des Internationalen Gerichtshofes zum Mauerbau, in dem nicht
nur der Bau von Siedlungen als völkerrechtswidrig qualifiziert, sondern auch die Rechtspflicht aller Staaten betont wird, d esen Maßnahmen „keine Beihilfe oder Unterstützung" zu gewähren. Die Forderungen nach einer korrekten Bezeichnung von Produkten aus jüdischen
Siedlungen in der Westbank wurden daraufhin deutlich stärker.

Diese Differenzierung zwischen dem Kernland Israel und den Gebieten jenseits der Grenze von 1967 wurde von der israelischen Regierung unter Ministerpräsident Netanjahu gleichgesetzt mit der so
genannten BDS-Kampagne. BDS steht für *Boycott, Divestment, Sanctions* (Boykott, Kapitalabzug und Sanktionen). Diese Kampagne wurde am 9. Juli 2005 mit einem Aufruf von über 170 palästinensischen
Nicht-Regierungsorganisationen ins Leben gerufen. S'e fordert ein
Ende der israelischen Besatzung, die rechtliche Gleichstellung der
arabisch-palästinensischen Bürger Israels sowie das Rückkehrrecht
für die vertriebenen und geflohenen Palästinenser. Solange diese Forderungen nicht erfüllt sind, ruft die BDS-Kampagne zu einem gene-
rellen Boykott Israels auf und verweist auf das historische Beispiel
von Südafrika. Jahrelang erregte die Kampagne nur zeitweise Aufmerksamkeit, doch in den letzten Jahren hat die BDS-Kampagne in
verschiedenen Ländern an Unterstützung gewonnen.

Weil die BDS-Kampagne bewusst keine Aussage zu einer Lö-
sungsperspektive des israelisch-palästinensischen Korflikts macht
und die Rückkehr der vertriebenen und geflohenen Palästinenser fordert, wird sie von denjenigen politischen Kräften, die aktiv für eine
Zwei-Staaten-Regelung des Konfliktes eintreten, abgelehnt oder zumindest skeptisch gesehen. Die Palästinensische Autonomiebehörde selbst ruft nicht zu einem Boykott Israels auf. Sie appelliert dage-

gen an die Palästinenser:innen in der Westbank, keine Produkte aus israelischen Siedlungen zu erwerben sowie generell palästinensische Waren zu kaufen, wenn es diese gibt, um damit die palästinensische Wirtschaft zu stärken. Die Netanjahu-Regierungen sowie ihre Unterstützer:innen bezeichneten die BDS-Kampagne als „Antisemitismus des 21. Jahrhunderts" oder „ökonomischen Terrorismus". Zu der Vermischung von BDS-Kampagne und Forderungen nach einer konsequenten Differenzierung zwischen dem Kernland Israels in den Grenzen von 1967 und den Gebieten jenseits davon kommt es nicht zuletzt deshalb, weil sowohl die BDS-Kampagne als auch die israelische Regierung ein Interesse daran haben: Während dies der israelischen Regierung ermöglicht, auch die Forderung z. b. nach einer korrekten Bezeichnung der Siedlungsprodukte als Boykottmaßnahme, eine Form der Delegitimierung Israels, also als antiisraelisch, antizionistisch oder antisemitisch zu verunglimpfen, versucht die BDS-Kampagne die Forderungen nach Differenzierung als Zustimmung zu ihrem umfassenden Boykottaufruf und damit als Erfolg für sich zu vereinnahmen.

Zu einer ernsten Verstimmung zwischen der EU und Israel führte im Juli 2013 der EU-Beschluss, bilaterale Abkommen mit Israel dürften in Zukunft nicht zu einer Förderung der illegalen Siedlungen beitragen. Die EU kam damit ihrer völkerrechtlichen Verpflichtung nach, israelische Verstöße gegen das Völkerrecht nicht zu unterstützen. Nach Jahrzehnten des Ausbaus privilegierter Beziehungen zwischen der EU und Israel ungeachtet der völkerrechtswidrigen Siedlungs- und Besatzungspolitik sollte nun zum ersten Mal die Kritik der EU konkrete Folgen haben. Die politische Empörung in Jerusalem schlug naturgemäß hohe Wellen. Da zahlreiche Forschungsinstitutionen in Israel allerdings befürchteten, in erheblichem Umfang Gelder aus dem Forschungsprogramm der EU zu verlieren, gab es in Israel selbst eine wirksame Kritik gegen eine kompromisslose Haltung der Regierung. Im Rahmen der Verhandlungen über eine Beteiligung Israels an dem europäischen Forschungsprogramm *Horizon 2020* einigten sich Israel und die EU schließlich darauf, ihre unterschiedlichen Standpunkte zur Legalität der Siedlungen in einer Zusatzvereinbarung festzuhalten.

Erst nach jahrelangen Diskussionen und nach mehreren Aufforderungen von EU-Staaten veröffentlichte die EU-Kommission im November 2015 Richtlinien zur korrekten Kennzeichnung von Produkten aus israelischen Siedlungen. Die israelische Regierung legte
daraufhin die Zusammenarbeit mit der EU hinsichtlich des Friedensprozesses auf Eis. Die Veröffentlichung der Richtlinien war zwar
ein wichtiger Schritt zur Differenzierung zwischen dem Kernland und
den Gebieten jenseits der Grenzen von 1967, doch dieser war nur
von symbolischer Bedeutung, da sich in der operativen Umsetzung
weiterhin die EU-internen Meinungsverschiedenheiten zum israelisch-palästinensischen Konflikt manifestieren, denn in den meisten
EU-Staaten werden die Richtlinien ignoriert und in einigen explizit
nicht umgesetzt. Daran hat auch ein Urteil des Europäischen Ge-
richtshofs bislang nicht viel geändert, das im November 2019 die
Kommissionsrichtlinien bekräftigte. Erst die Zukunft wird zeigen, inwieweit die Aufrufe zur Anwendung von einer Mischung aus positiven und negativen Anreizen und eine konsequentere Differenzierung zwischen Israel und den besetzten Gebieten von den Staaten
der EU und in den Institutionen der EU aufgegriffen werden. Die Diskussion darüber umfasst auch die Frage der Kooperation mit israelischen Unternehmen wie z. B. Banken, die den Bau etwa von Siedlungen finanzieren, und Firmen, die geschäftliche Beziehungen mit
Siedlungen oder Siedlerorganisationen pflegen, sowie – über das
Problem der korrekten Etikettierung hinaus – die Frage eines Im-
portverbotes von Produkten aus israelischen Siedlungen.

Die Bundesregierung, die die Forderung nach korrekter Etikettierung unterstützt, weist heute in ihren Informationen über die Beziehungen zu Israel daraufhin, dass in den Siedlungen hergestellte Produkte nicht die Ursprungsbezeichnung „Israel" tragen dürfen. Des
Weiteren warnt sie deutsche Unternehmen vor den „beträchtliche(n)
Risiken in Bezug auf wirtschaftliche und finanzielle Aktivitäten in und
zugunsten von Siedlungen". Angesichts der „Möglichkeit von Verstö-
ßen gegen humanitäres Völkerrecht und gegen Menschenrechtskon-
ventionen im Zusammenhang mit Siedlungen" sollten sich Unternehmen und Privatpersonen der „möglichen Reputationsrisiken bewusst
sein".

Die Auseinandersetzung um die BDS-Kampagne nahm in Deutschland seit 2017 deutlich an Fahrt auf. Bereits im Dezember 2017 hatte der Stadtrat von München beschlossen, niemand, der sich mit der BDS-Kampagne befasse oder sie unterstützen wolle, dürfe dafür städtische Zuschüsse erhalten oder einen kommunalen Raum nutzen. Ähnliche Beschlüsse folgten in Frankfurt/M., Mannheim, Bielefeld, Essen und anderen Städten sowie in Landtagen. Der BDS-Bewegung und deren Befürworter:innen wird vorgeworfen, antisemitisch zu argumentieren und Erinnerungen an den Naziboykott jüdischer Geschäfte heraufzubeschwören. Im Mai 2019 wurde mit großer Mehrheit ein Antrag aller Bundestagsfraktionen mit Ausnahme der Linken und der AfD mit dem Titel „Der BDS-Bewegung entschlossen entgegentreten – Antisemitismus bekämpfen" verabschiedet. Darin wurden zwar nur die Argumentationsmuster und Methoden der BDS-Kampagne als antisemitisch bezeichnet, national und international wurde er aber so rezipiert, dass der Deutsche Bundestag die BDS-Bewegung als antisemitisch charakterisiert habe. Hintergrund war ein Wettlauf zwischen den oppositionellen Fraktionen der FDP und der AfD, wer der beste Freund der israelischen Regierung ist. AfD und FDP schufen mit jeweils eigenen Anträgen gegen die BDS-Kampagne einen Sog, dem sich dann die Regierungsparteien CDU/CSU und SPD und schließlich auch die oppositionellen Bündnis 90/Die Grünen nicht mehr entziehen zu können glaubten, weil befürchtet wurde, dass die Ablehnung eines Antrags gegen den Antisemitismus als unzureichendes Engagement gegen diesen interpretiert werden würde. So entstand der mehrheitlich verabschiedete Antrag. Die AfD forderte in ihrem Antrag ein Verbot der BDS-Bewegung. Die Linke kritisierte in einem eigenen Antrag die BDS-Bewegung vorsichtiger, als der mehrheitlich angenommene Antrag. Bemerkenswert erscheint die hohe Zahl persönlicher Erklärungen von Abgeordneten zu dieser Abstimmung, die sich ausdrücklich zum universellen Recht auf Meinungsfreiheit, das in Deutschland wie in Israel geschützt sei, bekannten und betonten, legitime Kritik an der Politik der israelischen Regierung dürfe nicht als vermeintlich antisemitisch diskreditiert und in unangemessener Weise eingeschränkt werden.

Infolge dieses Bundestagsbeschlusses konnten zahlreiche Veranstaltungen nicht stattfinden, Konferenzen nicht abgehalten werden und Künstler nicht auftreten, weil aufgrund einer tatsächlichen oder unterstellten Nähe zur BDS-Bewegung öffentliche, private oder kirchliche Räume nicht zur Verfügung gestellt wurden.

In verschiedenen gerichtlichen Verfahren – inzwischen auch durch höchstrichterliche Rechtsprechung des Bundesverwaltungsgerichts – wurden diese Maßnahmen zur Verhinderung von Veranstaltungen für unrechtmäßig erklärt, weil die Bundestagsresolution gegen BDS lediglich eine „politische Meinungsäußerung im Rahmen einer kontroversen Debatte" ohne jede rechtliche Bindungswirkung für andere Staatsorgane darstelle. Der BDS-Beschluss sei kein Gesetz. Eine politische Meinung des Bundestags rechtfertige keinesfalls Einschränkungen der Meinungsfreiheit und könne nicht als Rechtsgrundlage für die Verhinderung von besatzungskritischen Veranstaltungen herangezogen werden.

Die Kontroverse über den politischen Umgang mit BDS hat in den letzten Jahren einen heftigen Disput in Wissenschaft und Feuilletons ausgelöst, in den sich häufig auch israelische Wissenschaftler:innen und Publizist:innen mit Stellungnahmen einschalteten. Bald ging es um weit mehr als um grundsätzliche Fragen nach den Grenzen einer besatzungskritischen Auseinandersetzung (besonders in Deutschland) mit israelischer Politik, nach der politischen Wirkung eines undifferenzierten Antisemitismusvorwurfs im Kampf gegen Antisemitismus und der Zweckmäßigkeit eines „Boykotts der Boykotteure". Zur Dynamik der Debatte trug erheblich die Verknüpfung mit der seit einigen Jahren kontrovers geführten Auseinandersetzung um Kolonialismus und Post-Kolonialismus bei. Vor allem zwei Fragenkomplexe rückten dabei in den Vordergrund.

Zum einen geht es um Israel, Zionismus und Antisemitismus:

- Können der Zionismus, die Gründung des Staates Israel und der israelisch-palästinensische Konflikt mit dem analytischen Instrumentarium der Kolonialismusforschung adäquat erklärt werden?
- Ist der Antisemitismus eine spezifische Form des Rassismus oder unterscheidet er sich substantiell von ihm?
- Inwieweit führen derartige Erklärungsversuche zu einer Delegitimierung und Dämonisierung des Staates Israel?

Zum anderen werden Fragen der Erinnerungskultur strittig diskutiert:

- Stellt die Verfolgung und Ermordung der europäischen Juden ein singuläres Verbrechen, einen Zivilisationsbruch dar oder ist der Holocaust nur ein weiterer (rassistischer) Völkermord unter anderen?
- Welche historischen Vergleiche sind sinnvoll und legitim?
- Wie kann eine multidirektionale Erinnerungskultur entwickelt werden, die nicht in Ritualen verharrt, sondern Lehren sowohl aus der Schoah wie auch den kolonialen Menschheitsverbrechen ermöglicht?

Die zunehmende Polarisierung der gesellschaftlichen Debatte veranlasste häufig auch Initiativen und Allianzen Gleichgesinnter aus Wissenschaft, Kultur und Publizistik aus Deutschland und Israel, gemeinsam Stellung zu beziehen. Im Dezember 2020 veröffentlichten z. B. die führenden deutschen Kultur- und Wissenschaftseinrichtungen als „Initiative GG 5.3 Weltoffenheit" unter Verweis auf Art. 5 Abs. 3 des Grundgesetzes, der die Kunst- und Wissenschaftsfreiheit schützt, eine gemeinsame Erklärung, in der sie ihre Sorge über eine Gefährdung der Meinungsfreiheit infolge der Anti-BDS-Resolution des Bundestages zum Ausdruck brachten. Die Bekämpfung des Antisemitismus dürfe nicht im Widerspruch zu den Kernnormen des Grundgesetzes erfolgen. Die Unterzeichnenden betonten, dass sie den pauschalen Boykott Israels durch die BDS-Bewegung ablehnen, weil sie den politischen, kulturellen und wissenschaftlichen Austausch für grundlegend halten, beklagten aber gleichzeitig, dass unter Berufung auf die Bundestagsresolution durch missbräuchliche Verwendung des Antisemitismusvorwurfs wichtige Stimmen an den Rand gedrängt und kritische Positionen verzerrt dargestellt würden. Versachlicht werden konnte die Debatte damit aber nicht. Kritiker:innen warfen der Initiative Unterstützung der BDS-Kampagne und Verharmlosung von Antisemitismus oder Antizionismus vor.

Die heftigen Auseinandersetzungen wurden 2022 in verschärfter Weise fortgesetzt aufgrund einiger unstrittig und vermeintlich antisemitischen und besatzungskritischen Darstellungen auf der documenta fifteen Kunstausstellung in Kassel. Neben berechtigten Forderungen nach der Untersuchung von Hintergründen und Versäumnissen von Kuratorenschaft und Geschäftsführung und des Einflusses antisemitischer Ressentiments, gab es jedoch auch zahlreiche Äußerun-

gen, die die gesamte Ausstellung und die deutsche Kulturszene unter Generalverdacht des Antisemitismus stellten und sogar zum Boykott oder Abbruch aufriefen. Eine nähere Auseinandersetzung mit und
Würdigung von den ca. 1.500 Künstler:innen aus dem Globalen Süden und einem postkolonialen Kunst- und Politikverständnis unter-
blieb dabei in der Regel.

EIN SCHWIERIGES DREIECKSVERHÄLTNIS

Die deutsch-israelischen Beziehungen sind außerordentlich vielfältig und eng. Fast alle politischen Kräfte in der Bundesrepublik stimmen darin überein, dass aufgrund der deutschen Geschichte ein besonderes Verhältnis zu Israel besteht, das auch eine besondere historische Verantwortung beinhaltet. Vielfältige Vereinbarungen in politischen und sozialen Angelegenheiten verbinden Deutschland und Israel heute. Deutsche Auslandsvertretungen übernehmen z. B. seit 2014 den konsularischen Schutz für israelische Staatsbürger in Ländern, in denen Israel über keine diplomatische Vertretung verfügt. Auch auf gesellschaftlicher Ebene findet in den Bereichen Tourismus und Sport, Wissenschaft und Kunst seit Jahrzehnten ein lebhafter Austausch statt. Umfragen belegen allerdings auch, dass auf gesellschaftlicher Ebene in Deutschland ein deutlich größeres Maß an Kritik bis hin zu Ablehnung gegenüber Israel zu verzeichnen ist, als in der „politischen Klasse". Dort haben sich viele angewöhnt, die deutsch-israelischen Beziehungen als Wunder zu sakralisieren. Außerdem werden die Floskeln von Israel als einzigem demokratischen Staat im Nahen Osten und von den gemeinsamen Werten bemüht. Manche malen auch nach wie vor das Bild eines der feindlichen arabischen Übermacht gegenüberstehenden kleinen und friedenswilligen Israel. In diesen Kontext passt weder die seit nunmehr mehr als 50 Jahre andauernde israelische Besatzung mit ihren Menschenrechtsverletzungen, noch die nachhaltigen Angriffe auf die demokratischen Strukturen Israels vor allem durch die Netanjahu-Regierungen, noch der Umstand, dass Israel sich unter den zehn größten Waffenexporteuren der Welt befindet.

Die engen politischen und gesellschaftlichen Beziehungen können zudem nicht darüber hinwegtäuschen, dass es in den deutsch-israelischen Beziehungen zahlreiche und zunehmende Spannungsmomente gibt. Zwischen Ministerpräsident Netanjahu und der ehemaligen Kanzlerin Merkel kam es in den letzten Jahren mehrfach zu heftigem Streit, in der Regel im Zusammenhang mit israelischen Plänen für den Ausbau der Siedlungen und mangelnder Kompromissbereitschaft bei Verhandlungen. Die israelische Regierung wiederum war sehr verärgert, dass Deutschland sich im November 2012 bei der Abstimmung über die Aufnahme Palästinas als Beobachterstaat in die Vereinten Nationen der Stimme enthalten hatte statt dagegen zu stimmen. Im Frühjahr 2017 sagte die Bundesregierung die geplanten deutsch-israelischen Regierungskonsultationen als Reaktion auf die Verabschiedung des so genannten Regulierungsgesetzes im israelischen Parlament ab. Dieses sollte es der israelischen Regierung erlauben, auch die jüdischen Siedlungen, die sogar nach israelischer Gesetzeslage illegal sind („Außenposten") und zu deren Räumung sich die israelische Regierung 2003 mit der Annahme der Roadmap verpflichtet hatte, nachträglich zu legalisieren. Während eines Besuches in Israel im Mai 2017 wurde der ehemalige deutsche Außenminister Gabriel vom israelischen Ministerpräsidenten Netanjahu nicht empfangen, weil er sich auch mit Vertreter:innen regierungskritischer Nichtregierungsorganisationen (NGOs) getroffen hatte. Die Spannungen hatten allerdings bislang keine Auswirkungen auf die finanzielle, politische und militärische Unterstützung für Israel. So entschied im Frühjahr 2012 die Bundesregierung, ein sechstes U-Boot für Israel doch zu genehmigen, dessen Lieferung zuvor wegen der fortgesetzten Siedlungspolitik noch „überdacht" werden sollte. Im Frühjahr 2017 einigten sich allerdings beide Regierungen, dass die inzwischen vereinbarte Lieferung weiterer U-Boote nur dann erfolgen werde, wenn sich Bestechungsvorwürfe durch eine polizeiliche Untersuchung in Israel als unbegründet erweisen.

In welche Widersprüche sich die Bundesregierung unter dem damaligen Außenminister Maas im Verhältnis zu Israel verwickelte, zeigte das Beispiel des Internationalen Strafgerichtshofs (IStGH). Dem war der „Staat Palästina" 2015 nach seiner Aufnahme in die UN als

„Beobachter-Staat" beigetreten und übertrug diesem die Untersuchung möglicher Kriegsverbrechen auf eigenem Territorium. Gegenstand des Verfahrens ist das militärische Vorgehen sowohl Israels als auch der *Hamas* im Gaza-Krieg 2014, die militärischen Reaktionen Israels auf die palästinensischen Massenproteste an der Grenze zu Israel 2018 („March of Return") sowie die israelische Siedlungspolitik. Als im Verfahren vor dem IStGH die strittige Frage der Zuständigkeit des Gerichts zur Debatte stand, hat sich die Bundesregierung der völkerrechtlich sehr umstrittenen Auffassung der israelischen Regierung angeschlossen. In einer offiziellen Stellungnahme an das Gericht in Den Haag bekräftigte sie die Unzuständigkeit des IStGH. Das Auswärtige Amt begründete seine Haltung mit dem Wunsch, eine Politisierung des Gerichts zu vermeiden, obgleich es dazu mit seiner ungefragt eingereichten pro-israelischen Positionierung selbst erheblich beitrug. Gleichzeitig schwächte Deutschland mit seiner Argumentation ganz erheblich die internationale Anerkennung dieser multilateralen Institution und setzte sich damit in Widerspruch zu ihrer eigenen langjährigen Politik als eines der Gründungsmitglieder des IStGH, denn in anderen Zusammenhängen hatte sich Deutschland immer vehement für eine breite internationale Akzeptanz und die Unabhängigkeit dieses Gerichts eingesetzt. Der IStGH folgte den juristischen Argumentationslinien der deutschen (und israelischen) Regierung nicht, sodass im Februar 2021 die Anklagebehörde in Den Haag ein Ermittlungsverfahren wegen möglicher Kriegsverbrechen im Westjordanland, Ost-Jerusalem und dem Gazastreifen ankündigte.

Auch das deutsch-palästinensische Verhältnis hat sich in den letzten Jahren intensiviert. Enge politische Konsultationen mit Palästinenser:innen auf Regierungsebene gehören heute zum politischen Alltag der bilateralen Beziehungen. Die Aufwertung der palästinensischen Vertretung in Berlin 2012 zur „Palästinensischen Mission" stellt allerdings eine für die deutsche Palästinapolitik typische, halbherzige Kompensation für die mangelnde Unterstützung Deutschlands für den palästinensischen Wunsch nach staatlicher Anerkennung und Aufnahme in die UN dar. Die palästinensische Vertreterin durfte sich nun Botschafterin nennen, ohne allerdings alle Rechte einer „Botschaft Palästinas" zu genießen. Ambivalent fällt auch die Wür-

digung der finanziellen Unterstützung für die Palästinenser:innen aus:
Kein Land der Welt erhält pro Kopf so viel finanzielle Zuwendungen
aus Deutschland wie die Palästinenser:innen – bilateral wie im Kontext internationaler Organisationen wie EU, UN, UNRWA etc. 2016
z. B. unterstützte die Bundesregierung Palästina mit einem Gesamt-
volumen von rund 154 Millionen Euro. Seit den 80er Jahren belaufen
sich die bilateralen Zuwendungen auf mehr als eine Milliarde Euro.
Doch in Palästina wird das finanzielle Engagement – gedacht als Flan-
kierung des Friedensprozesses nach den Oslo-Abkommen – oft auch
als Ersatz für ein konsequentes nahostpolitisches Engagement gesehen, denn die finanzielle Unterstützung der Palästinensischen Autonomiebehörde und unzähliger Projekte in den palästinensischen Gebieten kommt auch einer Entlastung der Besatzungsmacht Israel
gleich und dient damit indirekt der Aufrechterhaltung der Okkupation. So zeigt sich in der deutschen Unterstützung ein doppeltes politisches Dilemma: Sie erleichtert einerseits die humanitäre Situation
vieler Palästinenser:innen und ermöglicht entwicklungspolitische Fortschritte, andererseits stabilisiert sie eine völkerrechtswidrige Besatzungssituation. Das zweite Dilemma: Mit den finanziellen Mitteln für
die Autonomiebehörde wird eine zunehmend autokratischer agierende palästinensische „Regierung" stabilisiert, die Bürger- und Menschenrechte verletzt und eine demokratische Entwicklung sabotiert,
während politische Beobachter eine unkontrollierbare Explosion in
den besetzten Gebieten befürchten, wenn die internationale Unterstützung ausbleibt. Aus Angst vor einer Destabilisierung der Region wird
somit auch mit deutschen Finanzmitteln ein politisch völkerrechtswid-
riger und undemokratischer *Status Quo* aufrechterhalten.

Der israelisch-palästinensische Konflikt ist ein in Deutschland immer wieder leidenschaftlich debattiertes Thema. Schon die Komplexität des Konflikts und die lange Konfliktgeschichte bieten reichlich
Stoff für kontroverse Diskussionen, doch die Verknüpfung mit deutscher Geschichte und das besondere Verhältnis Deutschlands zu Israel sorgen häufig für einen Überschuss an Emotionen. Wer sich in
Deutschland zum Konflikt äußert, begibt sich auf schwieriges und politisch heikles Terrain. Das zeigt sich verstärkt seit 2017, dem 50. Jahrestag des Krieges von 1967 und dem Beginn der israelischen Be-

satzung. Es wurden nicht nur Veranstaltungen, bei denen auch Israelboykott-Befürworter:inner (BDS) auftraten, heftig kritisiert, untersagt oder die Räumlichkeiten entzogen. Sogar Veranstaltungen, zu denen Vertreter:innen der wenigen Organisationen, in denen noch Israelis und Palästinenser:innen zusammenarbeiten, sehen sich zunehmend Forderungen nach Absage ausgesetzt. Auf der anderen Seite veranstalten Städte unter der Schirmherrschaft ihrer Bürgermeister so genannte Israel-Tage, bei denen die „Wiedervereinigung Jerusalems" gefeiert wird. In Berlin fand im Mai 2022 eine Solidaritätskundgebung für Israel mit der Regierenden Bürgermeisterin Franziska Giffey und dem jetzigen Präsidenten der Deutsch-Israelischen Gesellschaft Volker Beck für Israel unter dem Banner eines Groß-Israel vom Jordan bis zum Mittelmeer statt. Das widerspricht nicht nur der Politik der Bundesregierung. Sowohl die „Wiedervereinigung" Jerusalems als auch die Einverleibung der Westbank stellen aus völkerrechtlicher Sicht und internationaler Rechtsprechung eine illegale Annexion dar, denn weder Ost-Jerusalem noch das Westjordantal sind ein Teil Israels. Diese palästinensischen Gebiete gelten völkerrechtlich als besetzt und ihr Endstatus kann erst in gemeinsamen Verhandlungen einvernehmlich festgelegt werden.

Dabei geht es nicht um politische Ausgewogenheit, sondern um eine glaubwürdige Orientierung an Menschenrechten und Völkerrecht, an demokratischen und rechtsstaatlichen Maßstäben. Die Komplexität des Konflikts und die Sensibilität der Konfliktbeteiligten, für die es um existenzielle Fragen geht, erfordern deshalb gerade in Deutschland eine besonders sorgfältige und differenzierte Auseinandersetzung.

Antisemitismus und Kritik

Verbunden mit den genannten diskursiven Entwicklungen sind die Versuche einer Definition von Antisemitismus. Im Hintergrund der oft mit großer Härte geführten Debatten steht ein seit einigen Jahren heftig geführter Streit um den Begriff Antisemitismus, insbesondere weil er immer wieder politisch instrumentalisiert wird. Bislang sind vor allem zwei Definitionen gebräuchlich:

- Drei D-Regel oder der so genannte 3D-Test

  Gemäß dem so genannten 3D-Test (*Delegitimierung, Dämonisierung, Doppelstandards*) ist Antisemit, wer den Staat Israel delegitimiert (ihm also seine Existenzberechtigung abspricht), ihn dämonisiert oder bei der politischen Bewertung israelischer Politik Standards anwendet, die für andere Staaten nicht gelten. Die Kritik an dem 3D-Test bezieht sich auf die Unbestimmtheit der Begriffe: Wann ist z. b. mit einer übertriebenen, unverhältnismäßigen oder ungerechtfertigten Kritik an israelischer Politik die Schwelle zur Dämonisierung überschritten? Ist Antisemit, wer sich für friedenspolitische Regelungen einsetzt, die allen Bewohner:innen in Israel/ Palästina volle Gleichberechtigung zugestehen, ob in zwei Staaten, einem binationalen Staat, einem einheitlichen demokratischen oder einem föderalen Staat? Trotz (oder gerade wegen) der Unbestimmtheit der Definition hat der 3D-Test dem inflationären Gebrauch des Antisemitismusvorwurfs Vorschub geleistet und wird in Medien und Politik gerne benutzt, um sehr besatzungskritische Äußerungen zu diskreditieren.

- IHRA-Definition

  Die 3D-Regel hat auch zumindest indirekt Eingang gefunden in die Definition der IHRA (*International Holocaust Remembrance Alliance* – Internationale Allianz zum Holocaustgedenken). Diese zwischenstaatliche Organisation aus 34 Staaten und Holocaust-Gedenk-Organisationen hat 2016 vor dem Hintergrund zunehmender antisemitischer Vorfälle innerhalb von Staaten der EU eine „nicht rechtsverbindliche Arbeitsdefinition von Antisemitismus" empfohlen: *„Antisemitismus ist eine bestimmte Wahrnehmung von Jüdinnen und Juden, die sich als Hass gegenüber Jüdinnen und Juden ausdrücken kann. Der Antisemitismus richtet sich in Wort oder Tat gegen jüdische oder nichtjüdische Einzelpersonen und/oder deren Eigentum sowie gegen jüdische Gemeindeinstitutionen oder religiöse Einrichtungen."* Zur Veranschaulichung werden elf Beispiele genannt, von denen sich sieben auf den so genannten israelbezogenen Antisemitismus beziehen. Die israelische Regierung setzte sich vehement dafür ein, dass möglichst viele Staaten die IHRA-Definition annehmen. Inzwischen wurde die weit verbreitete Definition von vielen Staaten, internationalen und nationalen Organisationen übernommen – auch von der Bundesregierung, allerdings ohne Erwähnung der umstrittenen elf Beispiele, aber mit dem Zusatz zur Definition: *„Darüber hinaus kann auch der Staat Israel, der dabei als jüdisches Kollektiv verstanden wird, Ziel solcher Angriffe sein."* und unter Weglassung des Folgesatzes: *„Allerdings kann Kritik an Israel, die mit der an anderen Ländern vergleichbar ist, nicht als antisemitisch betrachtet werden."* Diese so genannte erweiterte Fassung wird zunehmend unter anderem aufgrund des sehr starken Bezugs der Beispiele auf Israel und die gleichzeitige Auslassung anderer wichtiger Aspekte von Antisemitismus kritisch hinterfragt. Kritische Stimmen bezeichnen die „Arbeitsdefinition" und die Beispiele als zu vage formuliert. Sie werfen ihr vor, einige israelbezogene antisemitische Phänomene hervorzuheben, aber andere weitgehend auszusparen. Die weiten Interpretationsspielräume der IHRA-Definition böten darüber hinaus rhetorische Mittel, um besatzungskritischen Protesten und Äußerungen antisemitische Ressentiments zu unterstellen.

- Die Jerusalemer Erklärung zum Antisemitismus (JDA – *Jerusalem Declaration on Antisemitism*)
  Der missbräuchliche Umgang mit dem 3D-Test und der IHRA-Definition zur Delegitimierung von Kritik an der israelischen Politik hat

Hunderte von israelischen und internationalen Wissenschaftler:innen, die in der Antisemitismusforschung und in verwandten Bereichen arbeiten, veranlasst, in einem längeren internationalen Arbeitsprozess einen neuen Ansatz, die Jerusalemer Erklärung vom März 2021 zu entwickeln: *„Antisemitismus ist Diskriminierung, Vorurteil, Feindseligkeit oder Gewalt gegen Jüdinnen und Juden als Jüdinnen und Juden (oder jüdische Einrichtungen als jüdische)."* Die kurze Definition wird durch eine Vorbemerkung (Präambel), 15 Leitlinien und ‚Fragen und Antworten' ergänzt. Die JDA bietet mit ihren prägnanten Ausführungen Orientierung in der Schlüsselfrage: Wann überschreitet die politische Rede über Israel oder Zionismus die Grenzen zum Antisemitismus und wann sollte sie geschützt werden? Unabhängig davon, ob man eine Meinung oder Handlung gutheißt oder nicht, erklären die Leitlinien auch, was nach Ansicht der Autor:innen nicht *per se* antisemitisch ist. Die JDA versteht sich als Alternative zur IHRA-Definition, sichert Räume für eine kritische Auseinandersetzung mit israelischer Politik und will damit zu einer Stärkung des Kampfes gegen Antisemitismus und zur Verteidigung der Meinungsfreiheit beitragen. Die Grenzen zwischen einer legitimen Kritik an der Politik der israelischen Regierung und den Formen eines israelbezogenen Antisemitismus werden präziser, differenzierter und kohärenter gezogen. Dabei wird auch die Bedeutung des Kontextes im konkreten Fall betont, nämlich die Prüfung, wer, was, wann, wo und wie sagt. Vor allem die Erklärung der Unterzeichnenden, dass sie zwar unterschiedliche Positionen gegenüber der BDS-Bewegung einnehmen, aber diese Bewegung nicht *per se* für antisemitisch halten, hat vehementen Widerspruch bei Anhänger:innen der IHRA-Definition ausgelöst. Der JDA wird eine naive bis apologetische Haltung gegenüber der BDS-Bewegung bzw. anti-zionistischen und anti-israelischen Positionen vorgeworfen.

Aufgrund der politischen Implikationen ist eine baldige Versachlichung der Debatte kaum zu erwarten. Im heftigen Streit werden die (alten) Fragen immer wieder zugespitzt: Welche Darstellungen von Geschichte und Gegenwart des israelisch-palästinensischen Konfliktes sind legitim und diskussionswürdig? Welche Zukunftsmodelle für eine friedliche Regelung des Konflikts dürfen legitimerweise debattiert werden? An welchen Werten muss sich eine Friedensregelung orientieren? Wie lässt sich Antisemitismus am besten bekämpfen? Es dürfte unbestritten sein, dass es in Deutschland und Europa im gesamten politischen Spektrum offenen und latenten Antisemitismus gibt, der bekämpft werden muss. Doch die häufig emotional, polemisch und ideologisch geführten Debatten dienen oft eher der politischen Diffamierung der Andersdenkenden als der notwendigen Differenzierung. Schreit die eine Seite „Apartheid" und „Siedlerkolonialismus", versucht die andere Seite sie mit Begriffen wie „Staatsräson" und „Antisemitismus" zu übertönen.

Immer stärker wird diese Debatte auch mit der Flüchtlingsfrage verzahnt. So dient die demonstrative Nähe der AfD zu Israel nicht nur der Ablenkung vom Antisemitismus in den eigenen Reihen. Primäre Quelle des aktuellen und „neuen" Antisemitismus sind in dieser Lesart die nach Deutschland gekommenen (muslimischen) Flüchtlinge. Weit über die AfD und ihre Klientel hinaus werden so Grundlagen geschaffen, auf denen sich Deutsche dann einbilden können, die deutsche Geschichte aufgearbeitet und die Schoah verstanden zu haben – eine andere Form von Schlussstrichmentalität.

In der kritischen Auseinandersetzung mit den aktuellen Entwicklungen im Nahen Osten gilt es deutlich zu machen, dass es um *Kritik an israelischer Politik*, nicht um *Israelkritik*, nicht um eine Infragestellung des Staates Israel geht. Eine besondere historische Verantwortung gegenüber Israel darf eine Gleichgültigkeit in menschen- und völkerrechtlichen Fragen nicht legitimieren. Kritik an israelischer Besatzungs-, Siedlungs- und Innenpolitik ist deshalb selbstverständlich legitim und nimmt in deutschen Medien, Politik und Öffentlichkeit einen breiten Raum ein. Dennoch ist auch Kritik, die den Respekt von Menschen- und Völkerrecht einfordert, nicht immer immun gegen Antisemitismus. Wichtige Indikatoren für antisemitische Ressentiments in der Kritik sind

- Vergleiche bzw. Gleichsetzungen Israels oder israelischer Politik mit der nationalsozialistischen Vertreibungs- und Vernichtungspolitik,
- die Verwendung antisemitischer Stereotype,

- das Negieren des Selbstbestimmungsrechts von Jüdinnen und Juden sowie
- das Verantwortlichmachen von Jüdinnen und Juden aus aller Welt für das Regierungshandeln Israels.

Solidarität mit den Opfern eines Konflikts darf weder rechtsstaatliches Vorgehen gegen die Täter noch Kritik an dem Verhalten der Opfer ausschließen – unabhängig von der asymmetrischen Machtverteilung. Kritik an israelischer Politik gewinnt deshalb an Glaubwürdigkeit, wenn auch palästinensische Politik der kritischen Auseinandersetzung nicht entzogen wird. Und an Glaubwürdigkeit und Überzeugungskraft gewinnt auch der Kampf gegen Antisemitismus, wenn aufgrund gleicher menschen- und völkerrechtlicher Maßstäbe auch die Politik israelischer Regierungen der Kritik unterliegt, denn werden sie von der Kritik aus welchen Gründen auch immer ausgenommen oder besonders schonend behandelt, wird Israel ein Sonderstatus zugewiesen, was dem Antisemitismus wiederum Vorschub leistet.

ZWEI STAATEN FÜR ZWEI VÖLKER?

In den letzten Jahren mehren sich die Stimmen, die eine Zwei-Staaten-Regelung für nicht mehr machbar erklären oder ablehnen. Da sind zum einen die Kräfte auf israelisch-jüdischer Seite, die entweder immer schon ein Groß-Israel angestrebt oder nie an eine wirkliche Bereitschaft der Palästinenser geglaubt haben, sich mit einem eigenen Staat auf nur 22% des Territoriums des britischen Mandatsgebiets Palästina zufrieden zu geben. Auf der anderen Seite stehen diejenigen palästinensischen Kräfte, die den mehrheitlich jüdischen Staat Israel als Ursache des Konfliktes betrachten und einen palästinensischen Staat lediglich in „Rest-Palästina" für eine historische Ungerechtigkeit halten. Beide Lager finden auch im Ausland ihre Unterstützung. Hinzu kommen Kräfte unterschiedlicher politischer Couleur, die analysieren, dass sich unter der mehr als 50-jährigen israelischen Besatzung längst eine Ein-Staaten-Realität entwickelt habe, sodass eine klare faktische Trennung des Territoriums bzw. der dort lebenden israelischen und palästinensischen Bewohner:innen unmöglich sei. Dazu gehören jüdische und israelische Intellektuelle ebenso wie vor allem junge palästinensische Aktivist:innen in der Westbank. Sie halten die von der Besatzungsmacht geschaffenen Tatsachen für irreversibel. Aufgrund dieser Analyse werden ein Staat, ein binationaler Staat oder konföderale Lösungen gefordert.

Vorschläge zur Regelung des Konflikts durch eine territoriale Teilung des Landes liegen seit den 30er Jahren des vergangenen Jahrhunderts vor. Erstmals schlug dies die von Großbritannien eingesetzte Peel-Kommission 1937 vor, es folgte 1947 die Generalversammlung der Vereinten Nationen, die einen Teilungsplan (Resolution 181) beschloss. Nach der Staatsgründung Israels geriet diese Option in Vergessenheit. Auch nachdem mit dem Krieg von 1967 und der Besatzung palästinensischer Gebiete die strukturellen Voraussetzungen für eine Wiederbelebung dieser Idee geschaffen worden war, wurde die Idee zweier Staaten nur von kleinen Minderheiten auf beiden Seiten vertreten. Erst infolge der Prinzipienerklärung von Oslo 1993 nahm die Akzeptanz dieser Idee zu und wurde in der israelischen und palästinensischen Gesellschaft mehrheitsfähig. Der UN-Sicherheitsrat schloss sich dieser Forderung im Jahr 2002 mit der Resolution 1397 an. Gleichzeitig stieg aber – vor dem Hintergrund der expansiven israelischen Siedlungspolitik und der zweiten Intifada – in beiden Gesellschaften die Zahl derjenigen, die eine Umsetzung der Zwei-Staaten-Regelung nicht mehr für möglich hielten. Eine Ein-Staaten-Regelung wird aber sowohl in der israelischen wie in der palästinensischen Gesellschaft mehrheitlich abgelehnt.

Das Konzept der Zwei-Staaten-Regelung hat aber nicht nur durch die realpolitischen Entwicklungen in Israel und Palästina an Überzeugungskraft verloren. Für viele Staaten und Institutionen, die es nach wie vor in unzähligen Resolutionen und Deklarationen unterstützen, scheint diese Forderung reine Rhetorik zu sein, denn die Fragen nach einer realistischen Umsetzungsstrategie und eigenen operationalisierbaren Handlungsoptionen bleiben unbeantwortet. So wird z.B. in EU-Erklärungen immer mal wieder festgestellt, dass israelische Politik in den besetzten Gebieten darauf abzielt, eine Zwei-Staaten-Regelung zu verhindern, doch irgendwelche Konsequenzen haben diese kritischen Feststellungen nicht. Die israelische Regierung ist weder handlungswillig noch handlungsfähig, der palästinensischen Führung in Ramallah fehlt aufgrund der politischen Spaltung und der geschwundenen demokratischen Legitimation die Fähigkeit, friedenspolitische Strategien zu entwickeln. Es ist nicht erkennbar, dass andere politische Akteure wie EU, USA, UN oder arabische Staaten bereit sind, zur Veränderung dieses *Status Quo* politische Maßnahmen zu ergreifen.

Die israelische Gesellschaft und diejenigen, die das Existenzrecht des Staates Israel anerkennen, werden sich mit folgenden Aspekten auseinandersetzen müssen:

- Angesichts der Bevölkerungsentwicklung – israelische und palästinensische Bevölkerung zwischen Jordan und Mittelmeer sind

heute etwa gleich groß – gilt nach wie vor, dass von drei staatspolitischen Zielvorstellungen – Groß-Israel, Demokratie und ein
mehrheitlich jüdischer Staat – immer nur zwei in Kombination miteinander realisiert werden können. Es kann also entweder
(a) einen mehrheitlich jüdischen und demokratischen Staat in nur
einem Teil des Landes geben oder
(b) einen demokratischen Staat im gesamten Land, der aber kein
jüdischer Staat sein wird, oder
(c) einen jüdisch dominierten Staat in Groß-Israel, der auf das At-
tribut demokratisch verzichten muss.

- Nach wie vor stellt die Zwei-Staaten-Regelung die einzige Struktur
  dar, die dem Staat Israel die Fortexistenz als mehrheitlich jüdischer
  und demokratischer Staat ermöglicht, ohne dass damit den
  Palästinenser:innen das Recht auf nationale Selbstbestimmung
  verweigert wird.
- Sind Politik und Gesellschaft in Israel nicht bereit, die Besatzung
  zu beenden und damit die Voraussetzung für eine Zwei-Staaten-
  Regelung zu schaffen, werden sie sich national und international
  zunehmend mit der Forderung nach gleichen Rechten für alle
  Palästinenser:innen in dem von Israel kontrollierten Gebiet konfrontiert sehen.

Palästinenser:innen und ihre Unterstützer:innen werden sich auf der
anderen Seite damit auseinandersetzen müssen,

- dass die berechtigte Enttäuschung über die Ergebnislosigkeit bis-
  heriger Verhandlungen über eine Zwei-Staaten-Regelung die Option eines Staates für beide Bevölkerungen keineswegs realisti-
  scher oder wahrscheinlicher macht, und
- dass eine israelische Gesellschaft, die bislang nicht bereit ist, sich
  mehrheitlich für die Beendigung der Besatzung und ernsthafte
  Schritte zu einer Zwei-Staaten-Regelung einzusetzen, kaum dafür
  gewonnen werden kann, eine Regelung zu akzeptieren, die das
  Ende des Staates Israel bedeuten würde.

Oft mangelt es im Ein-Staaten-Diskurs an Antworten auf grundsätzliche Fragen: Soll es ein binationaler Staat werden? Gibt es in einem
solchen Staat nicht nur individuelle, sondern auch kollektive Rechte?
Oder soll es ein demokratischer Staat für Juden, Muslime und Chris-

ten werden? Bedeutet das für Israelis und Palästinenser:innen den
Verzicht auf das nationale Selbstbestimmungsrecht? Wie sollen die
Minderheitenrechte geregelt werden? Es erscheint kaum vorstellbar,
dass das zionistisch geprägte Selbstverständnis, die Erfahrungen der
Schoah und das daraus resultierende Sicherheitsbedürfnis es in absehbarer Zeit zulassen, dass Israel auf sein Existenzrecht als jüdischer Staat verzichtet. Ebenso scheinen Bemühungen, die
Palästinenser:innen für einen Verzicht auf ihr nationales Selbstbestimmungsrecht zu gewinnen, derzeit wenig aussichtsreich. Ein-Staaten-
Regelungen werden keine Mehrheiten gewinnen, wenn sie den Keim
einer „feindlichen Übernahme" in sich tragen.

Für viele der Probleme, an denen bisher eine Zwei-Staaten-Regelung gescheitert ist, bietet auch eine Ein-Staaten-Regelung keine Lösung. Die Frage des Rückkehrrechts palästinensischer Flüchtlinge
z. B. und die israelischen Sicherheitsprobleme müssten auch in einem gemeinsamen Staat politisch verhandelt werden. Faktisch existiert schon seit über 50 Jahren eine Ein-Staaten-Realität, da Israel
die Kontrolle über das gesamte Gebiet ausübt. Es ist somit eine binationale Realität entstanden, die allerdings von sehr unterschiedlichen Rechten für Palästinenser:innen und jüdische Israelis gekennzeichnet ist. Warum mit einer neu konstruierten Ein-Staaten-Regelung die Bürger- und Menschenrechte der Palästinenser:innen besser
und schneller realisiert werden können, bedarf noch einer überzeu-
genden Erklärung. Angesichts der Asymmetrie der sozialen, politischen und ökonomischen Strukturen, der jahrzehntelangen De-Ent-
wicklung in den besetzten Gebieten und eklatanter Einkommensun-
terschiede ist z. B. ein Steuer- und Sozialsystem, das nicht die
ökonomische Dominanz des jüdischen Bevölkerungsteils perpetu-
iert, kaum vorstellbar.

Die meisten der gegen eine Ein-Staaten-Regelung eingewandten
Argumente begründen auch Zweifel an der Realisierbarkeit von Kon-
föderationsmodellen, die in den letzten Jahren auch von israelisch-
palästinensischen Dialoginitiativen vermehrt diskutiert und propagiert
werden. Die Vorstellungen von Reise- und später auch Niederlas-
sungsfreiheit für alle in beiden Konföderationsstaaten, die Vermeidung
einer Teilung Jerusalems und dessen Ausrufung als gemeinsame of-

fene Hauptstadt zweier Staaten, der Verhinderung von neuem Unrecht durch Bestandsgarantien für die Siedlungen, die Sicherung individueller und kollektiver Rechte für beide Bevölkerungsgruppen – diese Ideen haben gewiss einen attraktiven, aber auch visionären Charakter. Doch die Konföderationskonzepte geben kaum Antworten auf die Probleme der machtpolitischen, wirtschaftlichen und militärischen Asymmetrien zwischen den Konfliktparteien, des Aufbaus gemeinsamer Regierungsinstitutionen sowie berechtigter Ängste und Sicherheitsbedürfnisse der israelischen und der palästinensischen Bevölkerung. Vielleicht macht ein Vergleich die geringen Realisierungschancen derartiger Modelle deutlich: Wenn ein Paar aufgrund erheblicher Differenzen nicht in der Lage ist, sich über die Modalitäten einer Trennung zu verständigen, dann hat der Vorschlag einer Heirat nicht unbedingt größere Realisierungschancen. Trotz bester Absichten birgt die Debatte über solch visionär anmutende Konföderationsmodelle die Gefahr in sich, von den drängenden, real existierenden Problemen abzulenken.

Aus politisch-strategischer Sicht wird von palästinensischer Seite vor allem angeführt, dass der Einsatz für eine Ein-Staaten-Regelung den bisherigen Kampf für nationale Selbstbestimmung in einen Kampf für gleiche Bürgerrechte transformiere. Die Palästinenser:innen, so die Hoffnung, könnten dann – wie die Schwarzen in Südafrika in ihrem Kampf gegen die Apartheid – mit weltweiter Solidarität und wachsender Unterstützung der internationalen Staatengemeinschaft rechnen.

Umfragen eines israelischen und eines palästinensischen Forschungsinstituts vom Oktober 2020 zeigen die vielfältigen und zum Teil widersprüchlichen Einstellungen in beiden Gesellschaften zur Frage der Zwei-Staaten-Regelung: Die Unterstützung für eine Zwei-Staaten-Regelung ist in den letzten sieben Jahren in Israel von 71 % auf heute 44 % gesunken, auf palästinensischer Seite von 57 % auf 43 %. Erfahren die Befragten Details über eine mögliche Zwei-Staaten-Regelung, wie sie in vergangenen Verhandlungen eine Rolle gespielt haben, sinkt die Zustimmung sogar noch weiter. Dabei spielt die Atmosphäre gegenseitigen Misstrauens eine entscheidende Rolle. Ein detailliertes Abkommen unterstützen nur 38 % der israelischen Bevöl-

kerung (36% der jüdischen Bevölkerung und 49% der palästinensischen Staatsbürger:innen Israels). 56% der jüdischen Israelis und
70% der Palästinenser:innen sind gegen ein solches Abkommen.
Zwar ist es nicht ausgeschlossen, dass sich die ablehnende Einstellung unter bestimmten Voraussetzungen in eine Zustimmung wandeln
könnte. Wenn etwa die palästinensische Seite einer Anerkennung Israels als jüdischem Staat in einem Abkommen zustimmt, würde die
Zahl der israelischen Befürworter:innen einer Zwei-Staaten-Regelung
steigen. Ebenso würde die Zustimmung unter Palästinenser:innen
wachsen, wenn Israel sich bereit erklärt, palästinensische Gefangene freizulassen. Die Unterstützung für eine Zwei-Staaten-Regelung
würde z. B. auf beiden Seiten zunehmen, wenn das, was als Volks-
verhetzung in den Schulbüchern der jeweils anderen Seite wahrgenommen wird, beendet werden kann. Allerdings gab es auf beiden
Seiten wenig Bereitschaft, ein Zugeständnis der anderen Seite durch
ein eigenes Zugeständnis zu beantworten.

Die Ergebnisse der Umfrage zeigen, dass ohne Fortschritte auf
der politischen Verhandlungsebene, bei fortgesetztem Siedlungs- und
Infrastrukturausbau und andauernder israelischer militärischer Präsenz in der Westbank die Zahl derjenigen steigen wird, die die Ergebnisse der mehr als 50-jährigen Besatzung für irreversibel halten und
sich deshalb gegen eine Zwei-Staaten-Regelung wenden. Würde jedoch eine Vereinbarung erreicht und würden die Führungen beider
Seiten diese ihren Bevölkerungen als notwendig und machbar vermitteln, wäre es keineswegs ausgeschlossen, Mehrheiten auf beiden
Seiten für eine Unterstützung der Vereinbarung zu gewinnen. In der
Umfrage vom Oktober 2020 befürworten allerdings nur 34% der
Palästinenser:innen (13% im Gazastreifen und 49% in der Westbank)
und 41% der jüdischen Israelis ein Friedensabkommen. 37% der befragten Palästinenser:innen sprechen sich für einen bewaffneten
Kampf gegen die israelische Besatzung aus und 19% der jüdischen
Israelis wollen einen endgültigen Krieg gegen die Palästinenser:innen.
Die friedenspolitischen Perspektiven und politische Handlungsoptionen erodieren also nicht aufgrund eines schwindenden Friedenswil-
lens innerhalb der Bevölkerungen. Es sind Untätigkeit und Unfähigkeit der politischen Akteure, die in den letzten Jahrzehnten die Hoff-

nungen auf eine friedliche Regelung enttäuscht und die Zuversicht in die Möglichkeit einer zukünftigen Lösung reduziert haben.

Kritiker der israelischen Besatzung argumentieren meist, die Fortsetzung der Besatzung sei mit enormen materiellen und immateriellen Kosten für Israel verbunden und eine rationale Politik müsse diese deswegen beenden. Die Mehrheit der israelischen Gesellschaft kommt offensichtlich bisher zu einer anderen Kalkulation. Soweit sie die Schaffung eines palästinensischen Staates neben Israel überhaupt in Erwägung zu ziehen bereit sind, befürchten viele Israelis gesellschaftliche Verwerfungen bis hin zu gewaltsamen Konflikten, die eine Beendigung der Besatzung wegen des Widerstands militanter Siedler:innen gegen eine zwangsweise Räumung von Siedlungen mit sich bringen könnte. Sie haben Angst vor Sicherheitsrisiken infolge einer Aufgabe oder auch nur Reduzierung der israelischen Kontrolle über palästinensische Gebiete. Zudem werden die Kosten für die Fortsetzung der Besatzung ja in Form der Subventionierung der Palästinensischen Autonomieverwaltung und der UNRWA vornehmlich von der EU, den USA und arabischen Staaten und nicht von Israel getragen.

Es gibt auch Akteure und Beobachter:innen, die an dem Zwei-Staaten-Konzept festhalten, aber eine Anpassung des Konzeptes an die geänderten politischen Rahmenbedingungen sowie ein konsequenteres Handeln für die Umsetzung fordern. Sie betonen, dass es für diejenigen Staaten und Kräfte, die an der Forderung nach zwei Staaten festhalten, notwendig sein werde, eine glaubhafte Strategie zu entwickeln, die sich von dem Konzept der 90er Jahre unterscheidet, weil sich die politische Geschäftsgrundlage für eine Zwei-Staaten-Regelung seit Oslo wesentlich verändert habe. Eine Revitalisierung des Zwei-Staaten-Konzepts müsse deutlich machen, dass es weder zu einer völligen Trennung, noch zu einer völligen Integration der beiden Staaten kommen könne. Ideen aus den Konföderationskonzepten könnten dafür hilfreich sein. Akteure wie vor allem die USA und die EU müssten deutlich machen, dass sie nicht bereit sind, eine dauerhafte Besatzung mit ungleichen Rechten mitzufinanzieren – und damit mitzutragen, sondern dass sie stattdessen einen Prozess der „De-Okkupation" fordern, fördern und unterstützen wollen. Sie müssten deshalb eine konsequente Differenzierung zwischen dem Kernland

Israels in den Grenzen von 1967 und den besetzten Gebieten anwenden. Das erfordere die Auseinandersetzung mit der Frage, wie z. B. vor allem die israelische Seite in diesem Konflikt zu einer veränderten Kosten-Nutzen-Rechnung im Blick auf die Fortsetzung der Besatzung gebracht werden könne.

Sind die politischen Kosten und Risiken der Aufrechterhaltung des *Status Quo* tatsächlich geringer als Fortschritte auf dem Weg zu einer Zwei-Staaten-Realität mit all ihren Risiken und Unwägbarkeiten? So wird man z. B. in der EU prüfen und politisch entscheiden müssen, wie man der Sicherheitsratsresolution 2334 der Vereinten Nationen vom Dezember 2016 Folge leistet, die alle Mitgliedstaaten an ihre völkerrechtliche Verpflichtung erinnert, „in ihren relevanten Beziehungen zwischen dem Hoheitsgebiet des Staates Israel und den seit 1967 besetzten Gebieten zu unterscheiden". Dies würde eine konsequentere Differenzierung als bislang zwischen dem „Kernland" Israel und den besetzten Gebieten bedeuten. Außerdem werden die Staaten der EU sich damit auseinandersetzen müssen, wie ein System positiver und negativer Anreize überzeugender gestaltet und eine Demokratisierung der palästinensischen Gesellschaft gefördert und gefordert werden kann. Ebenso müssen die Palästinensische Autorität (PA) in der Westbank und *Hamas* im Gazastreifen zu konkreten und ernsthaften Schritten zur Überwindung ihrer Spaltung und zu einer konstruktiven Beteiligung an Schritten zu einer Konfliktregelung gedrängt werden. Die USA wiederum müssen deutlich machen, dass Israel nicht mehr automatisch mit einem US-Veto bei Beschlüssen des UN-Sicherheitsrates, die israelische Politik kritisieren, rechnen kann und dass die 3,8 Milliarden Dollar Militärhilfe, die Israel jedes Jahr aus den USA erhält, künftig an Bedingungen geknüpft sein wird, wie z. B. die Lockerung der Gaza-Blockade und einen Siedlungsstopp. Schließlich muss ein wesentlich stärkeres Augenmerk auf die Aspekte der Kooperation zwischen beiden Staaten gerichtet werden, wenn sie perspektivisch gemeinsam und nebeneinander existieren wollen. Deshalb gilt es, das bestehende Problem der Ungleichheit zwischen den unterschiedlichen Bevölkerungsgruppen zu adressieren und diese zu verringern. Wer glaubwürdig an der Zwei-Staaten-Option festhalten will, muss deutlich machen, dass ein einziger, jüdischer, undemokratischer Staat zwischen dem Mittelmeer und dem Jordan als Resultat des israelisch-palästinensischen Konflikts nicht akzeptabel ist. Nur so wird deutlich werden, dass die Wahl nicht nur zwischen einer israelischen Annexion großer Teile der Westbank einerseits und einer Ein-Staatlichkeit andererseits besteht, sondern dass Schritte zur Beendigung der Besatzung und zur Schaffung eines palästinensischen Staates nicht nur notwendig, sondern auch gangbar sind.

Die Schaffung eines palästinensischen Staates neben Israel ist weniger eine Frage der physischen Machbarkeit als des politischen Durchsetzungswillens. Alternativen zum Zwei-Staaten-Konzept, die die israelische Besatzung überwinden wollen, werfen hinsichtlich ihrer politischen Umsetzbarkeit mindestens ebenso viele und große Probleme auf wie das Konzept der Zwei-Staaten-Regelung. Sie berücksichtigen zu wenig Sicherheitsbedürfnisse der israelischen und der palästinensischen Bevölkerung, die militärische Dominanz von Israel, die politischen und ökonomischen Asymmetrien und die starke Verbindung von Juden zum Zionismus und das palästinensische Streben nach einem unabhängigen Staat.

AUSBLICK

Nicht Konfliktlösung, sondern lediglich Konfliktmanagement steht auf der politischen Tagesordnung. Seit April 2014 haben keine formalen Friedensverhandlungen zwischen Israelis und Palästinenser:innen mehr stattgefunden. Bemühungen außerregionaler Akteure, z.b. den USA, der EU, den UN, eine dauerhafte friedliche Regelung des Konflikts in die Wege zu leiten oder wenigsten Bewegung in die erstarrten Fronten zu bringen, sind nicht erkennbar. Trotz andauernder Besatzungssituation und der damit verbundenen Repressionen und Menschenrechtsverletzungen hat eine dritte Intifada bislang nicht begonnen. Dialogorientierte, friedensbereite Kräfte sind in beiden Gesellschaften weitgehend marginalisiert.

Für das Warten auf eine Konfliktregelung zahlen vor allem die Palästinenser:innen einen hohen Preis, denn immer wieder erinnern Gewaltausbrüche, Krisen und Kriege an die ungelösten Konfliktursachen. So wurden z.b. zwischen September 2015 und Juni 2017 während der so genannten Messerintifada – mit Messern durchgeführte Einzelattacken von zumeist jugendlichen Palästinenser:innen gegen israelische Soldat:innen und Zivilist:innen – ca. 260 Palästinenser:innen und 50 Israelis getötet und 750 Israelis verletzt. Die Verdrängungspolitik Israels in Ost-Jerusalem, die zur Enteignung und Vertreibung palästinensischer Einwohner:innen führt, und die Auseinandersetzungen um den Status quo auf dem Tempelberg/Haram-asch-Scharif lösen immer wieder nicht nur jahrelangen gewaltfreien Protest aus. Immer wieder entlädt sich der palästinensische Widerstand gegen die Judaisierung Jerusalems auch in gewalttätigen Demonstrationen, die politisch instrumentalisiert werden und kriegerische Auseinandersetzungen legitimieren können. Der Beginn des Gaza-Kriegs im Mai 2021 ist ohne die vorangegangenen Entwicklungen in Jerusalem nicht zu verstehen. Radikae politische und religiöse Kräfte in Parteien und zivilgesellschaftlichen Organisationen auf beiden Seiten verfügen über ein Arsenal an symbolträchtigen provokativen Aktionen, durch die sich Spannungszustände fast beliebig eskalieren lassen. Die Vorgänge 2021 zeigten erneut, wie schnell sich in dem Konflikt gerade in und um Jerusalem religiöse und politische Dimensionen vermischen und die Heiligen Stätten zu einem explosiven Symbol für nationale Souveränität und Selbstbestimmung werden können. Eine erneute militärische Eskalation zwischen Israel und dem Islamischen Dschihad im Gazastreifen konnte im Sommer 2022 glücklicherweise nach wenigen Tagen beendet werden. Wieder einmal waren Verhaftungen und außergerichtliche Tötungen vermeintlicher Terroristen des Islamischen Dschihad im Gazastreifen Ausgangspunkt für die periodisch wiederkehrende Gewaltspirale aus palästinensischem Raketenbeschuss auf Israel und israelischen Bomben auf Gaza. Die Vergeltungslogik auf beiden Konfliktseiten lässt offenbar Zurückhaltung oder gar Untätigkeit nicht zu. Mit Gewaltreaktionen stellt man entweder seinen Widerstandswillen oder seine Abschreckungsfähigkeit unter Beweis. Solcher Beweise bedarf es wohl besonders im Umfeld von Wahlen oder bei drohendem Popularitätsverlust, denn militärische Aktionen werden zur politischen Profilierung benutzt.

Die genannten Beispiele für wiederkehrende Eskalationsdynamiken beschreiben nur diejenigen Ereignisse, über die aufgrund ihrer hohen Opferzahlen in den internationalen Medien berichtet wurde. Aber der Besatzungsalltag in den palästinensischen Gebieten wird ständig von Gewaltanwendung, Menschenrechtsverletzungen, politischer Unterdrückung, Repression und Bedrohung geprägt. So wurden z. B. im relativ „ruhigen" Jahr 2015 laut UN-Berichten 174 Palästinenser:innen durch israelisches Militär getötet, ca. 16.639 wurden verletzt,. Während dieses Jahres starben im Zusammenhang mit Auseinandersetzungen in den besetzten Gebieten 26 Israelis durch Gewalttaten von Palästinenser:innen, 313 wurden verletzt. 560 palästinensische Häuser wurden zerstört, tausende Palästinenser:innen saßen in israelischen Gefängnissen. So generiert der schwelende Konflikt nicht nur in Kriegszeiten militärische Gewalt. Die strukturelle Gewalt der Besatzungssituation ist auch zwischen Kriegen und gewaltträchtigen Demonstrationen existent. 2021 war das tödlichste Jahr seit 2014: israelische Sicherheitskräfte töteten 313 Palästinenser:innen, 236 im Gazastreifen und 77 in der Westbank, neun Israelis wurden getötet. Im gleichen Zeitraum wurden 895 Palästinenser:innen obdachlos, darunter 463 Minderjährige infolge der Zerstörung von 295 Häusern.

Eine neue friedenspolitische Dynamik hat sich in den letzten Jahren nicht entwickelt. Im Gegenteil: Die Mehrheit der Minister:innen der Netanjahu-Regierungen machte keinen Hehl aus ihrer Ablehnung eines palästinensischen Staates, sie stellten für die Palästinenser:innen inakzeptable Forderungen, plädierten für eine Annexion der palästinensischen Gebiete oder versuchten offen Vermittlungsbemühungen zu torpedieren. Daran hatte sich auch trotz der Beteiligung links-liberaler Parteien an der Regierung Bennett nichts substanziell geändert. Dieser hat sich immer gegen einen palästinensischen Staat und für eine Annexion der so genannten C-Gebiete der Westbank ausgesprochen. Außenminister Yair Lapid und Verteidigungsminister Benny Gantz haben dem nie widersprochen und beteiligten sich an der Delegitimierung besatzungskritischer Organisationen. Nur die kleine linksliberale Partei *Meretz, die Arbeitspartei* und die arabische Partei *Ra'am* treten noch explizit für eine Zwei-Staaten-Regelung ein. Zum Teil war sogar eine Verschärfung der Lage zu verzeichnen: der Siedlungsausbau wurde forciert; der wachsenden Gewalt militanter Siedler gegen die palästinensische Bevölkerung wurde nicht entgegengetreten; Verteidigungsminister Benny Gantz erklärte im Herbst 2021 einige palästinensische Menschen- und Bürgerrechtsorganisationen in der Westbank zu „terroristischen Organisationen". Nach monatelanger Prüfung der von Israel geforderten Beweise für eine derartige Kriminalisierung international respektierter zivilgesellschaftlicher Organisationen erklärte die Bundesregierung zusammen mit anderen EU-Staaten und internationalen Organisationen, dass die vorgelegten geheimdienstlichen Unterlagen nicht den Vorwurf der Unterstützung des Terrorismus belegen und deshalb die Unterstützung dieser NGOs fortgesetzt werden soll.

Ein Interesse an der Veränderung des *Status Quo* war auch in der bunten Koalition mit Ministerpräsident Bennett nicht erkennbar, denn trotz international heftiger Kritik glaubte die Mehrheit der in der neuen Regierung vertretenen Parteien offenbar, dass keine gravierenden negativen Folgen für Israel zu befürchten sind. In Israel können viele bislang ganz gut mit dem Konflikt leben, denn die israelische Wirtschaft, die die internationale Finanzkrise weitgehend unbeschadet überstanden hat, florierte bis zum Beginn der Corona-Pandemie, auch wenn manche vor zunehmenden negativen wirtschaftlichen und politischen Folgen der andauernden Besatzung warnten. Die Kooperation der Autonomiebehörde in Ramallah in Sachen Terrorbekämpfung wird auch nach mehrfachen Aufforderungen von PLO-Gremien an Präsident Abbas, diese zu beenden, fortgesetzt. Aus der Sicht derjenigen, die die Besatzung entweder befürworten oder mit ihr glauben leben zu müssen, werden somit die sicherheitspolitischen Risiken eines Friedensabkommens wesentlich höher veranschlagt als für die Aufrechterhaltung des *Status Quo*. Bedroht fühlen sich große Teile der israelischen Bevölkerung nicht durch Gewalt und Gegengewalt einer andauernden Besatzung, sondern durch die vermeintlichen Risiken eines Friedensabkommens. In den friedenspolitischen Debatten geht es in Israel weniger um einen Weg zur Konfliktregelung als um die Frage, wie sich am besten der *Status Quo* der vollständigen Kontrolle erhalten lässt. Bei Verhandlungen soll es lediglich um eine sicherheitspolitische Optimierung des *Status Quo* gehen. Substanzielle Zugeständnisse gegenüber den Palästinenser:innen, der Rückzug aus den besetzten Gebieten oder gar ein Abkommen wären nicht nur ein Sprengsatz für jede israelische Regierungskoalition, sondern würden heftigen – vielleicht sogar bewaffneten – Widerstand aus der Siedlerbewegung hervorrufen. Der Preis, der für die Besatzung gezahlt werden muss, wird offensichtlich aus ökonomischer und ideologischer Sicht für erträglicher gehalten als die potentiellen Risiken im Zusammenhang mit einer Politik der De-Okkupation mit dem Ziel, die Besatzung zu beenden. Die weltweite Kritik an der Besatzungs- und Siedlungspolitik hat sich bislang im Wesentlichen auf periodisch wiederkehrende, aber weitgehend folgenlose Deklarationen beschränkt. Bislang gibt es keine Anhaltspunkte, dass es bei einer fortgesetzten Besatzung zu einem konsequenteren Entzug direkter oder indirekter Unterstützung durch Partner von Israel kommen wird, was den Preis für die Besatzung erhöhen würde.

In den palästinensischen Gebieten liegt das Interesse an einer friedlichen Konfliktregelung auf der Hand. Unter der Besatzung wird sich die politische, ökonomische und menschenrechtliche Situation für die breite Bevölkerung nicht nachhaltig verbessern lassen. Nach über fünfzig Jahren Besatzung haben sich Resignation und Verzweiflung breit gemacht. Ein Ende der Besatzung würde allerdings keine Gewähr für Einheit und Frieden, Freiheit und Wohlstand bieten. Die nationale Versöhnung zwischen Ramallah und Gaza, zwischen *Hamas* und *Fatah* sowie eine nachhaltige Demokratisierung der Gesellschaft bleibt eine Schlüsselvoraussetzung für die Chance einer friedlichen Regelung. Doch auch dafür gibt es keine Anhaltspunkte. Die zahllosen Versöhnungsversuche zwischen *Fatah* und *Hamas* nach der Machtübernahme der *Hamas* im Gazastreifen im Sommer 2007 waren alle erfolglos. Seit der Spaltung Palästinas 2007 haben sich die Gräben zwischen *Hamas* und *Fatah*, zwischen Westbank und Gazastreifen vertieft. *Hamas* regiert den Gazastreifen autoritär und schlägt Proteste brutal nieder. Auch der palästinensische Präsident Abbas agiert in der Westbank immer autokratischer und rücksichtsloser. Nach immer schärferen Repressionen gegen Kritiker:innen wurde im Sommer 2021 sogar ein bekannter Kritiker der Autonomiebehörde nach seiner Verhaftung zu Tode geprügelt. Lediglich in der rücksichtslosen Unterdrückung der jeweiligen Opposition scheinen sich die rivalisierenden Organisationen einig zu sein.

Diese innerpalästinensischen Entwicklungen hängen auch von äußeren Einflüssen und Entwicklungen ab – der Destabilisierung durch die innerarabischen Krisen und Kriege, der Entwicklung der islamischen Bewegungen und demokratischen Kräfte in den arabischen Staaten und nicht zuletzt der Politik von USA und EU.

Das Scheitern aller israelisch-palästinensischen Verhandlungen kommt besonders für die palästinensische Selbstverwaltungsregierung, insbesondere die *Fatah*, dem grundsätzlichen Scheitern ihrer friedenspolitischen Strategie gleich. Sie setzte lange Jahre in ihrem Machtkampf mit der *Hamas*-Führung im Gazastreifen unter ausländischem Druck vor allem auf Fortschritte im Friedensprozess, um sich mit einem baldigen Abkommen als einzige Kraft profilieren zu können, die mit ihrem politischen Kurs in der Lage ist, die Besatzung zu beenden und den Paläs:inenser:innen zu einem eigenen Staat zu verhelfen. Sie steht heute mit leeren Händen da. Die Unfähigkeit der *Fatah,* eine gemeinsame Liste für die palästinensischen Wahlen 2021 aufzustellen, offenbarte tiefe politische Differenzen und persönliche Rivalitäten in der eigenen Organisation, die einstmals als authentische Verkörperung des Widerstands gegen die israelische Besatzung und der Hoffnung auf einen palästinensischen Staat galt. In den Augen der palästinensischen Öffentlichkeit haben deshalb nicht nur Präsident Abbas wegen seiner repressiven Regierungsführung und der nun mehrmals angekündigten und dann abgesagten Parlaments- und Präsidentschaftswahlen, sondern auch *Fatah* ihre Legitimation weitgehend verloren.

Seit den Oslo-Abkommen haben sich die Lebensverhältnisse der Palästinenser:innen zum Teil dramatisch verschlechtert, die Zahl der Siedler:innen hat sich mit ca. 442.000 im C-Gebiet fast vervierfacht. Auch die Strategie der nternationalisierung des Konflikts kann bislang keine greifbaren Erfolge vorweisen. Die wachsende staatliche Anerkennung Palästinas hat weder die menschenrechtliche Situation noch die wirtschaftlichen Lebensumstände in Palästina verbessert. Die dringend notwendige strategische Neuorientierung und der Umgang mit der im Gazastreifen dominierenden *Hamas* haben in der *Fatah*-Bewegung zu heftigen Auseinandersetzungen, aber zu keinem neuen Kurs geführt. Politische Ratlosigkeit und Rivalitätskämpfe um die Nachfolge des Präsidenten Abbas begünstigen offensichtlich nicht den öffentlichen Diskurs über eine strategische Neuorientierung der palästinensischen Politik, sondern führen zu mehr Repression. Alternativen zu *Fatah* und *Hamas,* eine dritte politische Kraft, die den schwierigen Balanceakt zwischen Widerstand gegen die Besatzung und Aufbau demokratischer vorstaatlicher Strukturen in Gesellschaft und Institutionen glaubhaft verkörpert, konnten sich bislang nicht entwickeln. Kleine Gruppierungen, die sich für einen breiten gewaltfreien Widerstand gegen die Besatzung aussprechen, blieben bisher marginal.

Aber auch mehr als zehn Jahre *Hamas*-"Regierung" im Gazastreifen sind alles andere als eine Erfolgsstory. Die *Hamas*-Bewegung verliert aufgrund der katastrophalen Lebensverhältnisse im Gazastreifen an Zuspruch und infolge der Kräfteverschiebungen in der arabischen Welt an politischer und finanzieller Unterstützung. Durch eine forcierte Islamisierung der Gesellschaft gewinnt sie keine neuen Anhänger. Wachsende Korruption und Vetternwirtschaft zerstören den Mythos einer alternativen, „sauberen" politischen Kraft. Sie kontrolliert aber weiterhin den Gazastreifen und widersetzt sich – wie die *Fatah* – bislang einer sicherheitspolitischen Machtteilung in beiden Landesteilen. Die personellen Neubesetzungen politischer Führungspositionen und die inhaltlichen Veränderungen ihrer Charta waren zu zwiespältig, um die angestrebte internationale Anerkennung voranzutreiben. Sicher scheint nur, dass einstweilen angesichts einer andauernden israelischen und ägyptischen Blockade die von der UNO vorhergesagte Unbewohnbarkeit des Gazastreifens immer näher rückt.

Die Palästinenser:innen sind von ausländischer Finanzhilfe fast völlig abhängig und schliddern von einer Finanzkrise in die nächste. Diese Abhängigkeit macht jede politische Führung in Ramallah und in Gaza anfällig für politischen Druck. *Fatah* und *Hamas* sind nicht nur Akteure, sondern für externe Kräfte auch Spielfiguren auf einem regionalen und globalen politischen Schachbrett.

Die Ungewissheit über den zukünftigen Konfliktverlauf beruht auch auf der Ungewissheit über die Zukunft des politischen Führungspersonals auf beiden Seiten. Benjamin Netanjahu, der wegen gravierender Korruptionsvorwürfe vor Gericht steht, musste sein Amt 2021 abgeben. Dass ihm nach den Wahlen im November 2022 ein politisches Comeback als Ministerpräsident gelingt, kann nicht ausgeschlossen werden. Die unter Naftali Bennett gebildete Regierung hat zwar länger gehalten als vielfach vorhergesagt, war aber im Juni 2022 ebenfalls am Ende. Das gilt auch für den Politiker Bennett, der im Sommer 2022 seinen Abschied aus der Politik bekanntgab. Der inzwischen 85 Jahre alte und gesundheitlich angeschlagene Präsident Abbas verliert in seiner *Fatah*, in Palästina und in den arabischen Staaten immer mehr an Unterstützung. Sein erbitterter Rivale Mohammed Dahlan agiert weiter aus seinem Exil in den Vereinigten Arabischen Emiraten. In der Westbank wollten 2021 bei den Wahlen der seit 20 Jahren in Israel inhaftierte und immer noch populäre Marwan Barghuti und der erfahrene Diplomat und Neffe von Yassir Arafat,

Nasser al-Kidwa gemeinsam den Präsidenten herausfordern. Auch innerhalb von *Hamas* gibt es immer wieder interne Auseinandersetzungen und Machtkämpfe, auch wenn diese Vorgänge im Allgemeinen sehr intransparent verlaufen.

Eine wie auch immer geartete friedliche Konfliktregelung wirft sowohl für Israel als auch Palästina inzwischen die grundsätzliche Frage nach ihrer Durchsetzbarkeit auf. Selbst wenn es zu einem Friedensvertrag kommen sollte, würden Unterstützung und Druck von außen weiterhin erforderlich sein. In beiden Gesellschaften, der israelischen wie der palästinensischen, wird nämlich jeder Kompromiss innenpolitische Konflikte auslösen, die eine dauerhafte Stabilisierung der Lage gefährden könnten. In beiden Gesellschaften hat die jahrzehntelange Besatzung tiefe Spuren hinterlassen und die politische Kultur verändert. Festzustellen bleibt, dass israelische Regierung und Palästinensische Autonomiebehörde (PA) ein Friedensabkommen derzeit nicht abschließen wollen oder können. Festzustellen bleibt auch, dass ein israelisch-palästinensischer Frieden allein Terror und Gewalt in der Region nicht wird beseitigen können, denn viele der Konflikte in der Region haben andere Ursachen. Der israelisch-palästinensische Konflikt ist nicht die „Mutter aller Konflikte" in der Region. Diese Einsicht nimmt einer friedlichen Regelung des israelisch-palästinensischen Konflikts allerdings nichts von ihrer Dringlichkeit, weil ein Friedensschluss neben den Chancen auf einen menschenrechtlichen „Mehrwert" für die betroffenen Bevölkerungen seine vergiftenden Auswirkungen auf die Region beenden könnte.

Die westlichen Staaten stehen vor dem Scherbenhaufen ihrer Nahostpolitik: Die USA und die Europäische Union haben eine Entwicklung zugelassen und gefördert, die die Schaffung eines lebensfähigen palästinensischen Staates an der Seite Israels immer unwahrscheinlicher macht. Mit der finanziellen Boykott- und politischen Isolierungsstrategie gegenüber der demokratisch gewählten *Hamas* und den zweifelhaften Koalitionen mit arabischen Diktaturen und Autokratien haben sie der Glaubwürdigkeit westlicher Demokratieförderung in der Region schweren Schaden zugefügt, die Radikalen gestärkt und Palästina in eine politische, wirtschaftliche und soziale Sackgasse geführt. Allgemeine Rat- und Strategielosigkeit hat sich breit gemacht. Dieser Scherbenhaufen wird sich so schnell nicht wieder kitten lassen. Zu dieser Entwicklung hat sicherlich auch das regionale Umfeld beigetragen: Der jahrelange Bürgerkrieg in Syrien, die Destabilisierung des Libanon, der Zerfall des Irak, die fragile Stabilität in Ägypten, Konflikte um Unabhängigkeitsbestrebungen von Kurden, das Chaos in Libyen und Jemen, der Kampf um regionale Hegemonie zwischen dem Iran und Saudi-Arabien, die Instrumentalisierung und Militarisierung der sunnitisch-schiitischen Rivalität etc. Der Nahe und Mittlere Osten befindet sich in einem Neuordnungsprozess, der zunächst einmal mit einem dramatischen amerikanischen Einflussverlust verbunden ist. Das hat nicht zuletzt die weitgehend ergebnislose Reise von US-Präsident Biden nach Israel, in die Westbank und nach Saudi-Arabien im Juli 2022 gezeigt.

Der Einfluss der EU in der Region ist schon seit längerer Zeit begrenzt. Im israelisch-palästinensischen Konflikt beschränkte sich die EU lediglich auf eine Hilfestellung bei der Gestaltung der Rahmenbedingungen für eine Zwei-Staaten-Regelung, z. B. durch Ausbildung der palästinensischen Polizei, Verwaltung und Justiz, wirtschaftliche Unterstützung, entwicklungspolitische Maßnahmen wie dem Bau von Schulen, Kläranlagen und Straßen. Europa spielt die Rolle eines „payers", weniger die eines „players" und akzeptierte den nahostpolitischen Führungsanspruch der USA. Trotz Phasen amerikanischer Untätigkeit und nicht einmal während der Amtszeit von Donald Trump hat die EU dieses Prinzip der Komplementarität amerikanischer und europäischer Nahostpolitik grundsätzlich infrage gestellt. Seit den letzten Gaza-Eskalationen 2014 und 2021 schien auch der internationalen Gemeinschaft deutlich geworden zu sein, dass eine bloße Rückkehr zur Vorkriegssituation nur den Teufelskreis von Blockade und Gewalt perpetuieren würde. Neues finanzielles und sicherheitspolitisches Engagement wurde versprochen. Beharrliche Bemühungen um eine Beendigung der Blockade und eine grundlegende Verbesserung der Lebenssituation im Gazastreifen blieben jedoch aus.

Immerhin hat die EU 2013 mit neuen Richtlinien zur finanziellen und wissenschaftlichen Kooperation mit Israel unterstrichen, dass für sie die Grenzen von 1967 so lange gelten, bis in Verhandlungen zwischen den Konfliktparteien einvernehmlich endgültige Grenzen vereinbart werden. Die Richtlinien, die verhindern sollen, dass Unterstützungsgelder der EU in israelische Siedlungen, Institutionen oder Unternehmen innerhalb der besetzten Gebiete fließen, haben in Israel erhebliche Unruhe ausgelöst. Für darüber hinausgehende gemeinsame politische Impulse zur friedlichen Regelung des Konflikts mangelt es in der EU oft am politischen Willen und Einigkeit. Vor allem populistische Regierungen wie die in Ungarn haben gerade in der Regierungszeit von Benjamin Netanjahu mehr politische Nähe zur israelischen Regierung als zu den politischen Grundlagen der EU hinsichtlich des israelisch-palästinensischen Konflikts gezeigt. In den letzten Jahren ist es deshalb in Sachen Israel/Palästina nicht mehr zu gemeinsamen Standpunkten der EU gekommen. Kritik an israelischer Siedlungspolitik übt in gemeinsamen Erklärungen nur noch ein Teil der EU-Mitgliedstaaten. Zudem absorbieren innere Probleme wie die Flüchtlingskrise und ihre Folgen, der Brexit, die Konflikte mit Ungarn, Polen und der Türkei, der russische Angriffskrieg gegen die Ukraine und seine geostrategischen, ökonomischen und energiepolitischen Folgen, der Umgang mit der Corona-Pandemie und den Auswirkungen des Klimawandels in erheblichem Ausmaß die politischen Kräfte. Diese Gemengelage lässt leider wenig Raum für Hoffnungen auf eine gemeinsame und kohärente europäische Nahostpolitik.

Ist trotz aller gescheiterten Verhandlungsbemühungen also weiterhin Geduld notwendig? Müssen die Menschen in der Region auf unabsehbare Zeit mit einer völkerrechtswidrigen Besatzungssituation und ihren Menschenrechten verletzenden Folgen sowie immer wieder aufflammenden kriegerischen Auseinandersetzungen leben? Müssen sich die Menschen nach mehr als 50-jähriger Besatzung und mehr als 70 Jahre nach der Gründung des Staates Israel mit der friedenspolitischen Stagnation abfinden? Bedeutet die Unmöglichkeit einer militärischen Lösung des Konfliktes bereits, dass es eine politische Regelung geben kann und wird? Es gibt keine Stagnation im Nahost-Konflikt, denn täglich wird durch die israelische Regierung der *Status Quo* verändert: Auch wenn die von Trump vorgeschlagene und der vorhergegangenen israelischen Regierung angestrebte *de jure*-Annexion nicht erfolgte, mit der Fortsetzung der *de facto* Annexion von Teilen der besetzten Gebiete und mit neuen Siedlungen entfernt sich der Konflikt immer weiter von der international angestrebten Zwei-Staaten-Regelung. Auch die israelische Regierung unter dem Ministerpräsidenten Bennett hat das Siedlungsprojekt in den besetzten palästinensischen Gebieten ohne Rücksicht auf internationale Proteste fortgesetzt. Leider ist zu erwarten, dass auch nach den nächsten Wahlen im November 2022 eine wie auch immer zusammengesetzte Regierung an diesem Kurs nichts Wesentliches ändern wird.

In Jerusalem spielt sich der Konflikt wie unter einem Brennglas mit besonderer Dramatik ab. Durch die Art und Weise, wie dort nicht nur jüdische Siedlungsblöcke am Rande der Stadt ausgebaut werden, sondern wie rechts-nationalistische Siedlerorganisationen systematisch in die von Palästinenser:innen bewohnten Stadtteile Ost-Jerusalems vordringen, entsteht ein sich ständig vergrößerndes Konfliktpotential. Hinzu kommt, dass immer wieder Versuche, den *Status Quo* zu verändern, Übergriffe und Anschläge von palästinensischer oder israelischer Seite, Terrorangriffe, Beschuss aus oder in den Gazastreifen neue Unruhen, Krisen und Krieg auslösen können. Ist in Zukunft eine Katastrophe oder eine Katharsis zu erwarten? Ein Rückblick auf die vergangenen dreißig Jahre des israelisch-palästinensischen Konflikts lässt weder das eine noch das andere wahrscheinlich erscheinen. Ebenso wenig ist damit zu rechnen, dass die „rechten" Visionen eines jüdischen Staates Groß-Israel und die „linken" Visionen eines Staates mit gleichen Rechten für alle Bürger:innen in absehbarer Zeit realisiert werden. Am wahrscheinlichsten ist immer noch die Fortsetzung des Konflikts mit zeitweise weniger und zeitweise mehr Gewalt und Blutvergießen, Repression und Krieg. Damit einher gehen wird die Auseinandersetzung um Konzepte zur Regelung des Konfliktes innerhalb und außerhalb Israels und Palästinas. So wird uns auch der Streit über die Fragen erhalten bleiben, welche Verantwortung die Konfliktparteien selbst und welche Verantwortung andere Akteure, Regierungen und Staaten außerhalb von Israel und Palästina tragen und mit welcher Politik sie dieser Verantwortung für eine friedliche Konfliktregelung am besten gerecht werden. Das Dilemma wird bleiben, dass in einer solchen Situation Geduld ein schlechter Ratgeber ist, gleichwohl aber ein langer Atem gebraucht wird.

CHRONOLOGIE

1882	Beginn der organisierten Einwanderung nach Palästina
1896	Veröffentlichung von Theodor Herzls „Der Judenstaat"
1897	1. Zionistischer Kongress in Basel
1904	Zweite Einwanderungswelle nach Pogromen im zaristischen Russland
1909	Tel Aviv und der erste Kibbuz Degania werden gegründet
1916	Sykes-Picot-Abkommen zwischen England und Frankreich
1915	Hussein/McMahon-Briefwechsel
1917	Balfour-Deklaration
1919–1923	Dritte Einwanderungswelle
1920	Übernahme des Palästina-Mandats durch England
1924/25	Neue Welle jüdischer Einwanderer vornehmlich aus Osteuropa
1929	Antijüdische Aufstände in Jerusalem, Hebron, Safed und Jaffa
1933	Nationalsozialistische Machtergreifung in Deutschland; fünfte Einwanderungswelle
1936–1939	Aufstand der arabischen Bevölkerung gegen die britische Mandatsmacht
1937	Teilungsplan der Peel-Kommission
1939	Britisches Weißbuch
1942	Biltmore-Programm
1947	Annahme der Resolution 181 (Teilungsresolution) durch die UN-Vollversammlung

1948	Proklamation des Staates Israel
	Angriff der Armeen Ägyptens, Jordaniens, des Irak, Syriens und des Libanon gegen Israel
	Verabschiedung der Resolution 194 durch UN-Generalversammlung
1949	Waffenstillstandsverträge Israels mit Jordanien, Ägypten, Syrien und dem Libanon
1950	Annexion des Westufers des Jordan durch Jordanien
1956	Suez-Krieg
1964	Gründung der Palästinensischen Befreiungsorganisation PLO
1967	„Sechs-Tage-Krieg"
	Arabische Gipfelkonferenz von Khartum
	Verabschiedung der Resolution 242 durch den UN-Sicherheitsrat
1969	Wahl Jassir Arafats zum PLO-Vorsitzenden
1970	Bürgerkrieg in Jordanien – Vertreibung der PLO in den Libanon („Schwarzer September")
1972	Olympia-Attentat in München
1973	Oktober- bzw. Jom-Kippur-Krieg
	Öl-Boykott durch die arabischen Staaten
	Verabschiedung der Resolution 338 durch den UN-Sicherheitsrat
1974	Anerkennung der PLO als einzig legitime Vertreterin des palästinensischen Volkes auf der Arabischen Gipfelkonferenz
	Rede des PLO-Vorsitzenden Arafat vor der UN-Vollversammlung in New York
1975	Beginn des Bürgerkriegs im Libanon
1977	Wahl Menachem Begins (*Likud*) zum israelischen Ministerpräsidenten
	Besuch des ägyptischen Präsidenten Sadat in Israel
1978	Camp-David-Abkommen zwischen Israel und Ägypten
1979	Unterzeichnung des israelisch-ägyptischen Friedensvertrages

1980	„Erklärung von Venedig" der Europäischen Gemeinschaft (EG)
	Beschluss des israelischen Parlaments zur Annexion Ost-Jerusalems
1981	Annexion der syrischen Golan-Höhen durch Israel
1982	Israelischer Abzug vom Sinai
	Libanon-Krieg – Massaker in Sabra und Schatila
1987	Beginn des Palästinenseraufstandes (Intifada)
1988	Proklamation des Staates Palästina durch den Palästinensischen Nationalrat
1991	Irak-Krieg und Beschuss Israels
	Nahost-Friedenskonferenz in Madrid
1992	Wahlsieg von Jitzchak Rabin (*Arbeitspartei*)
1993	Gegenseitige Anerkennung von Israel und der PLO
	Unterzeichnung des Oslo-I-Abkommens (Prinzipienerklärung)
1994	Unterzeichnung des Friedensvertrags zwischen Israel und Jordanien
	Unterzeichnung des Pariser Protokolls (über israelisch-palästinensische Wirtschaftsbeziehungen)
	Unterzeichnung des Kairoer Abkommens (Gaza-Jericho-Abkommen)
	Errichtung der Palästinensischen Selbstverwaltungsbehörde
1995	Unterzeichnung des Interimsabkommens (Oslo II)
	Ermordung des israelischen Ministerpräsidenten Jitzchak Rabin
1996	Wahl Jassir Arafats zum Vorsitzenden der palästinensischen Selbstverwaltungsbehörde
	Wahl Benjamin Netanjahus zum israelischen Ministerpräsidenten
1999	Wahl Ehud Baraks zum israelischen Ministerpräsidenten
2000	Scheitern der Verhandlungen zwischen Israel und Syrien
	Vollständiger Rückzug der israelischen Armee aus dem Libanon

	Scheitern der israelisch-palästinensischen Verhandlungen in Camp David
	Beginn des zweiten palästinensischen Aufstands („Al-Aksa-Intifada")
2001	Wahl Ariel Scharons zum israelischen Ministerpräsidenten
2002	Verabschiedung der Resolution 1397 durch den UN-Sicherheitsrat
	Beschluss der Arabische Friedensinitiative
	Verabschiedung der „Roadmap" durch das Nahost-"Quartett" (USA, EU, UN, Russland)
	Baubeginn der Sperranlage
2003	Sieg von Ministerpräsident Scharon bei den Parlamentswahlen
	Veröffentlichung der „Genfer Initiative"
2004	Feststellung der Völkerrechtswidrigkeit des Verlaufs der israelischen Sperranlage durch den Internationalen Gerichtshof (IGH)
	Tod des palästinensischen Präsidenten Jassir Arafat
2005	Wahl von Mahmud Abbas zum palästinensischen Präsidenten
	Abzug der israelischen Armee aus dem Gazastreifen und Räumung aller Siedlungen dort
2006	Übernahme der Amtsgeschäfte des israelischen Ministerpräsidenten durch Ehud Olmert
	Sieg der *Hamas* bei den Wahlen zum Palästinensischen Legislativrat
	Wahlsieg von Ministerpräsident Olmert bei den Parlamentswahlen in Israel
	Zweiter Libanon-Krieg
2007	Bildung einer palästinensischen Regierung der Nationalen Einheit („Mekka-Abkommen"); Machtübernahme der *Hamas* im Gazastreifen
	Friedenskonferenz in Annapolis (USA)
2008	Rücktritt von Ministerpräsident Olmert wegen Korruptionsvorwürfen
	Israelische Militärintervention im Gazastreifen

2009	Wahl Benjamin Netanjahus (*Likud*) zum israelischen Ministerpräsidenten
	Goldstone-Bericht über Kriegsverbrechen im Gaza-Krieg
2010	Beendigung der Aktion der „Free-Gaza-Flotilla" durch die israelische Armee
2011	Beginn von Aufständen in arabischen Staaten
	Beantragung der Aufnahme Palästinas in die UNO durch Präsident Abbas
	Gefangenenaustausch zwischen der *Hamas* und Israel
2012	Israelische Militärintervention im Gazastreifen nach massivem Raketenbeschuss auf den Süden des Landes
	Anerkennung Palästinas als „Beobachterstaat" in den UN-Organen
2013	Fortsetzung der Regierung Netanjahu nach den Parlamentswahlen
	Pendeldiplomatie des US-amerikanischen Außenministers John Kerry
2014	Bildung einer palästinensischen Übergangsregierung von *Fatah* und *Hamas*
	Scheitern der israelisch-palästinensischen Friedensgespräche
	Israelische Militärintervention im Gazastreifen
2015	Fortsetzung der Regierung Netanjahu nach den Knesset-Wahlen
	Aufnahme Palästinas als Mitglied des Internationalen Strafgerichtshofs in Den Haag (IStGH)
2016	Verabschiedung der Resolution 2334 durch den UN-Sicherheitsrat
2017	Amtsantritt von Donald Trump
	Erneutes Versöhnungsabkommen zwischen *Fatah* und *Hamas*
	Anerkennung Jerusalems als Hauptstadt Israels durch die USA
2018	Schließung der PLO-Vertretung in Washington

Streichung der Finanzmittel für UNRWA durch USA und Kürzung der Mittel für die PA

Anti-israelische Protestaktionen im Gazastreifen „Great March of Return"

Verlegung der amerikanischen Botschaft von Tel Aviv nach Jerusalem

2019   Anerkennung der israelischen Annexion der Golan-Höhen durch die USA. USA-Regierung erklärt israelische Siedlungen „nicht grundsätzlich völkerrechtswidrig"

Anklageerhebung gegen Netanjahu wegen Korruption

2019–2021 Vier Parlamentswahlen in Israel

2020   Bekanntgabe des „Jahrhundertdeals" durch Präsident Trump

Normalisierungsabkommen zwischen Israel und der Vereinigten Arabischen Emiraten, Bahrain, Sudan und Marokko (Abraham Accords)

2021   Wiederaufnahme der finanziellen Hilfe für Palästina und der Unterstützung für eine Zwei-Staaten-Regelung durch Präsident Biden

Ankündigung und Absage von Parlaments- und Präsidentschaftswahlen durch den palästinensischen Präsidenten Abbas.

Entscheidung des IStGH über seine Zuständigkeit für mögliche Kriegsverbrechen in Palästina

Parlamentswahlen in Israel und Regierungsbildung mit Naftali Bennett als Ministerpräsident

Kriegerische Auseinandersetzungen zwischen Israel und *Hamas*

2022   Ende der Regierung Bennett

Ankündigung von Neuwahlen am 1. November 2022

LITERATUR- UND MEDIENEMPFEHLUNGEN

SACHBÜCHER

Shaul Arieli: Der Truman-Institut Atlas des jüdisch-arabischen Konflikts, Jerusalem 2020, kostenloser Download unter: https://il.boell.org/en/2021/06/01/truman-institute-atlas-jewish-arab-conflict (Letzter Zugriff am 27.07.2022).
Alle wesentlichen Ereignisse des Jahrhundertkonflikts werden in übersichtlichen Karten und kurzen, prägnanten Texten vorgestellt.

Muriel Asseburg: Palästina und die Palästinenser. Eine Geschichte von der Nakba bis zur Gegenwart, München 2021.
Guter Überblick, der dort anschließt, wo das Buch von Gudrun Krämer endet.

Muriel Asseburg/Jan Busse: Der Nahostkonflikt. Geschichte, Positionen, Perspektiven, 4. Aufl., München 2020.
Differenzierter Überblick über den israelisch-palästinensischen Konflikt.

Helga Baumgarten: Kampf um Palästina – Was wollen Hamas und Fatah?, Freiburg 2013.
Wichtige Einblicke in die politischen Diskurse in der Westbank und im Gazastreifen.

Helga Baumgarten: Kein Frieden für Palästina – Der lange Krieg gegen Gaza – Besatzung und Widerstand, Wien 2021.
Nach einem historisch-analytischen Blick auf die palästinensische Geschichte seit 1948 kritische Schilderung der Hintergründe der israelischen Politik gegen Hamas.

Wolfgang Benz (Hg.): Streitfall Antisemitismus. Anspruch auf Deutungsmacht und politische Interessen, 2. Aufl., Berlin 2020.
15 Autor:innen befassen sich kritisch mit dem Antisemitismus und seiner politischen Instrumentalisierung.

Reiner Bernstein: Von Gaza nach Genf. Die Genfer Friedensinitiative von Israelis und Palästinensern, Schriftenreihe des DIAK, Bd. 40. Schwalbach/Ts. 2006.
Guter Überblick über den von Vertreter:innen der israelischen und der palästinensischen Gesellschaft vorgelegten Friedensplan.

Omri Boehm: Israel – Eine Utopie, Propyläen Verlag, Berlin 2020.
Das viel diskutierte Buch legt die Vision eines ethnisch neutralen Staates dar.

Jörn Böhme: Friedenschancen nach Camp David. Legenden – Realität – Zukunftsperspektiven für Israel und Palästina, Schriftenreihe des DIAK, Bd. 39, Schwalbach/Ts. 2005.
Kritische Darstellung der im Jahr 2000 gescheiterten Friedensverhandlungen.

Michael Brenner: Geschichte des Zionismus, 5. Aufl., München 2019.
Verständnisvoller, aber nicht unkritischer Einstieg in die Debatten über Ziele des Zionismus.

John Bunzl: Israel im Nahen Osten. Eine Einführung, Wien 2008.
Weniger als Einführung als vielmehr zur Vertiefung vieler wichtiger Aspekte in und um Israel geeignet.

Gisela Dachs (Hg.): Länderbericht Israel, Bonn 2016 (Bundeszentrale für politische Bildung).
Umfangreiche Darstellung der Geschichte und Politik, Religion und Kultur Israels durch Essays, Reportagen und Städteporträts.

Dan Diner: Ein anderer Krieg. Das jüdische Palästina und der Zweite Weltkrieg 1935-1942, Bonn 2022 (Sonderausgabe der Bundeszentrale für politische Bildung)
Der Zweite Weltkrieg und der Palästinakonflikt aus ungewohnter Perspektive: nicht von West oder Ost, sondern vom globalen Süden aus nach Norden.

Lizzy Doron: Sweet Occupation, München 2017.
Das Buch enthält die Geschichten von Israelis und Palästinenser:innen, die in der Organisation „Combatants for Peace" zusammenarbeiten.

Lizzy Doron: Who the Fuck Is Kafka, München 2016.
Humorvoller Dokuroman über die Begegnung einer israelisch-jüdischen Schriftstellerin und einem palästinensisch-muslimischen Journalisten.

Akiva Eldar/Idith Zertal: Die Herren des Landes. Israel und die Siedlerbewegung seit 1967, München 2007.
Umfangreiche und bahnbrechende Arbeit einer Historikerin und eines Journalisten aus Israel.

Alexander Flores: Der Palästinakonflikt. Wissen, was stimmt, Freiburg 2015.
Der Konflikt, vorrangig aus israelkritischer Sicht gesehen.

Saul Friedländer/Norbert Frei/Sybille Steinbacher/Dan Diner: Ein Verbrechen ohne Namen. Anmerkungen zum neuen Streit über den Holocaust, München 2022.

Namhafte Historiker:innen setzen sich mit der These auseinander, der Verfolgung und Ermordung der europäischen Juden werde eine übertriebene Rolle im kollektiven Gedächtnis von Deutschen zugeschrieben.

Steffen Hagemann: Israel, Schwalbach/Ts. 2013.
Differenzierter Überblick über Politik, Parteien, Wirtschaft, Justiz, Militär, Sozialstruktur etc. in Israel.

Steffen Hagemann: Israel. Wissen, was stimmt, Herder, Freiburg 2010.
Gute erste Orientierung zwischen den vielen Fettnäpfchen des Diskurses über den Konflikt.

Dietmar Herz: Palästina. Gaza und Westbank. Geschichte, Politik, Kultur, 6. Aufl. München 2019.
Gründlicher, aber überschaubaren Überblick über Geschichte, Politik und Kultur Palästinas.

Eva Illouz: Israel. Soziologische Essays, Berlin 2015.
Sehr informative Analysen einer der führenden israelischen Intellektuellen, die in der linksliberalen israelischen Zeitung „Haaretz" erschienen.

Wolf Iro: Nach Israel kommen, Bonn 2019 (Sonderausgabe der Bundeszentrale für politische Bildung)
Der ehemalige Leiter des Goethe-Instituts in Tel Aviv schildert mit beeindruckenden Beispielen die „Unnormalität" der deutsch-israelischen Beziehungen.

Israel verstehen: Reihe SympathieMagazine des Studienkreises für Tourismus + Entwicklung, SY 22, Seefeld 2014.
Bebilderte kleine Broschüre mit Einblicken in das Alltagsleben der Menschen und praktischen Reiseinformationen.

Margret Johannsen: Der Nahost-Konflikt, Lehrbuch, 4. Aufl., Wiesbaden 2017.
Komprimierte Einblicke in strittige Konfliktgegenstände und die Politik auch außerregionaler Akteure.

Gudrun Krämer: Geschichte Palästinas. 6. Aufl., München 2015.
Standardwerk zur palästinensischen Geschichte.

Dror Moreh: The Gatekeepers. Aus dem Inneren des israelischen Geheimdienstes, Köln 2015.
Sechs ehemalige Chefs des israelischen Inlandsgeheimdienstes blicken kritisch auf ihr Handeln zurück.

Palästina verstehen: Reihe SympathieMagazine des Studienkreises für Tourismus + Entwicklung, SY 40), Seefeld 2019.
Bebilderte kleine Broschüre mit Einblicken in das Alltagsleben der Menschen und praktischen Reiseinformationen.

Volker Perthes: Das Ende des Nahen Ostens wie wir ihn kennen, Bonn 2016 (Sonderausgabe der Bundeszentrale für politische Bildung).
Beschreibung der Kräfteverschiebungen im Nahen Osten infolge der Aufstände in den arabischen Staaten.

Volker Perthes: Deutsche Nahostpolitik. Interessen und Optionen, Schwalbach/Ts. 2001.

Bundestagsabgeordnete, Diplomaten und Nahostexperten befassen sich mit den verschiedenen Aspekten deutscher Nahostpolitik.

Peter Schäfer: Kurze Geschichte des Antisemitismus, Bonn 2021 (Sonderausgabe der Bundeszentrale für politische Bildung).
Gesamtdarstellung von der Antike bis zur Debatte um die Bewegung „Boycott, Divestment, Sanctions" (BDS).

Tom Segev: Es war einmal ein Palästina. Juden und Araber vor der Staatsgründung Israels, München 2005.
Gut lesbare, anekdotenreiche Schilderung der Entwicklungen vor der eigentlichen Staatsgründung Israels.

Tom Segev: 1967 – Israels zweite Geburt, München 2009.
Umfangreiche Darstellung der Hintergründe und Auswirkungen des sogenannten Sechs-Tage-Krieges. Ein Standardwerk der Generation kritischer Historiker Israels.

Christian Sterzing/Heinrich-Böll-Stiftung (Hg.): Palästina und die Palästinenser. 60 Jahre nach der Nakba, Berlin 2011.
Beiträge internationaler Autor:innen mit großer Themenvielfalt.

Angelika Timm (Hg.): 100 Dokumente aus 100 Jahren. Teilungspläne, Regelungsoptionen und Friedensinitiativen im israelisch-palästinensischen Konflikt, Berlin 2017.
Gesamtschau der wichtigsten Dokumente zur Entwicklung des Nahost-Konflikts mit kurzen prägnanten Kommentaren.

„Two States or One State?": Eine Debatte zwischen Uri Avnery und Ilan Pappe, Berlin 2008.
Debatte zwischen einem israelischen Friedensaktivisten, der für die Zwei-Staaten-Regelung eintritt, und einem israelischen Historiker, der diese Regelung für ungerecht und unrealistisch hält.

Ayelet Waldman/Michael Chabon (Hg.): Oliven und Asche. Schriftstellerinnen und Schriftsteller berichten über die israelische Besatzung in Palästina, Köln 2017.
Internationale Autor*innen schreiben von ihren Eindrücken von Besuchen in der Westbank mit der israelischen Organisation „Breaking The Silence".

BELLETRISTIK

Susan Abulhawa: Während die Welt schlief, München 2011.
Die außergewöhnliche Geschichte zweier palästinensischer Brüder, die bei der Vertreibung der Palästinenser:innen im Jahr 1948 auseinandergerissen werden.

Assaf Gavron: Auf fremdem Land, München 2015.
Roman über die Realität der israelischen Siedler in den besetzten palästinensischen Gebieten.

David Grossman: Kommt ein Pferd in die Bar, München 2016.
Die Geschichte eines Stand-up-Comedian, der der israelischen Gesellschaft den Spiegel vorhält.

Dmitrij Kapitelman: Das Lächeln meines unsichtbaren Vaters, München 2016.
Ein junger Autor, Sohn eines jüdischen Vaters und einer nicht-jüdischen Mutter, reist mit seinem Vater nach Israel.
Sayed Kashua: Zweite Person Singular, Berlin 2011.
Vorwiegend satirisch beschrieb der Autor das soziale und kulturelle Spannungsfeld, in dem Palästinenser:innen in Israel leben.
Etgar Keret: Die sieben guten Jahre, Frankfurt/M. 2016.
Der Autor berichtet in vielen kleinen Geschichten von seinem Leben als Vater und was er seinem Sohn alles erklärt, von Raketenangriffen bis zur Frage, ob der Taxifahrer auf die häusliche Toilette darf.
Colum McCann: Apeirogon, Reinbek bei Hamburg 2020.
Eindrucksvoll erzählte Geschichte zweier realer Männer, deren Töchter im israelisch-palästinensischen Konflikt umgebracht wurden und die sich dennoch für Frieden und Versöhnung einsetzen.
Dorit Rabinyan: Wir sehen uns am Meer, Köln 2016.
Roman, der den israelisch-palästinensischen Konflikt in eine Zweierbeziehung transponiert.

GRAPHIC NOVELS

Guy Delisle: Aufzeichnungen aus Jerusalem, Berlin, 3. Aufl., 2013.
Ari Folman/David Polonsky: Waltz with Bashir, Zürich 2009.
Sarah Glidden: Israel verstehen – in 60 Tagen oder weniger, Stuttgart 2010.
Rutu Modan: Tunnel, Carlsen Verlag, Hamburg 2020.
Joe Sacco: Palästina, Zürich 2009.

FILME

5 Broken Cameras (2012) von Emad Burnat und Guy Davidi: Über die Jahre hinweg dokumentiert Emad Burnat den eskalierenden Konflikt, der schließlich Menschenleben kostet und zum Bau einer Mauer zwischen Bil'in und der neuen israelischer Siedlung führt.
90 Min – Bei Abpfiff Frieden (2016) von Eyal Halfon (90 Min): In der israelischen Satire sind nach etlichen Auseinandersetzungen die Parteien müde geworden und beschließen gemeinsam, den Nahostkonflikt ein für alle Mal zu beseitigen – in Form eines Fußballspiels.
Ajami (2009) von Scander Copti und Yaron Shani: Spielfilm über das spannungsreiche Stadtviertel Ajami in Jaffa/Tel Aviv, in dem Juden, Christen und Muslime leben.
Bethlehem – Wenn der Feind dein bester Freund ist (2013) von Yuval Adler: Spielfilm über die Beziehung zwischen einem israelischen Geheimdienstmitarbeiter und einem jungen palästinensischen Informanten.

Disturbring The Peace (2016) von Stephen Apkon und Andrew Young: Dokumentarfilm über ehemalige israelische Soldaten und ehemalige palästinensische bewaffnete Kämpfer, die sich in der israelisch-palästinensischen Friedensgruppe „Combatants For Peace" engagieren.

Ewiger Aufruhr – Die Geschichte des Nahostkonflikts (2013) Zweiteilige Fernsehdokumentation von den Anfängen des Zionismus bis zum Sechs-Tage-Krieg: https://www.youtube.com/watch?v=6LxF3aHsoMQ und https://www.youtube.com/watch?v=9aVWhHLMS3Y (Letzter Zugriff am 27.07.2022).

Hannas Reise (2013) von Julia von Heinz: Spielfilm, in dem eine junge deutsche Frau als Freiwillige von Aktion Sühnezeichen/Friedensdienste in Israel mit der deutschen Vergangenheit und dem Nahost-Konflikt konfrontiert wird.

In der Hand des Feindes – Hatufim – Staffel 1 (2013) und 2 (2015) von Gideon Raff: Israelische TV-Serie über das Schicksal dreier israelischer Soldaten, die im Libanon in Gefangenschaft geraten. Die erste Staffel schildert die Rückkehr von zwei von ihnen nach 17-jähriger Gefangenschaft und die persönlichen und politischen Schwierigkeiten ihrer Re-Integration. Im Mittelpunkt der zweiten Staffel steht das Schicksal des dritten Soldaten, der zunächst als tot gilt.

Lemon Tree (2008) von Eran Riklis: In dem Nachbarschaftskonflikt in der Westbank zwischen einem israelischen Minister und einer palästinensischen Grundstücksbesitzerin spiegeln sich beispielhaft zentrale Konflikte in den besetzten Gebieten zwischen Besatzer und Besetzten um Dominanz und Landnahme.

Omar (2013) von Hany Abu-Assad: Im Mittelpunkt dieses Spielfilmes stehen drei palästinensische Freunde, die sich schon seit ihrer Kindheit kennen, und eine junge palästinensische Frau, die in ihrem Kampf um die Freiheit auseinandergerissen werden.

Paradise Now (2005) von Hany Abu-Assad: Spielfilm über die beiden Freunde Said und Khaled, die für einen Selbstmordanschlag in Tel Aviv rekrutiert werden.

Töte zuerst („The Gatekeepers") (2012) von Dror Moreh: Dokumentation mit kritischen Interviews ehemaliger israelischer Geheimdienstchefs zur israelischen Besatzungspolitik.

Waltz With Bashir (2009) von Ari Folman: Animationsfilm über den Libanon-Krieg 1982, die Traumata israelischer Soldaten und kritischer Auseinandersetzung über die gesellschaftlichen Verdrängungsprozesse in Israel.

Zwischen Hoffnung und Verzweiflung – der neue Nahe Osten (2014): 90-min. Webspecial von den Fernsehkorrespondenten Richard C. Schneider und Jörg Armbruster: https://www.youtube.com/watch?v=fCSVSOr38C0 (Letzter Zugriff am 27.07.2022).

Webseiten

Zeitungen

Haaretz – Linksliberale israelische Tageszeitung. Viele Artikel sind nur mit Abonnement zugänglich. (Engl.): http://www.haaretz.com/ (Letzter Zugriff am 27.07.2022).

+972 Magazine – Unabhängige kritische israelische Website (Engl.): https://972mag.com/ (Letzter Zugriff am 27.07.2022).

The Times Of Israel – Englischsprachige israelische Website mit unterschiedlichen Positionen: http://www.timesofisrael.com/ (Letzter Zugriff am 27.07.2022).

Al Monitor – US-amerikanische Website, die u. a. in Englisch Berichte und Analysen zum Nahen Osten publiziert (Engl.): http://www.al-monitor.com/pulse/home.html (Letzter Zugriff am 27.07.2022).

Jerusalem Media and Communication Center – Palästinensische Website, die Informationen zu den Entwicklungen in der Westbank, dem Gazastreifen und Ost-Jerusalem publiziert http://www.jmcc.org/ (Letzter Zugriff am 27.07.2022).

Think Tanks

Stiftung Wissenschaft und Politik (SWP) – Think Tank, der Bundesregierung und Bundestag berät – mit Publikationen auch zum Nahen Osten: https://www.swp-berlin.org/ (Letzter Zugriff am 27.07.2022).

Bundeszentrale für politische Bildung – Umfangreiche Materialien, die heruntergeladen oder bestellt werden können: https://www.bpb.de/themen/naher-mittlerer-osten/?field_filter_format=all&field_tags_keywords[0]=-1&d=1 (Letzter Zugriff am 27.07.2022).

European Council On Foreign Relations – Think Tank, der sich für eine kohärentere und stärkere europäischen Außen- und Sicherheitspolitik einsetzt (Engl.): http://www.ecfr.eu/mena (Letzter Zugriff am 27.07.2022).

International Crisis Group – Ein wesentlich von westlichen Regierungen, Stiftungen und Konzernen finanzierter Think Tank, der Analysen und Lösungsvorschläge zu internationalen Konflikten vorlegt (Engl.): https://www.crisisgroup.org/middle-east-north-africa/east-mediterranean-mena/israelpalestine (Letzter Zugriff am 27.07.2022).

Israelische NGOs

Peace Now – Eine der ältesten israelischen Friedensgruppen, die u. a. genaue Angaben zum Siedlungsbau bereitstellt (Engl.): http://peacenow.org.il/en/ (Letzter Zugriff am 27.07.2022).

B'Tselem – Eine der ältesten israelischen Menschenrechtsorganisationen (Engl.): http://www.btselem.org/ (Letzter Zugriff am 27.07.2022).

Ir Amim – Organisation, die sich für eine gemeinsame Zukunft von Israelis und Palästinenser:innen in Jerusalem einsetzt (Engl.): http://www.ir-amim.org.il/en (Letzter Zugriff am 27.07.2022).

Breaking The Silence – Organisation ehemaliger Israelischer Soldaten und Soldatinnen, die sich für ein Ende der Besatzung einsetzen (Engl.): http://www.breakingthesilence.org.il/ (Letzter Zugriff am 27.07.2022).

Palästinensische NGOs

Youth Against Settlements – Gruppe, die sich gewaltfrei u. a. für die Wiedereröffnung der Shuhadastraße in Hebron für Palästinenser:innen einsetzt (Engl.): https://kuminow.com/yas (Letzter Zugriff am 27.07.2022).

Al-Haq – Eine der ältesten palästinensischen Menschenrechtsorganisationen (Engl.): http://www.alhaq.org/ (Inzwischen von der israelischen Militärverwaltung verboten) (Letzter Zugriff am 27.07.2022).

Al Mezan Center for Human Rights – Menschenrechtsorganisation, die sich vor allem mit der Lage im Gazastreifen befasst (Engl.): http://www.mezan.org/en/ (Letzter Zugriff am 27.07.2022).

Israelisch-Palästinensische NGOs

Palestine-Israel Journal – Vierteljahreszeitschrift, die den Friedenskräften auf beiden Seiten des Konfliktes eine Stimme geben will (Engl.): http://www.pij.org/ (Letzter Zugriff am 27.07.2022).

Parents Circle – Friedensgruppe, in der Israelis und Palästinenser:innen zusammenarbeiten, die Verwandte in dem Konflikt verloren haben (Engl.): http://www.theparentscircle.org/ (Letzter Zugriff am 27.07.2022).

Combatants For Peace – Friedensgruppe, in der sich ehemalige israelische Soldaten und ehemalige palästinensische Kämpfer zusammengeschlossen haben (Engl.): https://cfpeace.org/ (Letzter Zugriff am 27.07.2022).

Offizielle Positionen

Auswärtiges Amt – Informationen über den Nahost-Konflikt und die Beziehungen zu Israel und Palästina, Länderinformationen und Reisewarnungen: https://www.auswaertiges-amt.de/de/aussenpolitik/regionaleschwerpunkte/nahermittlererosten/-/203626 (Letzter Zugriff am 27.07.2022).

Israelische Botschaft: http://embassies.gov.il/berlin/Pages/default.aspx (Letzter Zugriff am 27.07.2022).

Palästinensische Mission: http://www.palaestina.org/index.php?id=223 (Letzter Zugriff am 27.07.2022).

Vereinte Nationen – The Question of Palestine (Engl.): https://www.un.org/unispal/ (Letzter Zugriff am 27.07.2022).

Israel/UN News – (Engl.): https://news.un.org/en/tags/israel (Letzter Zugriff am 27.07.2022).

United Nations Relief and Works Agency for Palestine Refugees in the Near East (UNRWA) – Das Hilfswerk der Vereinten Nationen für Palästina-Flüchtlinge im Nahen Osten ist ein temporäres Hilfsprogramm der Vereinten Nationen, das seit seiner Gründung 1949 regelmäßig um drei Jahre verlängert wurde (Engl.): https://www.unrwa.org/ (Letzter Zugriff am 27.07.2022).

United Nations Office for the Coordination of Humanitarian Affairs in the Occupied Palestinian Territories (UN-OCHA) – Website mit regelmäßigen Berichten über die humanitäre Situation in den besetzten Gebieten (Engl.): https://www.ochaopt.org/ (Letzter Zugriff am 27.07.2022).

Deutsche NGOs und politische Stiftungen

Deutsch-Israelischer Arbeitskreis für Frieden im Nahen Osten (diAk) – Israel – Palästina – Deutschland – zusammen denken – Verdeutlichung der Komplexität des israelisch-palästinensischen Konflikts und Stärkung von Brücken zwischen demokratischen Kräften in Israel, Palästina und Deutschland; https://diak.org/ (Letzter Zugriff am 27.7.2022)

EAPPI Netzwerk Deutschland – Zusammenschluss ehemaliger deutscher Teilnehmer*innen des Ecumenical Accompaniment Programme in Palestine and Israel des Ökumenischen Rates der Kirchen (ÖRK): http://www.eappi-netzwerk.de/ (Letzter Zugriff am 27.7.2022)

medico international – Unterstützung grenzüberschreitender palästinensischer und israelischer Initiativen: https://www.medico.de/ (Letzter Zugriff am 27.7.2022)

New Israel Fund Deutschland – Deutscher Zweig der US-Organisation, die mit Spenden Nichtregierungsorganisationen in Israel unterstützt, die sich für Demokratie, Menschenrechte und soziale Gerechtigkeit einsetzen: https://www.nif-deutschland.de/ (Letzter Zugriff am 27.7.2022)

Friedrich Ebert Stiftung Israel https://www.fes.org.il/ (Letzter Zugriff am 27.7.2022)

Friedrich Ebert Stiftung Palästina https://palestine.fes.de/about-us/fes-palestine (Letzter Zugriff am 27.7.2022)

Konrad Adenauer Stiftung Israel https://www.kas.de/de/web/israel (Letzter Zugriff am 27.7.2022)

Konrad Adenauer Stiftung Palästinensische Gebiete https://www.kas.de/de/web/palaestinensische-gebiete (Letzter Zugriff am 27.7.2022)

Hanns Seidel Stiftung Israel/Palästinensische Gebiete https://www.hss.de/weltweit-aktiv/asien/israel-palaestinensische-gebiete/ (Letzter Zugriff am 27.7.2022)

Heinrich Böll Stiftung Israel https://il.boell.org/ (Letzter Zugriff am 27.7.2022)

Heinrich Böll Stiftung – Palästina und Jordanien https://ps.boell.org/ (Letzter Zugriff am 27.7.2022)

Friedrich Naumann Stiftung – Israel und palästinensische Gebiete: https://www.freiheit.org/de/israel-und-palaestinensische-gebiete (Letzter Zugriff am 27.7.2022)

Rosa Luxemburg Stiftung Israel https://www.rosalux.org.il/ (Letzter Zugriff am 27.7.2022)

Rosa Luxemburg Stiftung - Palästina und Jordanien https://www.rosalux.ps/ (Letzter Zugriff am 27.7.2022)

Autoren

Jörn Böhme,
Jahrgang 1955; Diplom-Pädagoge; seit 2020 Mitglied im Vorstand des New Israel Fund Deutschland; 2011–2020 wissenschaftlicher Referent für Nahost und Nordafrika in der Bundestagsfraktion Bündnis 90/Die Grünen; 2006–2010 Leiter des Israel-Büros der Heinrich Böll-Stiftung in Tel Aviv; 1995–2005 Koordination des Arbeitskreises Internationale Politik und Menschenrechte in der Bundestagsfraktion Bündnis 90/Die Grünen; 1991–1993 Wiss. Mitarbeiter der Arbeitsgruppe „Menschenrechte und Friedensförderung in Israel und Paästina" der Evangelischen Mittelost-Kommission (EMOK); 1990 Nahostreferent in der Bundestagsfraktion DIE GRÜNEN; 1980–1987 Israel-Referent der Aktion Sühnezeichen/Friedensdienste; ehemaliger Vorsitzender des Deutsch-Israelischen Arbeitskreises für Frieden im Nahen Osten (diAk); zahlreiche Veröffentlichungen zu Israel, dem israelisch-palästinensischen Konflikt und den deutsch-israelischen Beziehungen.

Christian Sterzing,
Jahrgang 1949; Rechtsanwalt und Pädagoge; Autor und Publizist. Mitglied des Deutschen Bundestages 1994 bis 2002; Leiter des Büros Arabischer Naher Osten der Heinrich Böll-Stiftung in Ramallah von 2004 bis 2009; Vorstandsmitglied im Deutsch-Israelischen Arbeitskreis für Frieden im Nahen Osten (diAk) von 1977 bis 2010 und Redakteur der Zeitschrift „israel & palästina"; zahlreiche Beiträge in Büchern, Zeitschriften und Zeitungen zu den politischen und gesellschaftlichen Entwicklungen im Nahen Osten, zuletzt Herausgeber des Sammelbandes *Palästina und die Palästinenser. 60 Jahre nach der Nakba*, Berlin 2011, in der Schriftenreihe der Heinrich Böll-Stiftung.